EIS UM LIVRO:
casamento de capa, papel, tinta e letras.
É um livro e é um mundo:
ideias altas como
montanhas,
**PENSAMENTO QUE
FLUI COMO UM RIO,**
ESTRADA DE CONHECIMENTO
que rasga a planície.
Um livro pede-lhe tempo e um café;
quer conversar consigo.
**AGORA SÓ É PRECISO
VIRAR A PÁGINA**

ANTOLOGIA DE POESIA ROMENA
CONTEMPORÂNEA

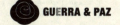

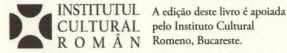 A edição deste livro é apoiada pelo Instituto Cultural Romeno, Bucareste.

TÍTULO
Antologia de Poesia Romena Contemporânea / Antologie de Poezie Română Contemporană

AUTORES
Adrian Popescu · Ana Blandiana · Angela Marinescu · Aurel Pantea · Dinu Flamand · Eugen Suciu · Florin Iaru · Gabriel Chifu · Gellu Dorian · Grete Tartler · Horia Bădescu · Ileana Mălăncioiu · Ioan Es. Pop · Ioan Moldovan · Ion Mircea · Ion Muresan · Ion Pop · Liliana Ursu · Liviu Ioan Stoiciu · Lucian Vasilescu · Magda Cârneci · Matei Visniec · Mircea Cărtărescu · Octavian Soviany · Robert Serban · Rodica Drăghincescu · Teodor Dună

© Autores e Guerra e Paz, Editores, S. A., 2019
Reservados todos os direitos

*A presente edição **não segue** a grafia do novo acordo ortográfico.*

SELECÇÃO DOS POEMAS
Museu Nacional de Literatura Romena
TRADUÇÃO E NOTAS
Corneliu Popa

REVISÃO (DO PORTUGUÊS)
Inês Figueiras e Marília Laranjeira
DESIGN DE CAPA E PAGINAÇÃO
Ilídio J.B. Vasco
IMAGEM DE CAPA
Mesa do Silêncio, de Constantin Brâncuși / Shutterstock

ISBN: 978-989-702-513-6
DEPÓSITO LEGAL: 463034/19
1.ª EDIÇÃO: Novembro de 2019

VASP – DISTRIBUIDORA DE PUBLICAÇÕES, S. A.
Venda Seca – Agualva / Cacém
TEL.: 214 337 000 | www.vasp.pt

GUERRA E PAZ, EDITORES, S. A.
R. Conde de Redondo, 8–5.º Esq.
1150-105 Lisboa
Tel.: 213 144 488 / Fax: 213 144 489
E-mail: guerraepaz@guerraepaz.pt
www.guerraepaz.pt

BILINGUE *português / romeno*

ANTOLOGIA *de* POESIA ROMENA CONTEMPORÂNEA

ANTOLOGIE DE POEZIE ROMÂNĂ CONTEMPORANĂ

SELECÇÃO DOS POEMAS
Museu Nacional de Literatura Romena

TRADUÇÃO E NOTAS
Corneliu Popa

 A edição deste livro é apoiada pelo Instituto Cultural Romeno, Bucareste.

FICÇÃO · POESIA

ÍNDICE

PREFÁCIO, 13

ILEANA MĂLĂNCIOIU, 20

Doarme Ieronim, 20; Jerónimo dorme, 21; Apa morţilor, 22; A água dos mortos, 23; Fiul lui Ieronim, 24; O filho de Jerónimo, 25; Crini pentru domnişoara mireasă, 26; Lírios para a senhorinha noiva, 27; Poate nu este el, 28; Se calhar não é ele, 29; extaz, 30; êxtase, 31; În drumul furnicilor, 32; No caminho das formigas, 33; Cîntec de primăvară, 34; Canção de Primavera, 35; O crimă săvîrşită pe strada principală, 36; Um crime ocorreu na rua principal, 37; Nu pot să mă plîng, 38; Não me posso queixar, 39

ANGELA MARINESCU, 40

În marginea grădinii, 40; À beira do jardim, 41; Cupola plină de sânge a unei mănăstiri, 42; A cúpula cheia de sangue de um mosteiro, 43; Eleonora, 44; Leonor, 45; Cer de toamnă, 46; Céu de Outono, 47; Prima zi de toamnă, 48; O primeiro dia de Outono, 49; Grecul ars, 50; O grego queimado, 51; Altă zi de toamnă, 52; Outro dia de Outono, 53; Acum, în întuneric, 54; Agora, no escuro, 55; Violenţa armelor, 56; A violência das armas, 57; Jurământul, 58; Juramento, 59

ION POP, 60

Inscripţie pe turnul cel mai înalt, 60; Inscrição na torre mais alta, 61; Fumul, 62; O fumo, 63; Zăpadă pe un scaun, 64; Neve sobre a cadeira, 65; Siesta, 66; Sesta, 67; Astăzi nu, 68; Hoje não, 69; Lucrez foarte mult, 70; Trabalho demasiado, 71; Cum se scrie un poem, 72; Como escrever um poema, 73; Cămăşile, 74; As camisas, 75; Cântec simplu, 76; Canção simples, 77; Mesteacănul, 78; A bétula, 79

ANA BLANDIANA, 80

Clepsidră, 80; Ampulheta, 81; Aglomeraţie, 82; Aglomeração, 83; Biserici închise, 84; Igrejas fechadas, 85; Faguri, 86; Favos, 87; Joc, 88; Jogo, 89; Porumbei, 90; Pombos, 91; Rugăciune, 92; Oração, 93; Singuri, 94; Sozinhos, 95; O continuă pierdere, 96; A perda contínua, 97; Un bocet, 98; Uma lamúria, 99

HORIA BĂDESCU, 100

Ești aici, pe acest pământ, 100; *Estás aqui, neste pedaço de terra*, 101; *Unde e vara*, 102; *Onde está o Verão*, 103; *Nu eu sunt acela care vorbește*, 104; *Não sou eu aquele que fala*, 105; *Portret apocrif*, 106; *Retrato apócrifo*, 107; *Isprăvești cu mâna la gură*, 108; *Acabas de mão à boca*, 109; *Vei trăi cât cuvintele tale*, 110; *Viverás quanto as tuas palavras*, 111; *Cine sunt eu?*, 112; *Quem sou eu?*, 113; *Și iată cum merge el, cuvântul*, 114; *Eis como circula, a palavra*, 115; *Cândva vă cântam un cânt, frații mei*, 116; *Em tempos cantei--vos, meus irmãos*, 117; *Scrii așa cum respiri*, 118; *Escreves como respiras*, 119

ADRIAN POPESCU, 120

Am visat, 120; Sonhei, 121; Strada, 122; A rua, 123; Trupul, sufletul, 128; O corpo, a alma, 129; Dintr-un Boeing -737, 132; De um Boeing 737, 133

DINU FLAMAND, 136

Cu un rest de exuberanță invizibilă, 136; *Com uma réstia de exuberância invisível*, 137; *Nu se poate decât bănui*, 138; *Apenas se consegue adivinhar*, 139; *Vechi fotografii și prune uscate*, 140; *Fotografias antigas e ameixas secas*, 141; *Chiar amiaza – cum ai zice vârful colinei – i se părea*, 142; *Era meio--dia – como quem diz o topo da colina – que lhe parecia*, 143; *Ce se află acolo unde pare că nu mai există nimic?*, 144; *O que se encontra lá onde parece já nada haver?*, 145; *Verb din forța brațului meu*, 146; *Verbo da força do meu braço*, 147; *Îndrăgostit grav*, 148; *Gravemente apaixonado*, 149; *Firește că e ridicolă situația*, 150; *Claro que a situação é ridícula*, 151; *Phersu*, 152; *Phersu*, 153; *Nimic din presupusul viitor nu mai vezi*, 154; *Já nada vês do pressuposto futuro*, 155

ION MIRCEA, 156

Viceregele cireșelor, 156; O vice-rei das cerejas, 157; Prolog, 158; Prólogo, 159; Ieșire la ocean, 160; Saída ao oceano, 161; Cartea limbilor, 162; O livro das línguas, 163; Mireasa vidului, 164; A noiva do vazio, 165; Dreptul de a fi uitat, 166; O direito de ser esquecido, 167; Matrița, 168; A matriz, 169; Sat italian, 170; Aldeia italiana, 171; Amprenta, 172; A impressão digital, 173; Corelația inversă, 174; Correlação inversa, 175

GRETE TARTLER, 176

Vorbe, 176; Palavras, 177; Puls, 178; Pulsação, 179; Zeița, 180; A deusa, 181; Înlocuirea fotografiilor, 182; A substituição das fotografias, 183; Monodie, 184; Monódia, 185; Evantai, 186; Leque, 187; Poetul în Galapagos, 188; O poeta nas Galápagos, 189; Prima zăpadă, 190; A primeira neve, 191; Prânz cu privighetoare, 192; Almoço com um rouxinol, 193; Covorul zburător, 194; O tapete voador, 195

LILIANA URSU, 196

Alexandru cel Mare, 196; Alexandre, *o Grande*, 197; Ca și cum viața ar merge înainte, 198; Como se a vida fosse para a frente, 199; Câte puțin despre veșnicie, 200; Breves palavras sobre a eternidade, 201; Despre scriere și mierea zburătoare, 202; Sobre escrita e mel voador, 203; Din învățăturile laurului sălbatic, 204; Dos ensinamentos do loureiro--bravo, 205; Mallarmé în Buenos Aires, 206; Mallarmé em Buenos Aires, 207; Nocturnă, 208; Nocturna, 209; Odinioară în martie, 210; Era uma vez em Março, 211; Ca dintr-un joben de scamator, 212; Como saído da cartola de um mágico, 213; Vindecările, 214; As curas, 215

LIVIU IOAN STOICIU, 216

Abia coborât pe pământ, 216; Mal descido à terra, 217; Hai, gata, 218; Anda, já chega, 219; Sunt un sub, 220; Sou um sub, 221; Nimănui nu-i pasă, 222; Ninguém quer saber, 223; Sufleţel, 224; Alminha, 225; de ce, 226; porquê, 227; Să fiți pe aproape, 228; Fiquem por perto, 229; Doi tembeli, 230; Dois idiotas, 231; Speranța în ceea ce vom fi, 232; A esperança naquilo que viermos a ser, 233; În contact cu mercurul, 234; Em contacto com o mercúrio, 235

AUREL PANTEA, 236

Nu mai știu, Doamne, de unde să încep, ce pot să-ți spun, 236; *Já nem sei, meu Senhor, por onde começar, o que posso dizer-Lhe*, 237; *Azi m-a văzut cel cu totul altcineva*, 238; *Hoje viu-me aquele que é completamente outro*, 239; *Cade adînc în noi grăuntele conștiinței morții*, 240; *Cai profundo em nós o grão da consciência da morte*, 241; *Cine trăiește acum, seamănă cu tine*, 242; *Quem vive agora, é parecido contigo*, 243; *Azi, mi-am văzut inima, bătea de tare departe*, 244; *Hoje, vi o meu coração, batia de muito longe*, 245; *Ziua e pe sfîrșite, dar din sfîrșiturile ei*, 246; *O dia está a findar, mas dos seus confins*, 247; *Încă nu s-a scris propoziția aceea, propoziția aceea*, 248; *Ainda ninguém escreveu aquela frase, aquela frase*, 249; *Se ridica praful*, 250; *Levantava-se a poeira*, 251; *Mai jos nu cobor, acolo nu mai poate fi vorba de poezie*, 252; *Mais baixo já não desço, ali já não se pode falar de poesia*, 253; *Am starea aceea cînd aș inventa o limbă atroce*, 254; *Estou nesse estado em que inventaria uma língua atroz*, 255

EUGEN SUCIU, 256

Cooperativa artă și precizie sau despre oboseala de a continua o anume fericire, 256; A Cooperativa Arte e Precisão ou sobre a canseira de perpetuar uma certa felicidade, 257; Timp, 258; Tempo, 259; În ultima vreme, 260; Ultimamente, 261; Nu exclud ploaia, 262; Não excluo a chuva, 263; Gutuia, 264; Marmelo, 265; Orga și leopardul, 266; O órgão e o leopardo, 267; Cîntec pe vîrful limbii, 268; Canção na ponta da língua, 269; Punct, 270; Ponto, 271; Papuci în fața șemineului, 272; Chinelos em frente à lareira, 273; În aerul fragil, 274; No ar frágil, 275

IOAN MOLDOVAN, 276

o recreație, 276; o recreio, 277; plâng din senin, 278; choro do nada, 279; viața proprie, 280; vida própria, 281; vremelnic, 282; temporariamente, 283; știu că nu mai e mult, 284; sei que já não falta muito, 285; subiecte, 286; assuntos, 287; plasa, 288; a rede, 289; o chestiune secundară, 290; uma questão secundária, 291; la Curte, 292; na Corte, 293; Dragă, 294; Querida, 295

GELLU DORIAN, 296

Cămașa, 296; A camisa, 297; Viața, 300; A vida, 301; Nimeni cu nimeni, 302; Ninguém com ninguém, 303; Ies din pat ca un pustinci din schit, 304; Saio da cama como um monge da ermida, 305; Al optulea cerc, 306; O oitavo círculo, 307; Zile noroioase, 308; Dias lamacentos, 309; Ea este chiar dragostea, 310; Ela é o próprio amor, 311; *Ce este în fața mea nu este fața mea*, 312; *O que está à frente do meu rosto não é o meu rosto*, 313; *Absența ta nu este o altă înfățișare a ta*, 314; *A tua ausência não é outra aparência tua*, 315; *Acum lumea este aici cu tine*, 316; *Agora o mundo está aqui contigo*, 317

FLORIN IARU, 318

Aer cu diamante, 318; Ar com diamantes, 319; Batista neagră, 322; Lenço preto, 323; Februarie negru, 324; Fevereiro negro, 325; High way fidelity, 326; High way fidelity, 327; Vis cu aliniere planetară, 328; Sonho com alinhamento planetário, 329; Tovarășa zilei, 330; A companheira do dia, 331; Autobiografia unei sinucideri, 332; Autobiografia de um suicídio, 333; Dansatorii, 336; Os bailarinos, 337

GABRIEL CHIFU, 338

orașul meu, 338; a minha cidade, 339; în orașul meu nimeni n-a înviat niciodată, 340; na minha cidade nunca ressuscitou ninguém, 341; patru elefanți triști trec pe un drum pustiu, 342; quarto elefantes tristes andam por um caminho deserto, 343; papirus, 344; papiro, 345; unu și cu unu fac unu, 346; um mais um faz um, 347; vecinul meu de peste drum, 350; o meu vizinho do outro lado da rua, 351; o mie de sclavi aduc noaptea, 354; mil escravos trazem a noite, 355; o viziune, 356; uma visão, 357; diferența dintre șoarecii de câmp și cei de munte, 358; a diferença entre os ratos do campo e os da montanha, 359; călătoria, inima, cerul lipit de pământ, 360; a viagem, o coração, o céu colado à terra, 361

OCTAVIAN SOVIANY, 362

str. dumbrava nouă, nr. 6, 362; rua dumbrava nouă, n.º 6, 363; sâmbătă sau duminică, 366; sábado ou domingo, 367; *Stăm la masă toți trei.*, 370; *Estamos os três à mesa.*, 371; Ne așteptăm, 372; Esperamo-nos, 373; *Noaptea*, 374; *À noite*, 375; *După ce ne iubim*, 376; *Depois de fazermos amor*, 377; au lecteur, 378; au lecteur, 379; oamenii de succes, 380; as pessoas de sucesso, 381; rugăciune, 382; prece, 383; *Tocmai*, 384; *Acabei*, 385

ION MUREȘAN, 386

Poem, **386**; Poema, **387**; Amantul bătrân și tânăra doamnă, **388**; O velho amante e a jovem senhora, **389**; Sentimentul mării într-o cârciumă mică, **392**; O sentimento do mar numa taberna pequena, **393**; La masa de lângă fereastră, **394**; Na mesa junto à janela, **395**; Poemul alcoolicilor, **398**; O poema dos alcoólicos, **399**; Tunelul, **402**; O túnel, **403**; acoperișul, **404**; o telhado, **405**

MAGDA CÂRNECI, 406

Nu mă voi retrage ascetic în India, **406**; *Não me vou retirar asceticamente na Índia*, **407**

MATEI VIȘNIEC, 426

Un text cu cheie, **426**; Um texto com chave, **427**; Se petrecea ceva pe cer, **428**; Passava-se algo no céu, **429**; Împreună, **430**; Juntos, **431**; O privire profund eronată, **432**; Um olhar profundamente errado, **433**; Magazinul de porțelanuri, **434**; A loja de porcelanas, **435**; La masa de lucru, **436**; Na mesa de trabalho, **437**; Dezastrul nu mai poate fi oprit, **438**; O desastre já não pode ser evitado, **439**; O zi stupidă, **440**; Um dia estúpido, **441**; După scenariul prevăzut, **442**; Segundo o guião previsto, **443**; Vor spăla chiar și amintirea ploii, **444**; Até a lembrança da chuva vão lavar, **445**

MIRCEA CĂRTĂRESCU, 446

Nori peste blocul de vizavi, **446**; Nuvens sobre o prédio em frente, **447**; Oh, Natalie…, **450**; Oh, Natalie…, **451**; Când ninge, când ninge și ninge…, **456**; Quando neva, quando neva e neva…, **457**; Lasă să fie, **466**; Deixa estar, **467**

IOAN ES. POP, 472

când eram mic, visam să fiu și mai mic., **472**; *quando eu era pequenino, sonhava ser ainda mais pequeno.*, **473**; *peste drum de crîșma unde stau și beau.*, **474**; *Do outro lado da tasca onde estou a beber*, **475**; glossă, **478**; glosa, **479**; *dacă n-aș fi fost silit să vorbesc*, **482**; *se não me tivessem forçado a falar*, **483**; *viitorul se micșorează, dar cum am*, **486**; *o futuro mingua, mas como havemos*, **487**; 12 octombrie 1992, **488**; 12 de Outubro de 1992, **489**; arta fricii, **490**; a arte do medo, **491**; *până mai ieri, marile frici îmi luau mințile*, **492**; *ainda ontem, os grandes medos deixavam-me louco*, **493**; *când ați dat mâna cu el, nu ați simțit*, **494**; *quando lhe apertaram a mão, não sentiram*, **495**; *pe cornițele mele de miel:*, **496**; *pelos meus corninhos de cordeiro:*, **497**

LUCIAN VASILESCU, 498

eu lucrez în ascuns la o pasăre. la o pasăre târâtoare., **498**; *eu trabalho às escondidas num pássaro. num pássaro rastejante*, **499**; când a început, viața mea a început de sus. ca o promisiune. ca un răsărit, **500**; *quando começou, a minha vida começou de cima por acaso. como uma promessa. um nascer,* **501**; în ţara mea e o veşnică primăvară. în ţara mea, **502**; *na minha pátria há uma eterna Primavera. na minha pátria,* **503**; zilele mele sfârşesc fără să fi început, **506**; *os meus dias acabam sem terem começado,* **507**; în limba în care scriu nu mai visez demult., **508**; *na língua em que escrevo há muito que deixei de sonhar.,* **509**; rând pe rând, spaimele s-au domesticit şi s-au cuibărit, toate, **510**; *um a um, os medos ficaram amestrados e aninharam-se todos,* **511**; am spus că beau. şi beau. beau oţet amestecat cu fiere., **512**; *disse que vou beber. e bebo. bebo vinagre misturado com fel.,* **513**; toate zilele mele au fost zile de ieri. azi n-am avut niciodată, **514**; *todos os meus dias foram dias de ontem. hoje nunca tive nenhum.,* **515**; am ajuns şi aici, iar această întâmplare, **516**; *cheguei até aqui, e esta história,* **517**; ajung cu privirea, **518**; *alcanço com o olhar,* **519**

RODICA DRĂGHINCESCU, 520

Doar, **520**; Mica perfectiune, **520**; *Apenas,* **521**; *Pequena perfeição,* **521**; Poezia Nu, **522**; *A Poesia Não,* **523**; Pe masa tăcerilor, **526**; *Na mesa dos silêncios,* **527**; SUBCORP (I), **528**; SUBCORPO (I), **529**; SUBCORP, **530**; SUBCORPO, **531**; Obsexy, **532**; *Obsexy,* **533**; Fraht, **534**; Guia, **535**; Mantis religiosa, **536**; *Mantis religiosa,* **537**; Nu mă numesc nu iscălesc., **538**; *Não me chamo não assino.,* **539**; Rupe ceva din altcineva şi rupe şi ceva din tine!, **540**; *Tira algo de alguém e tira algo de ti!,* **541**

ROBERT ŞERBAN, 542

Ce rămâne din viaţă, **542**; *O que resta da vida,* **543**; Bocet, **544**; *Lamentação,* **545**; Femei, **546**; *Mulheres,* **547**; Fericita zodie a câinelui, **548**; *O feliz signo do cão,* **549**; Să fac acelaşi lucru, **550**; *Fazer a mesma coisa,* **551**; Bărcuţe de hârtie, **552**; *Barquinhos de papel,* **553**; Când nu mai ştii ce să faci, **554**; *Quando já não se sabe o que fazer,* **555**; Poză de familie, **556**; *Foto de família,* **557**; Fotografie norocoasă, **558**; *Foto sortuda,* **559**; O dorinţă, **560**; *Desejo,* **561**

TEODOR DUNĂ, 562

câinele din pat, **562**; *o cão da minha cama,* **563**; zgomotul cărnii, **564**; *o ruído da carne,* **565**; aşa cum în mări, **566**; *tal como nos mares,* **567**; plutirea, **568**; *flutuação,* **569**; morţii neobosiţi, **570**; *os mortos incasáveis,* **571**

NOTAS BIOGRÁFICAS, 581

PREFÁCIO

A poesia romena é uma das mais jovens da Europa. Na verdade, pode falar-se de um corpo poético orgânico e funcional apenas a partir de meados do século XIX, por altura da revolução de 1848. Claro que antes já tinha havido poetas – alguns mesmo notáveis no plano local –, e alguns acidentes criativos perduraram como monumentos literários. É disso exemplo a tradução em versos livres dos *Psalmos*, realizada por Dosoftei, metropolita da Moldávia, por volta de 1670, ou a «epopeia heróico-cómico-satírica» escrita por Ioan Budai-Deleanu por volta de 1800 (e que permaneceu desconhecida até finais do século XIX). Mas os tesouros literários foram extremamente raros até perto da revolução de 1848, que se propagou aos três principados romenos da época (Moldávia e Valáquia sob soberania otomana, Transilvânia como parte do império Habsburgo), de modo que, praticamente, a poesia romena só despertou em pleno romantismo. A missão assumida por aqueles poetas (Vasile Alecsandri, Grigore Alexandrescu, Ion Heliade Rădulescu, Dimitrie Bolintineanu, Andrei Mureşanu e outros) foi, ao mesmo tempo, literária e socionacional. No plano literário, eles introduziram na cultura romena quase todos os géneros literários – e sobretudo os poéticos – e criaram o primeiro programa «tradicionalista» (inventando, aliás, «a tradição») e, no plano socionacional, empenharam-se na luta pela libertação estatal e pela emancipação social. A febre romântica atingiu o auge nos poemas de Mihai Eminescu, considerado, ainda hoje, «poeta nacional»; Eminescu é aquele que criou, de facto, a linguagem poética romena e definiu tanto a orientação visionária como aquela sentimental da poesia romena. Embora contemporâneo de Rimbaud e Mallarmé, Eminescu continuou um romântico, de modo que, através dele, se dá o último ímpeto romântico europeu.

As importações da poesia ocidental foram deveras frenéticas na segunda metade do século XIX, na tentativa de apanhar o ritmo e o tempo da poesia europeia. Uma sincronização mais acelerada deu-se através do simbolismo, vulgarizado na Roménia por Alexandru Macedonski (um romântico convertido ao simbolismo) e imposto como fórmula dominante, no início do século XX, por Ion Minulescu e George Bacovia. Paralelamente a essa «modernização» e ocidentalização simbolista, na senda dos escritores de 1848 e de Eminescu, afirmam-se, na passagem dos séculos, duas correntes literárias programáticas tradicionalistas e ruralistas na temática, uma com espírito romântico (o *sămănătorism*, derivado do título da revista com o mesmo nome, *Sămănătorul*) e outra inclinada para o realismo (o *poporanism*, derivado da palavra *popor*, que significa povo). A lírica ruralista teve como representante máxima a poesia de George Coșbuc e, integrando uma inflamada dimensão messiânica, a de Octavian Goga. Os ecos dessas tendências serão extintos, no entanto, perto da I Guerra Mundial, quando a poesia romena consome, praticamente, os últimos despojos do complexo do atraso e entra num frenesim modernista. Chega, até, a popularizar alguns protagonistas vanguardistas, tanto na literatura como nas artes plásticas (Constantin Brâncuși, Marcel Iancu, Victor Brauner, Tristan Tzara, B. Fondane, Ion Vinea e outros). O período entre as duas guerras é aquele em que assentam todas as direcções modernistas e se cristalizam as linhas evolutivas decisivas. O expressionismo com valências metafísicas irá impor-se através de Lucian Blaga, e aquele com valências social-messiânicas, através de Aron Cotruș; o hermetismo, através de Ion Barbu e Dan Botta; o lirismo religioso, através de Vasile Voiculescu e Nichifor Crainic; e todas essas linhas se reencontram na poesia de Tudor Arghezi. O tradicionalismo continua a sua militância, sobretudo através dos poetas agrupados em torno da revista *Gândirea* [O Pensamento] (daí o nome da corrente, o *gândirism*), com obras artísticas de vulto nos poemas de Ion Pillat e Adrian Maniu. A efervescência criativa desse período é estimulada também pelas correntes vanguardistas propriamente ditas (a maior parte transplantada, mas também algumas tentativas de iniciativa original – como, por exemplo, o «integralismo»), que contavam com poetas de valor relevante, não apenas meros experimentalistas: Ilarie Voronca, Geo Bogza. Essa paisagem diversa amplifica-se, por volta e durante a II Guerra Mundial, com algumas escolas poéticas que herdam cada uma algo do espírito vanguardista. Os vanguardistas puros eram, no entanto, aqueles que ensaiaram uma ressurreição do surrealismo (Gellu Naum, Gherasim Luca, Virgil Teodorescu), mas um espírito pós-vanguardista anima também outro grupo de poetas afirmados durante a guerra: Geo Dumitrescu, Constant Tonegaru, Ion Caraion, Miron Radu Paraschivescu, Maria Banuş. Uma iniciativa reformista notável, que apostava na «ressurreição da balada» como forma sintética da poesia, ganha forma no Círculo Literário de Sibiu, representado na poesia cimeira por Radu Stanca e Ştefan Augustin Doinaş. Todas essas iniciativas, bem como o caminho dos poetas que definiram o período entre as duas guerras, serão suprimidas na totalidade no pós-guerra, depois de 1948, período em que todas as publicações, editoras e tipografias serão confiscadas pelo Estado e a literatura será obrigada a conformar-se ao «realismo socialista». Até meados dos anos 60, a poesia permanece subserviente à propaganda partidária e as produções em verso são indistintas, independentemente de quem as assine. Uma cacofonia propagandística generalizada.

Em finais dos anos 50, um grupo de poetas (A. E. Baconsky, Petre Stoica, Victor Felea, Aurel Răy, Aurel Gurghianu) ligados à revista *Steaua* [A Estrela] (publicada em Cluj) propõe – como desvio do proselitismo e dos hinos partidários – uma «poesia de anotação», em que, ao abrigo do paisagismo, conseguissem libertar, clandestinamente, estados de espírito. Mas o verdadeiro rompimento com o realismo socialista deu-se apenas em meados dos anos 60, quando, num clima de relativa liberdade criativa, eclode uma das mais vigorosas – quantitativa e qualitativamente – gerações líricas romenas. É a geração que reata as ligações com a poesia de entre as duas guerras (quase toda proibida nos anos do pós-guerra) e «redescobre» a euforia imaginativa, a graça da metáfora e os eflúvios de subjectividade. É uma geração que tem um sopro inaugural (e consciência inaugural, apesar de, em muitos poemas, se sentir ainda a sombra de Arghezi, Blaga ou Ion Barbu) e que vai relançar o modernismo como que numa sequela (denominado ora neomodernismo, ora «segundo modernismo»). Mas os impulsos vindos do período entre as duas guerras são apenas catalíticos, e a suspeição de epigonismo desaparece rapidamente sob o assalto renovador das fórmulas líricas personalizadas. Aquilo que os une sob o estandarte de uma poética «geracional» é o frémito imaginativo, a alegria do encantamento e uma certa extática do desenfreamento do Eu, uma febrilidade confidente que tende a impor-se como visão. E, não em último lugar – pelo menos durante uns tempos, até que o desencanto social se tornasse cada vez mais angustiante –, uma confiança no poder institucional da palavra, uma devoção pelo *logos*. Nichita Stănescu, Ioan Alexandru, Ana Blandiana, Gabriela Melinescu, Leonid Dimov, Marin Sorescu e outros, com marcadas diferenças de temperamento visionário e de fórmula lírica, vão lançar sinais exultantes do devaneio na metáfora, na parábola, no barroquismo lúdico. Durante o percurso, no entanto, a condição social vai impor restrições a essa euforia, e uma componente de consciência, um certo eticismo cívico vai verter o entusiasmo imaginativo em interrogações dramáticas. Isso acontece com Ana Blandiana, mas também com Ileana Mălăncioiu ou Angela Marinescu, poetisas com temperamento ciclotímico, mas que virão a tornar-se poetisas do desespero. Pouco a pouco, após a euforia da redescoberta do entusiasmo imaginativo, a poesia descobre o calvário existencial e assumirá, cada vez mais, o trauma social, como acontece com Mircea Dinescu, Dinu Flămând e Dorin Tudoran. Toda a efervescência inaugural se esgota na poesia do fracasso absoluto de Mircea Ivănescu e no abandono de qualquer ênfase. O génio tutelar da poesia será, em início dos anos 70, George Bacovia, o poeta do esgotamento nervoso, da notação minimalista e da existência carcerária. A vertigem imaginativa e metafórica dará lugar, de ora em diante, a uma linguagem cada vez mais próxima do quotidiano e de um realismo «expressionista» do trauma. É o que acontece com a poesia da geração de 80 (assim chamada devido aos anos de estreia), dos poetas considerados «pós-modernos».

O pós-modernismo passou com dificuldade pela cortina de ferro, mas a sua acção capilar concretizou-se na troca das sugestões do eixo europeu, francês e alemão e, sobretudo, pelo eixo anglo-americano. Uma espécie de «americanização» marca a poesia dos anos 80, narrativizada, biografista, «realista» e decidida a demolir a instituição hegemónica da metáfora a favor da anotação. Programaticamente, a primeira vaga pós-moderna pronuncia-se pela reaproximação da poesia do quotidiano e da vida concreta até ao detalhe do poeta, recusando a estilização do Eu da poesia moderna e o «desaparecimento» elocutório do poeta. Mas esse programa de homogeneização da poesia com a vida quotidiana será radicalizado apenas pela série de herdeiros do chamado *oitentismo*, em cuja poesia continua a prosperar a *performance* expressiva, muitas vezes maneirista, e que junta a austeridade do apontamento realista à abundância metafórica. Os marcos típicos do pós-modernismo – o lúdico, a ironia, a fragmentação, a reescrita, o *pastiche*, etc. – são expostos ostensivamente nos poemas de alguns dos protagonistas desse período, mas, ao mesmo tempo, renascem as potências visionárias da poesia num projecto neo-expressionista. As duas linhas – neo-expressionista e pós-moderna – sentem-se, no entanto, solidárias no desespero existencial que se torna um fundo comum de toda uma geração – e dos poetas pós-oitentistas ainda mais. A linha de demarcação entre as duas forças motrizes é mais visível no início, levando, até, a uma «regionalização» das tendências (o pós-modernismo dominando no Círculo das Segundas de Bucareste, e o neo-expressionismo no círculo literário *Echinox* de Cluj), mas depois de passar a fúria do rompimento com a geração anterior e o entusiasmo de autodefinição, as notas misturam-se e diluem-se em identidades cada vez mais marcadas. Após a queda do comunismo, em 1989, o neo-expressionismo vence o pós-modernismo (que atingira o apogeu, simbolicamente, precisamente em 1990, com a epopeia – também ela «heróico-cómico-satírica», tal como a de Ion Budai-Deleanu, mas, desta vez, uma epopeia da literatura – *O Levante* de Mircea Cărtărescu), cada vez mais cansado e repetitivo – um triunfo não necessariamente a nível programático, mas, seguramente, em termos de valor. O prestígio dessa linha que não quer abandonar o visionarismo e a responsabilidade ontológica da poesia impõe aos jovens poetas que se afirmam por volta do ano 2000 um relançamento de tipo expressionista que se confrontará com a nova religião minimalista. Embora os anos 2000 sejam marcados por uma nova efervescência programática, sobretudo contra o *oitentismo*, o minimalismo torna-se poética comunitária e o biografismo – cínico ou nostálgico – torna-se a única matéria poética. Ele torna-se padrão e bloqueia em puros desabafos biográficos, quase todos apostando na reactividade de um trauma.

A paisagem geral, ou o concerto de toda a orquestra poética romena, reunindo os clássicos afirmados nos anos 60 e os jovens que se encontram nos primeiros anos de criação, reganharam a diversidade e a complexidade que já haviam tido no período entre as duas guerras, muito embora, hoje em dia, os poetas já não se encontrem agrupados em escolas diferenciadas. As filiações programáticas são funcionais apenas a nível de grupúsculos, numa dialéctica insular. A concorrência entre originalidade é cada vez mais acesa, talvez precisamente porque, assumida ou inconscientemente, os poetas novos provêm da mesma poética de estenograma. A hostilidade para com a metáfora e o imaginativo em geral, fruto do desejo de serem autênticos, transformou-se numa espécie de autenticidade de matiz realista. A sua generalização levou, inevitavelmente, a uma nostalgia do imaginativo e do revelador, e essa nostalgia domina, actualmente, a poesia romena.

Al. Cistelecan

ANTOLOGIA DE POESIA ROMENA CONTEMPORÂNEA

ILEANA MĂLĂNCIOIU

Doarme Ieronim

Doarme Ieronim cu capul pe brațele mele
Și cu ochii deschiși, e tîrziu
Și mi-e frică să-i scot brațele de sub cap
Și e liniște și m-aplec către el.

Ai un ochi de sticlă, Ieronim,
E puțin mai albastru decît celălalt
Și puțin mai rotund și puțin mai adînc
Și are valuri în el, ca icoanele vechi.

In centrul lui stă golul, asemenea pupilei,
Și pare-n urma plînsului și este
Atît de rece că încep să tremur:
Ieronim, mi-e frică, scoală-te, Ieronim.

Dar el stă mai departe cu capul pe brațele mele
Și doarme cu ochii deschiși și visează
Că nu se mai trezește și strig către voi:
Liniște, vă rog, liniște, doarme Ieronim.

Jerónimo dorme

Jerónimo dorme de cabeça nos meus braços
E de olhos abertos, já é tarde
E tenho medo de lhe tirar os braços de debaixo da cabeça
E há silêncio, e debruço-me sobre ele.

Tens um olho de vidro, Jerónimo,
Um pouco mais azul que o outro
E um pouco mais redondo e mais fundo
E nele trazes ondas, como os ícones antigos.

E no centro dele está o vazio, como a pupila,
Como se estivesse a chorar e está
Tão frio que começo a tremer:
Jerónimo, tenho medo, levanta-te, Jerónimo.

Mas ele continua com a cabeça nos meus braços
E dorme de olhos abertos e sonha
Que já não acorda e eu grito para vós:
Silêncio, por favor, silêncio que o Jerónimo dorme.

Apa morţilor

Ieronim, astăzi am umblat prin cîmpie
Şi-am văzut prima oară apele morţilor
Şi-am alergat către ele şi în mijlocul lor
Te-am văzut dezbrăcat pentru scaldă.

Parcă vroiai să te-acoperi şi nu ştiu cine
Îţi furase hainele de pe mal
Şi cum m-apropiam către tine
De ruşine fugeai cu ape cu tot.

Şi-mi părea tare rău că fugi, Ieronim,
Căci bănuiam că de ruşine fugi
Fiindcă în apa aceea prin care umblai
Mari semne se vedeau pe trupul tău.

Şi mă uitam la semne şi fugeam
După apa morţilor prin cîmpie…
Ce frumos bărbat erai, Ieronim,
Şi ce rău mi-a părut că nu pot să te-ajung.

A água dos mortos

Jerónimo, hoje andei pelos campos
E vi pela primeira vez as águas dos mortos
E corri para elas e no meio delas
Vi-te nu preparado para o banho.

Querias tapar-te mas não sei quem
Te tinha roubado as roupas da tua beira
E quanto mais me aproximava de ti
Fugias envergonhado levando as águas atrás.

E tinha muita pena que fugisses, Jerónimo,
Presumi que fugias de vergonha
Porque naquela água por onde andavas
Grandes marcas se viam no teu corpo.

E eu via as marcas e fugia
Atrás da água dos mortos pelos campos...
Que homem bonito eras, Jerónimo,
Que pena que não tenha conseguido alcançar-te.

Fiul lui Ieronim

Pe un perete sta fiul lui Ieronim,
Lipit de zid la mine se uita,
De ce te uiți, fiul lui Ieronim, am strigat,
Tăcere s-a auzit și nimic altceva.

Restul pereților erau negri și goi,
Doar el suflarea mea o asculta,
Cum te cheamă, fiul lui Ieronim, am șoptit,
Tăcere s-a auzit și nimic altceva.

Ochi de lumină avea fiul lui Ieronim,
Privirea lui în noapte fulgera,
Nu poți închide ochii, am întrebat plîngînd,
Tăcere s-a auzit și nimic altceva.

O filho de Jerónimo

Numa parede estava o filho de Jerónimo
Colado à parede para mim olhava,
Porque olhas, filho de Jerónimo, gritei,
Ouviu-se o silêncio e mais nada.

O resto das paredes eram pretas e vazias,
Só ele a minha respiração escutava,
Como te chamas, filho de Jerónimo, sussurrei,
Ouviu-se o silêncio e mais nada.

Tinha olhos de luz o filho de Jerónimo,
O seu olhar a noite fustigava,
Não podes fechar os olhos, perguntei-lhe a chorar,
Ouviu-se o silêncio e mais nada.

Crini pentru domnişoara mireasă

Crini pentru domnişoara mireasă,
Crini albi şi cărnoşi, cum n-am mai văzut,
Ca şi cum nunta veşnică acum a fost descoperită
De un mire tînăr şi neprefăcut.

Ce purtaţi, domnule mire, în buchetul cu trei fire,
În buchetul cu trei feţe dumnezeieşti
Ca trei flori de crin aduse de foarte departe
Pentru nunta din poveşti.

Domnul mire nu poate să răspundă,
Domnul mire zboară peste nori,
În tăcere, domnişoara mireasă
Sărută cele trei flori

Ca şi cum n-ar fi flori de crin,
Ci feţe sfinte cu adevărat.
Ce purtaţi, domnule mire, în buchetul cu trei fire
Care trupul miresei l-au înviat.

Lírios para a senhorinha noiva

Lírios para a senhorinha noiva,
Lírios brancos e carnudos, como nunca vistos,
Como se o casamento eterno tivesse sido descoberto
Por um noivo jovem e sem imprevistos.

O que traz, senhor noivo, no ramo com três flores,
No ramo com três caras santificadas
Como três lírios vindos de muito longe
Para um casamento de conto de fadas.

O senhor noivo não consegue responder,
O senhor noivo por cima das nuvens voa,
Em silêncio, a senhorita noiva
Com beijos as três flores abençoa

Como se não fossem flores de lírio,
Mas sim caras divinas de verdade.
O que traz, senhor noivo, no ramo com três flores
Que deram ao corpo da noiva vitalidade.

Poate nu este el

Am găsit trupul tău înjunghiat pe la spate,
Altfel ar fi fost mult mai greu,
Scot cu spaimă cuțitul și-i șterg
Plăselele de aur pe pieptul meu.

Doamne, strig, poate nu este el,
Poate este doar chipul lui de pămînt,
Poate sîngele nu este chiar sînge,
Poate sufletul său pe cîmpie o fi cîntînd.

Poate păsările cîntecul lui îl ascultă,
De ce tac păsările pe cîmpie,
Poate și ele sînt din lut
Făcute doar pentru magie.

Poate că moartea vine-abia acum
Și caută în taină ființa Ta cea sfîntă
După al cărei chip am fost alcătuiți,
Poate că pasărea eternă cîntă.

Se calhar não é ele

Encontrei o teu corpo esfaqueado pelas costas,
Doutra forma seria maior o efeito,
Tiro a faca a medo e limpo-lhe
O cabo de ouro ao meu peito.

Meu Deus, grito, se calhar não é ele,
Se calhar é apenas o rosto dele em barro a fingir,
Se calhar o sangue não é mesmo sangue,
Se calhar a sua alma anda pelos campos a fruir.

Se calhar as aves ouvem o seu canto,
Porque se calaram as aves do campo,
Se calhar elas também são de barro
Feitas apenas para uma ilusão, portanto.

Se calhar a morte apenas agora vem
E procura em segredo a Tua cara santa
Segundo cujo rosto fomos feitos,
Se calhar o pássaro eterno canta.

extaz

un aer dulce cu miros de plante
un fel de amețeală ciudată
rătăcită printre ierburi vrăjite
credeam c-am să pier dintr-odată

o clipă am simțit că mă ridic
încet de pe pămînt și mi-era teamă
plîngînd mă rugam să mă ferești
de acel glas ciudat care mă cheamă

știam că n-am să mai ajung nicicînd
pe pămîntul de pe care urcam foarte lin
luată de cineva de sus și dusă de vie
în lumea celor care nu mai vin

êxtase

um ar doce com cheiro a plantas
uma espécie de tontura intermitente
perdida por entre ervas enfeitiçadas
pensei que fosse morrer de repente

por um instante senti-me erguer
devagarinho da terra e amedrontada
chorava e rezava que me protegesses
daquela voz estranha que me chamava

sabia que jamais voltaria a tocar
a terra de onde subia devagar sem ais
nos braços de alguém de cima e levada viva
para o mundo dos que não regressam mais

În drumul furnicilor

Întreg pămîntul era un muşuroi,
furnicile ieşiseră la soare
şi fierbeau în ţărîna încinsă
înainte de ploaia răcoritoare.

Adormisem undeva în drumul furnicilor
şi visam că voi fi ocolită,
cînd deodată au început să treacă peste mine
cu pasul lin de cale nesfîrşită.

Noi furnicile, spunea regina furnicilor,
ne ştim bine drumul prin muşuroi,
iar eu cu spaimă răspundeam încet:
şi noi, regină, şi noi.

Atunci m-a luat în spate ca pe un sac
şi aş fi vrut să fie cineva viu
să-mi spună dacă ea creştea atît de înfricoşător
sau eu mă micşoram fără să ştiu.

No caminho das formigas

Toda a terra era um ninho,
as formigas tinham ido apanhar ar
e ferviam no solo incandescente
antes que a chuva as viesse refrescar.

Tinha adormecido algures no caminho das formigas
e sonhava que me iriam evitar,
quando de repente começaram a passar-me por cima
em procissão de via infinita, devagar.

Nós as formigas, dizia a rainha das formigas,
conhecemos bem o caminho para o ninho,
nós também, rainha, nós também,
cheia de medo dizia eu baixinho.

E então levou-me às costas como um saco
e eu gostava que houvesse alguém sem compromisso
que me dissesse se era ela a crescer assustadoramente
ou era apenas eu a minguar sem dar por isso.

Cîntec de primăvară

A venit primăvara, speranțele din iarnă s-au dus,
Acum se duc speranțele de primăvară,
Dar o să fie bine la toamnă,
Dar o să fie bine la sfîrșit.

Dar o să fie bine după aceea,
Cînd nu vom mai ști nimic,
Dacă nu vom mai ști nimic,
Dar cine știe.

Oricum o să fie bine,
Vine o vreme cînd totul e bine,
Dar eu mă încăpățînez să cred
Că încă nu e vremea.

A venit primăvara, speranțele din iarnă s-au dus,
Acum se duc speranțele de primăvară,
Am plecat la munte să mai uit o vreme
Și-am început din nou să urc muntele.

Canção de Primavera

Chegou a Primavera, as esperanças de Inverno foram embora,
Agora vão também as esperanças de Primavera,
Mas vai ser bom o Outono,
Mas no final vai estar tudo bem.

Mas vai ser bem depois disso,
Quando já não soubermos nada,
Se já não soubermos nada,
Mas quem saberá.

De qualquer forma vai ser bom,
Vem um tempo quando está tudo bem,
Mas eu teimo em acreditar
Que esse tempo ainda não chegou.

Chegou a Primavera, as esperanças de Inverno foram embora,
Agora vão também as esperanças de Primavera,
Fui à montanha para me esquecer um pouco
E comecei a subir a montanha de novo.

O crimă săvîrşită pe strada principală

O crimă săvîrşită pe strada principală,
În amiaza mare, o crimă oribilă,
Şi nimeni nu plînge şi nimeni nu strigă
Şi nimeni nu pune mîna pe criminal.

Eu însămi stau aici şi scriu versuri,
Ca şi cum versurile mele ar putea opri
O crimă ce se face pe strada principală
În plină zi.

O, cînd voi lăsa totul la o parte
Să ies în stradă şi să strig cît pot:
S-a petrecut o crimă, puneţi mîna pe criminal,
Puneţi mîna pe mine, complicele.

Um crime ocorreu na rua principal

Um crime ocorreu na rua principal,
Um crime horrendo, em pleno dia,
E ninguém chora, ninguém grita
E ninguém agarra o criminoso.

Eu própria estou aqui a escrever versos,
Como se os meus versos pudessem parar
Um crime que ocorre na rua principal
Em pleno dia.

Oh, quando deixar tudo de lado
Para sair à rua e gritar com toda a força:
Aconteceu um crime, apanhem o criminoso,
Agarrem-me, sou a cúmplice.

Nu pot să mă plîng

Nu pot să mă plîng de foame,
Hrana mea din ceruri vine,
Dar mi-e teamă pentru zeul
Ce se va hrăni cu mine.

Sînt prea neagră, sînt prea tristă,
Jertfa mea poate să-i pară
Şi mai slabă decît este,
Şi mai rea, şi mai amară.

Sîngele-ar putea să-l verse
Într-un cîmp frumos cu maci,
Carnea ar putea rămîne
Să se-mpartă la săraci.

Não me posso queixar

Não me posso queixar de fome,
O meu comer vem dos céus descido,
Mas tenho medo pelo deus
Que de mim terá comido.

Sou demasiado negra, demasiado triste,
O meu sacrifício pode parecer-lhe
Ainda mais fraco, ainda pior,
E ainda mais amargo saber-lhe.

O meu sangue podia vertê-lo
Num campo bonito de flores,
A minha carne pode ficar
Para ser dada aos pobres.

ANGELA MARINESCU

În marginea grădinii

Marginea grădinii s-a cutremurat ca și înaintea
unei atingeri solemne
dar actul violului s-a consumat brusc
moartea a ocolit, nepăsătoare,
Trei Umbre Profane.
cinstea mea întunecată este un poem îndepărtat
ce închide o carte a cărui sfârșit ar putea fi religios
dacă pielea mea ar fi închis alt trup, mai puternic,
chiar bărbătesc, cu frunte de călugăr.
dar eu urlu cu gura închisă și sora mea...
sora mea Eleonora mă cheamă dincolo de zidul
care se apropie
pe umbra Eleonorei desenez altă umbră.
acolo unde creierul atinge altă umbră
a coapselor ei
înainte de moarte
înaintea oricărei cărți
înaintea oricărui cuvânt.

À beira do jardim

A beira do jardim estremeceu como um presságio
dum toque solene
mas a violação consumou-se bruscamente
a morte passou ao lado, indiferente,
Três Sombras Profanas.
a minha honra escurecida é um poema longínquo
que encerra um livro cujo final podia ser religioso
se a minha pele não estivesse fechada noutro corpo, mais forte,
masculino, até, com testa de monge.
mas eu grito de boca fechada e a minha irmã...
a minha irmã Leonor chama-me para lá do muro
que se aproxima
sobre a sombra da Leonor desenho outra sombra.
onde o cérebro toca noutra sombra
das suas coxas
antes da morte
antes de qualquer livro
antes de qualquer palavra.

Cupola plină de sânge a unei mănăstiri

Hai să ne întindem pe drumul
alb, cu pielea ca focul, în plină iarnă
niciodată suferința nu a fost atât de nesigură
îmi atac familia și rudele de sânge
hai să atacăm înstrăinarea
el, cu craniul ras, intră înăuntru
cu precizia unui poet
demența, acum, se suprapune ca un zid al unei
mănăstiri îngropate în iarbă

sub pământ, acolo,
călugărițele se privesc în ochi.

A cúpula cheia de sangue de um mosteiro

Vem deitar-te no caminho
branco, com a pele de fogo, em pleno Inverno
nunca o sofrimento foi tão incerto
ataco a família e os parentes de sangue
vem atacar o alheamento
ele, de crânio rapado, entra dentro
com a precisão de um poeta
a demência sobrepõe-se agora como o muro de um
mosteiro enterrado na erva

lá, debaixo da terra,
as freiras olham-se olhos nos olhos.

Eleonora

Când Eleonora m-a rugat să-i arăt părul
m-am dezbrăcat și mi-am smuls părul de pe cap
iar degetele mi s-au umplut de sângele ei
de cuvintele părului ei întunecat
când Eleonora îmi vorbea despre neputința ei
eu aveam timpul și râsul alături
și mi-am pus haine negre și albastre
când Eleonora a înnebunit
eu îmi zdrobeam dinții de buze
și tăcerea era chiar gura mea.
dar Eleonora, sora mea pe care nu o mai am...
ceara și cuvintele lor
absența și cuvintele mele

îmi fac semnul

Leonor

Quando Leonor me pediu para lhe mostrar o cabelo
despi-me e arranquei o cabelo da cabeça
e os dedos encheram-se do sangue dela
das palavras dos cabelos escuros dela
quando Leonor me falava da sua incapacidade
eu tinha o tempo e o riso ao lado
e vesti roupas pretas e azuis
quando Leonor enlouqueceu
eu esmagava os dentes nos lábios
e o silêncio era a minha boca.
mas Leonor, a irmã que já não tenho...
a cera e as suas palavras
a ausência e as minhas palavras

fazem-me o sinal

Cer de toamnă

Cerul se întinde, alb, ca un animal căruia îi este
greață; în vasul violet o floare violetă
îmi rupe fața
prăpastia astfel întinsă atinge perfecțiunea.
înăuntru, în actul cel mai negru, aproape,
mă rog în fața bisericii care distruge strada,
cu fața la cei fără față; sunt cerșetorul plin de sânge
care pleacă înăuntru
pentru totdeauna, acolo, atât de departe
cu scaune de lemn care se înalță
dintre hainele Lor vechi și adânci
haine de lemn.

printre ele, ezitarea, sălbatică.

Céu de Outono

O céu estende-se, branco, como um animal
enjoado; no vaso violeta uma flor violeta
rasga-me a cara
o precipício que assim se estende atinge a perfeição.
lá dentro, no acto mais sombrio, perto,
rezo em frente da igreja que destrói a rua,
perante os presentes; sou o mendigo cheio de sangue
que parte para dentro
para sempre, ali, tão longe
com as suas cadeiras de madeira que se elevam
dos Seus trajes antigos e profundos
trajes em madeira.

por entre eles, a hesitação, selvagem.

Prima zi de toamnă

De partea cealaltă, cineva, tăcut, aparține zilei de
mâine.
am început să culegem struguri
într-o dimineață ca oricare alta
din via care strălucea în soare, ca un parc japonez.
Alexandru își vestește, plin de lacrimi, rafinamentul.
noi stăm cu spatele spre zidul care se acoperă
de umbrele unui trecut adânc.
Doamne, cât ne-am întors fața; de ce, atunci, trebuie să
iubim
un câine în lanț.
un copil își va tăia poeziile și sângele lor
va deveni ceea ce este; un obiect.
Înăuntru, în pădurea de brazi, este o fereastră cu gratii.

O primeiro dia de Outono

Do outro lado, alguém, soturno, pertence ao dia de
amanhã.
começámos a colher as uvas
numa manhã como outra qualquer
da vinha que reluz ao sol, como um jardim japonês.
Alexandre veste, encharcado em lágrimas, o requinte.
nós ficamos de costas para o muro que se cobre
das sombras de um passado profundo.
Meu Deus, virámos as caras; porque, então, temos de
amar
um cão enlaçado.
uma criança vai cortar os poemas e o seu sangue
tornar-se-á naquilo que é; um objecto.
La dentro, na floresta de abetos, há uma janela com grades.

Grecul ars

Nimic nu mi se pare prea mult; poate o mână care
înlocuiește melancolia; și mâna dinăuntru, fără sfârșit.
grecul ars a cărui sandală a rămas integră
în focul cu sunet de ghitară rece.
în frigul care se destramă caut bucuria, Doamne.
mi-am provocat eșecul, poezia și moartea; îmi provoc,
acum, pielea, părul negru și sângele.
fără cer cu cerul în față.
fără iubire cu iubirea în față.
urma pe care tu o transformi în animal de pradă.
plec pe urmele tale cu ochii întunecați de ură.
întuneric în plină lumină.
noapte în zorii zilei care începe.
noapte și întuneric în cuvinte;

numai în cuvintele mele.

O grego queimado

Nada me parece em excesso; talvez a mão que
substitui a melancolia; e a mão de dentro, sem fim.
o grego queimado cuja sandália ficou intacta
no fogo com sons de guitarra fria.
no frio que esmorece procuro a alegria, Senhor.
provoquei o meu próprio fracasso, poesia e morte; provoco,
agora, a pele, os cabelos negros e o sangue.
sem céus, com o céu à frente.
sem amor, com o amor à frente.
a pegada que transformes em animal predador.
sigo as tuas pegadas de olhos escurecidos de ódio.
escuridão em plena luz.
noite na alvorada do dia que começa.
noite e escuridão nas palavras;

apenas nas minhas palavras.

Altă zi de toamnă

mi-e teamă că faţa mea se desprinde.
mi-e teamă că mâine voi fi alta.
dar acum, aici, privesc pădurea de brazi
ca pe un refuz.
nu pot accepta, peste mine, plămânii tăi goi.
din nordul Europei se întoarce un copil care,
odinioară,
mi-a sfâşiat părul.
dinspre Balcani, vii tu, fără cruce,
şi îmi şopteşti; nimic nu mai este între noi.

nimicul, ortodoxia, toleranţa, moartea.

Outro dia de Outono

receio que a minha cara se desprenda.
receio que amanhã seja outra diferente.
mas por agora, aqui, olho para a floresta de abetos
como uma recusa.
não posso aceitar sobre mim os teus pulmões vazios.
do Norte da Europa regressa uma criança que,
em tempos,
arrancou-me o cabelo.
dos Balcás vens tu, sem cruz,
e sussurras-me; já não há nada entre nós.

nada, ortodoxia, tolerância, morte.

Acum, în întuneric

Acum, în întuneric, mă urc pe mâna ta violetă
și îmi simt cuvintele printre coapse.
în această dimineață te voi trezi și îți voi spune;
pleacă definitiv din casa cu păianjeni de cristal.
pleacă precum un străin.
nebunia mea este mai aproape de moarte
decât de poezie.
icoana din dreapta, atârnată, nu mai are chip; sărutul
celor săraci a ros imaginea până la lemn.
un sat în care am început să mă cunosc
este satul în care tu ai cules smeură neagră.
acolo, departe, râsul nostru a fost greșit.
alt copil își sărută mâinile; altă moarte.

Agora, no escuro

Agora, no escuro, subo a tua mão violeta
e sinto as palavras entre as coxas.
nesta manhã vou acordar-te e dizer-te;
sai de vez da casa com aranhas de cristal.
sai como um estranho.
a minha loucura está mais perto da morte
que da poesia.
o ícone da direita, pendurado, já não tem rosto; o beijo
dos pobres roeu a imagem até à madeira.
uma aldeia em que comecei a conhecer-me
é a aldeia em que tu colheste a framboesa negra.
lá, longe, o nosso riso foi errado.
outra criança beija as mãos; outra morte.

Violenţa armelor

Doamne, câtă melancolie; suntem, fără să atingem,
violenţi; sânge uscat pe pereţii înalţi.
am aşezat puritatea în vene.
am zdrobit-o cu faţa de zid.
şi nu pot vedea nici o picătură de sânge.
ca un animal de rasă, plăcerea de a simţi
îmi distruge iubirea.
mă joc cu animalul pe care nu îl văd.
îmi adâncesc mâinile în gura lui îngustă.
degetele albe se plimbă, simplu şi precis,

Armele.

A violência das armas

Senhor, quanta melancolia; somos, sem tocarmos,
violentos; o sangue seco sobre as paredes altas.
colocamos a pureza nas veias.
esmagamos-lhe a cara contra o muro.
e não consigo ver nenhuma gota de sangue.
como um animal puro-sangue, o prazer de sentir
destrói-me o amor.
brinco com o animal que não vejo.
enfio as minhas mãos na sua boca estreita.
os dedos brancos passeiam, de forma simples e precisa,

As armas.

Jurământul

Călugărița își dezleagă jurământul;
acum începe masacrul și frica.
să fii ceea ce nu ești nu este ușor.
dar să fii ceea ce ai devenit este cumplit.
un înger pe care îl văd îmi taie drumul.
un înger pe care nu îl văd
îmi dăruiește vasul de fier
pe care să îl umplu cu sânge.
un înger, bolnav, îmi spune
că iubirea și ura nu au sfârșit.

va veni ziua în care îmi voi desena cuvintele pe care
nu le mai pot rosti.

Juramento

A freira desfaz o juramento;
começam agora o massacre e o medo.
não é fácil ser-se o que não se é.
mas ser aquilo em que te tornaste é terrível.
um anjo que vejo corta-me o caminho.
um anjo que não vejo
oferece-me o vaso de ferro
que devo encher com sangue.
um anjo, doente, diz-me
que o amor e o ódio não têm fim.

virá o dia em que vou desenhar as palavras
que já não consigo dizer.

ION POP

Inscripție pe turnul cel mai înalt

Să chemi,
să strigi,
să țipi până ce
urletul tău
va începe
să te audă.

Inscrição na torre mais alta

Chama,
clama,
grita até que
o teu grito
comece
a ouvir-te.

Fumul

Nu ştiu dacă fumul bibliotecii din Alexandria
l-o fi făcut să tuşească pe Caesar,
ori să strănute
pe slăvitul Calif.

Poate da, poate nu.
Nici o cronică nu ne spune.

Însă şi mie – cum o vorbă zice –
tot mai frică îmi e
de cezarii care nu tuşesc
şi de califii care nu strănută.

O fumo

Não sei se o fumo da Biblioteca de Alexandria
terá feito César tossir
ou o glorioso Califa
espirrar.

Talvez sim, talvez não.
Não há crónica que o diga.

Mas eu cá – lá diz o ditado –
mais medo tenho
dos césares que não tossem
e dos califas que não espirram.

Zăpadă pe un scaun

Nu s-a întâmplat mai nimic.
Doar că lângă scaunul pe care stam,
aşteptând pe peronul gării,
pe alt scaun au început să se strângă
foarte încet, aproape temându-se,
fulgi uşori de zăpadă.

Fără contururi, fără un chip anume,
se-alcătuia alături Cineva, –
nu mai eram chiar singur.

Se afla – simţeam aproape temându-mă –
foarte mult Cineva
în acel Nimeni alb, pe care
o clipă
îl puteam chiar pipăi.

Fără să ştiu de ce, am adunat
cu palma caldă stratul alb şi rece
ce-n pumnul strâns, fireşte, s-a topit, –
n-a mai rămas din el decât un abur
şi-apoi nimic.
            Dar am ştiut atunci
că însuţi Tu ai stat un timp pe scaun,
că marea judecată începuse.

Neve sobre a cadeira

Não se passou quase nada.
Mas ao lado da cadeira onde estava,
à espera no cais da estação,
sobre outra cadeira começaram a juntar-se
devagarinho, quase a medo,
flocos suaves de neve.

Sem contornos, sem um rosto definido,
ao lado estava a compor-se Alguém –
já não estava tão só.

Já havia – sentia-o quase pávido –
demasiado daquele Alguém
no meio desse Ninguém branco, que,
por um instante,
até conseguia tocar.

Sem saber bem porquê, juntei
com a palma quente a camada branca e fria
que no punho apertado, naturalmente, derreteu –
apenas restou dele um vapor
e depois nada.
                Mas soube então
que foste Tu quem se sentou um pouco na cadeira,
que o grande julgamento já tinha começado.

Siesta

Am trecut printre ruinele şi prin muzeele Romei,
îmi spuse prietenul meu,
m-am hrănit cu resturi de coloane ionice şi corintice,
am descojit fresce, am gustat picturi –
şi acum simt pe limbă fire din pânzele
neîntrecuţilor maeştri –
mi-am potolit setea din cascade şi peşteri baroce,
m-am lăsat pătruns de praful entuziast şi pestriţ
al velocilor futurişti,
am gustat, o, acea atât de subtilă drojdie
depusă, prin ani aici, în adâncul
oricărui lucru.

Acum sunt sătul, ghiftuit, îmi fac mulţumit siesta,
privesc cu încredere viitorul,
mă simt ca un humus fertil. Am şi început
să simt mişunând în mine
primele încolţiri. În curând
va răsări, desigur, o iarbă dulce, verde,
semn că sunt viu şi plin
de tainice, minunate puteri.

Aştept să mă pască o vacă.

Sesta

Passei pelas ruínas e museus de Roma,
contou-me o meu amigo,
alimentei-me com restos de colunas jónicas e coríntias,
descasquei frescos, provei pinturas –
ainda sinto na língua fios das telas
dos inigualáveis mestres –
saciei a minha sede em cascatas e grutas barrocas,
deixei-me penetrar pelo pó entusiasta e boémio
dos velozes futuristas,
degustei aquele tão subtil fermento
depositado, em tantos anos, nas entranhas
de cada coisa.

Agora estou cheio, empanturrado, faço a minha sesta,
olho com confiança para o futuro,
sinto-me como um húmus fértil. Até já comecei
a sentir a galgarem dentro de mim
os primeiros rebentos. Em breve
vai sair, certamente, uma erva doce, verde,
sinal de que estou vivo e cheio
de secretos e maravilhosos poderes.

À espera que me paste uma vaca.

Astăzi nu

Nu vă speriați. Nu vă pândește
nici o primejdie. Puteți
să treceți liniștiți pe lângă mine.
Nu are nici un rost să vă vârâți
degetele-n urechi,
nici să vă ascundeți
după copac
ori pe după zid.

Nu, nu vă fie teamă. Astăzi nu,
nu voi urla.
Din când în când
mai trebuie să arătăm și puțin respect
pentru ordinea universală.

Hoje não

Não se assustem. Nenhum perigo
vos espreita. Podem
passar tranquilos ao meu lado.
Não faz sentido meterem
os dedos nos ouvidos,
nem esconderem-se
atrás da árvore
ou atrás do muro.

Não, não tenham medo. Hoje não,
não vou gritar.
De vez em quando
temos de mostrar algum respeito
pela ordem universal.

Lucrez foarte mult

Lucrez foarte mult, gâfâi, icnesc,
transpir aproape până la sânge,
din zori de zi până-n miez de noapte,
trudesc grozav şi cu mare zgomot,
atât de mare, încât
s-ar putea să mă audă,
într-un târziu, chiar şi leii de piatră
ce moţăie lângă treptele
de la intrarea Academiei.

Dar, uneori, pur şi simplu,
respir drept în lumină,
mă întorc după soare
ca o floare a soarelui.

Trabalho demasiado

Trabalho demasiado, ofego, suspiro,
suo quase até ao sangue,
desde o nascer do sol até ao cair da noite,
trabalho imenso e com muito barulho,
e tão alto, que
me conseguiriam ouvir,
num finalmente, até os leões de pedra
que dormitam ao lado dos degraus
da entrada na Academia de Ciências.

Mas, por vezes, pura e simplesmente,
respiro directamente na luz,
viro-me para o sol
como um girassol.

Cum se scrie un poem

Destul, ne-am săturat de scandaloasa indiferență
față de spațiul verbal locativ
din lumea noastră în plin avânt!

Ar fi, credem, timpul
să se lase odată
ceva mai mult loc liber
între cuvinte.

Să încapă, în fine, comod,
Urletul.

Como escrever um poema

Basta, estamos fartos da vossa escandalosa indiferença
para com o espaço verbal locativo
do nosso mundo cheio de pica!

Já é, pensamos, tempo
de deixar doravante
mais espaço livre
entre as palavras.

Para que caiba, enfim, comodamente,
O grito.

Cămășile

Mă uit la cămășile mele
adunate prin ani,
așezate pe umerașe, parcă ar fi
în marș, aliniate, în pas tăcut.
Trupul meu nu e în ele, mi-l pot
numai imagina
cu inima mea veche, bătând
în dreptul buzunarelor stângi.

Par că se umflă totuși, din când în când,
ușor.

Ca la o adiere de Dincolo.

As camisas

Olho para as camisas
que juntei durante anos,
sobre os cabides, como
numa marcha, alinhadas, em silêncio.
O meu corpo não está nelas, apenas
o consigo imaginar
com o meu coração velho a bater
junto dos bolsos esquerdos.

Parecem encher-se, no entanto, de quando em vez,
levemente.

Como uma brisa do Além.

Cântec simplu

Mâna ta albă coborând spre umărul meu
lasă o tandră umbră, – un mic nor
oprit în dreptul
soarelui ce-ți sclipește în ochi.

Nu o mișca. Aș vrea să mai stau o clipă
sub acel nor.

Așa,
nu prea sigur de mine, deși știindu-mă ocrotit, cuprins de
                                              o ciudată duioșie.]
Față de tine, față de mine.
Cu gândul la cei dintotdeauna
cu mâini întinse, cu ochi lăcrimând
spre un Dumnezeu care,
când există, când nu există.

Canção simples

A tua mão branca a descer sobre o meu ombro
deixa uma terna sombra – uma pequena nuvem
que pára em frente
ao sol que brilha nos teus olhos.

Não te mexas. Queria ficar só mais um segundo
debaixo dessa nuvem.

Assim,
não muito seguro de mim, embora sabendo-me protegido, repleto de
um estranho carinho.]
Para contigo, para comigo.
A pensar naqueles que estão sempre
de mãos estendidas, de olhos em lágrimas
para um Deus que,
ora existe, ora não existe.

Mesteacănul

De la o vreme, de când
am mai îmbătrânit,
am încă o idee fixă, –
îi tot rog pe copiii mei
să planteze un pui de mesteacăn
lângă casa lor de pe deal.

Dar mai sunt atâţia, uită-te-n jur,
peste tot, pe coline şi stânci, –
e plină lumea de ei,
numai mesteceni şi mesteceni...

Cum să le spun că, singur,
n-aş putea face un pas
de pe un deal pe altul?

Nu ştiu cum să le spun
că mă gândesc şi la ziua
când, de departe de tot
şi cu gura pe veci închisă,
va trebui, totuşi, neapărat,
să le comunic ceva
foarte, foarte important.

A bétula

Há já uns tempos, desde que
comecei a envelhecer,
tenho mais uma ideia fixa –
peço sempre aos meus filhos
para plantarem um rebento de bétula
ao lado da casa deles na colina.

Mas já há tantos, olhe à sua volta,
por todo o lado, nas colinas, nos rochedos –
está o mundo cheio delas,
é só bétulas e mais bétulas…

Como dizer-lhes que, sozinho,
não conseguiria andar
duma colina para outra?

Não sei como dizer-lhes
que penso também no dia
em que, de longe demais
e de boca fechada para sempre,
terei, necessariamente,
de lhes comunicar algo
muito, muito importante.

ANA BLANDIANA

Clepsidră

Mă uit la clepsidra
In care nisipul
A rămas suspendat,
Refuzând să mai curgă.
E ca într-un vis:
Nimic nu se mişcă.
Mă uit în oglindă:
Nimic nu se schimbă.
Visul opririi
Din drumul spre moarte
Seamănă morţii.

Ampulheta

Olho para a ampulheta
Em que a areia
Ficou suspensa
E recusa-se a cair.
Como num sonho:
Nada mexe.
Olho no espelho:
Nada muda.
O sonho da paragem
Do caminho para a morte
Tem a cara da morte.

Aglomerație

Ei nu erau niciodată siguri că primăvara revine,
Îngropați în nămeți,
Nu știau dacă soarele va mai fi în stare să-i topească
Și în fiecare an așteptau cu emoție să vadă
Dacă mugurii se mai deschid încă o dată.

Ce palpitant trăiau! Ce tulburătoare emoții,
Când fiecare întâmplare era păstorită de-un zeu
Care trebuia invocat, implorat , lingușit,
Care aștepta jertfe – un fel de mită metafizică –
Ca să își facă datoria.

Și zeii mici depindeau la rândul lor
De alți zei mai puternici,
Și zeilor buni li se opuneau alți zei, răzbunători,
Și fiecare centimetru pătrat era populat
Cu nenumărate ierarhii de ființe nevăzute
Printre care era o minune să te strecori
Fără să deranjezi pe cineva.

Aglomeração

Eles nunca sabiam ao certo que a Primavera regressa,
Enterrados em montes de neve,
Não sabiam se o sol ainda conseguiria derretê-los
E cada ano esperavam ver com emoção
Se os rebentos iriam abrir uma vez mais.

Que vida tão palpitante! Que emoções fortes,
Quando cada evento era apascentado por um deus
Que tinha de ser invocado, implorado, adulado,
Que esperava sacrifícios – uma espécie de suborno metafísico –
Para cumprir o seu dever.

E os deuses pequenos dependiam por seu lado
De outros deuses mais fortes,
E aos deuses bons opunham-se outros deuses, vingativos,
E cada centímetro quadrado era povoado
Por inúmeras hierarquias de seres invisíveis
E era um milagre passar pelo meio
Sem incomodar alguém.

Biserici închise

Biserici închise
Ca niște case cu proprietarul plecat
Fără să spună pe cât timp,
Fără să lase adresa.
În jurul lor orașul
Rotește tramvaie și biciclete,
Claxoane, reclame,
Locuitorii grăbiți
Vând și cumpără, vând și cumpără,
Mănâncă în mers
Și, din când în când, obosiți,
Se opresc să bea o cafea
La o măsuță pe trotuarul
De lângă o catedrală din secolul XI,
Pe care o privesc fără să o vadă,
Pentru că vorbesc la telefon
Și fără să se întrebe
Cine este cel ce a locuit cândva
Într-o casă atât de mare.

Igrejas fechadas

Igrejas fechadas
Como casas com o proprietário ausente
Sem dizer por quanto tempo,
Sem deixar morada.
À sua volta a cidade
Rola eléctricos e bicicletas,
Buzinas, reclames,
Habitantes apressados
Vendem e compram, vendem e compram,
Comem pelo caminho
E, de quando em vez, fatigados,
Param para tomar um café
Numa mesa do passeio
Junto a uma catedral do século xi,
Que olham sem ver,
Enquanto falam ao telemóvel
E sem se interrogarem
Quem terá vivido em tempos
Numa casa tão grande.

Faguri

Tu nu eşti născut,
Ci te naşti
Trecând
Din secundă-n secundă,
Neîncercând
Să fii acolo, când eşti aici
Sau aici, când treci dincolo.
Tu eşti materia salvată riscant
Dintr-o respiraţie într-alta,
Fără de care n-am fi.
Şi nici nu suntem, de fapt,
Decât resturi, forme golite,
Faguri din care mierea eternităţii
S-a scurs.

Favos

Tu não nasceste,
Mas sim nasces
Ao passares
De segundo em segundo,
Sem tentar
Estar ali, quando estás aqui
Ou aqui, quando passas para ali.
Tu és a matéria salva a risco
Duma respiração noutra,
Sem a qual não seríamos.
E, aliás, nem somos,
Senão restos, formas vazias,
Favos dos quais o mel da eternidade
Esvaiu-se.

Joc

Sunt ani de când cred
Că marea nenorocire a oamenilor
Este că sunt prea mulți pe pământ.
Și totuși, îmi place să mă joc cu copiii,
Cu plăcerea ambiguă,
Aproape perversă,
Pe care trebuie să o aibă cei ce îngrijesc
Pui de lei sau de tigri
Ca și cum ar fi niște pui de pisici,
Uitând că va veni un moment când
Jocul va trebui să înceteze,
Un moment pe care-l amână mereu
Ca într-o ruletă rusească.

Mă joc cu copiii care vor deveni adulți
Încercând să amân clipa
Când le va face plăcere să mă sfâșie,
Deveniți adulți,
Tot mai adulți,
Tot mai mulți,
Mult prea mulți,
În timp ce eu rămân singură în copilărie.

Jogo

Há anos que acredito
Que a maior desgraça da humanidade
É sobrepovoar a Terra.
E, no entanto, gosto de brincar com as crianças,
Com o prazer ambíguo,
Quase perverso,
Que terão certamente aqueles que cuidam
De crias de leões ou de tigres
Como se de pequenos gatos se tratasse,
Esquecendo-se que virá um momento em que
O jogo terá de acabar,
Momento sempre adiado
Como numa roleta-russa.

Brinco com as crianças que serão adultos
Tentando adiar o momento
Em que lhes dará prazer rasgar-me,
Já todos adultos,
Cada vez mais adultos,
Cada vez mais,
Já demasiado,
Enquanto eu fico sozinha na infância.

Porumbei

Sute de porumbei, poate mii,
Aşezaţi cuminţi în perechi
Pe acoperişul înclinat al bisericii,
Pe fiecare ţiglă un porumbel,
Unul lângă altul,
Înţeleşi între ei, evident,
Organizaţi cu minuţie
În vederea transmiterii sau primirii
Unui mesaj
Pe care nu reuşim să-l descifrăm.
Îi privim doar cu nelinişte :
Preanumeroase
Clone ale Sfântului Duh...

Pombos

Centenas de pombos, talvez milhares,
Sentados quietos aos pares
No telhado inclinado da igreja,
Um pombo em cada telha,
Um ao lado de outro,
Em evidente conluio,
Organizados minuciosamente
Para transmitirem ou receberem
Algum recado
Que não conseguimos decifrar.
Observamo-los apenas, inquietos:
Incontáveis
Clones do Espírito Santo...

Rugăciune

Dumnezeu al libelulelor, al fluturilor de noapte,
Al ciocârliilor şi al bufniţelor,
Dumnezeu al râmelor, al scorpionilor
Şi al gândacilor de bucătărie,
Dumnezeu care i-ai învăţat pe fiecare altceva
Şi ştii dinainte tot ce i se va întâmpla fiecăruia,
Aş da orice să înţeleg ce-ai simţit
Când ai stabilit proporţiile
Otrăvurilor, culorilor, parfumurilor,
Când ai aşezat într-un cioc cântecul şi în altul croncănitul,
Şi-ntr-un suflet crima şi în altul extazul,
Aş da orice, mai ales, să ştiu dacă ai avut remuşcări
Că pe unii i-ai făcut victime şi pe alţii călăi,
Egal de vinovat faţă de toţi
Pentru că pe toţi i-ai pus în faţa faptului împlinit.
Dumnezeu al vinovăţiei de a fi hotărât singur
Raportul între bine şi rău,
Balanţa menţinută cu greu în echilibru
De trupul însângerat
Al fiului tău care nu-ţi seamănă.

Oração

Nosso Senhor das libélulas, das borboletas nocturnas,
Das cotovias e das corujas,
Senhor das minhocas, dos escorpiões
E das baratas da cozinha,
Nosso Senhor que ensinaste algo diferente a cada um
E sabes de antemão o que vai acontecer a cada um,
Daria tudo para entender o que sentiste
Quando escolheste as proporções
Dos venenos, das cores, dos perfumes,
Quando colocaste num bico o canto e no outro o crocito,
E numa alma o crime e noutra o êxtase,
Daria tudo, sobretudo, para saber se tiveste remorsos
Por teres feito de uns vítimas e de outros carrascos,
Culpado em igual medida perante todos
Porque os puseste a todos perante o facto consumado.
Nosso Senhor da culpa de ter decidido sozinho
A relação entre bem e mal,
A balança difícil de manter em equilíbrio
Pelo corpo ensanguentado
Do teu filho que contigo não se parece.

Singuri

Mă uit la ei și mă mir
Cât sunt de singuri.
Și cât de vinovați sunt
Că sunt singuri.
Mă uit la ei îndelung
Și mă întreb –
Câtă singurătate
Este în stare să îndure fiecare,
Înainte să moară de singurătate ?
Dar după ?

Sozinhos

Olho para eles e admiro-me
Quão sozinhos estão.
E quão culpados são
Por estarem sozinhos.
Olho para eles demoradamente
E pergunto-me –
Quanta solidão
É capaz de aguentar cada um,
Antes de morrer de solidão?
E depois?

O continuă pierdere

Nu e greu să pierzi,
Poate fi chiar o plăcere întoarsă în sine,
Jenată de inexplicabila bucurie
Pe care-o ascunde,
Un fel de a descoperi că poți trăi
Fără obiectul pierdut.

Și, chiar dacă e vorba de o ființă,
Durerea cuprinde și o infimă
Fărâmă de libertate,
Atât de mică încât poate fi o sămânță
Din care, dincolo de lacrimi,
Poți să aștepți să răsară ceva.

Nu e greu să pierzi,
De fapt, înălțarea nu e
Decât o continuă pierdere,
Lestul obiectelor și ființelor căzute
Te ajută să urci,
Te propulsează în haos,
Acolo unde singurătatea
Devine materie primă
Pentru demult visate palate
Pe care nu mai are cine să le locuiască.

A perda contínua

Não é difícil perder,
Pode até tornar-se num prazer virado em si mesmo,
Incomodado pela inexplicável alegria
Que esconde,
Um modo de descobrir que se pode viver
Sem o objecto perdido.

E, mesmo tratando-se de um ser,
A dor abrange também uma ínfima
Migalha de liberdade,
Tão pequena que pode ser uma semente
Da qual, além das lágrimas,
Pode esperar-se que saia algo.

Não é difícil perder,
Na realidade, a ascensão não é mais
Do que uma perda contínua,
O peso dos objectos e dos seres caídos
Ajudam-te a subir,
Impulsionam-te para o caos,
Lá onde a solidão
Se torna matéria-prima
Para palácios sonhados de outrora
Que já não têm ninguém que os habite.

Un bocet

Un bocet fără odihnă, care nu se opreşte
Nici măcar ca să tragă aer în piept,
Ca să-şi lingă de pe buze sarea lăsată de lacrimi,
Un bocet ca o sirenă de ambulanţă
Purtând în goană o suferinţă
Încă nedevenită cadavru,
Un bocet ca un claxon isteric
Într-un ambuteiaj din care ar vrea să-şi ia zborul,
Un bocet care reuşeşte să acopere vacarmul oraşului,
Care reuşeşte să treacă prin ziduri, prin acoperişe,
Prin termopane, prin plapumele trase peste cap,
Prin dopurile din urechi
Si să pătrundă până în ultima celulă din creier,
Un bocet scos de gâtlejul tot mai răguşit al unui înger
Care nu-şi mai găseşte drumul înapoi.

Uma lamúria

Uma lamúria sem tréguas, que não pára
Sequer para encher o peito de ar,
Para lamber dos seus lábios o sal deixado pelas lágrimas,
Uma lamúria como uma sirene de ambulância
Transportando em grande velocidade um sofrimento
Que ainda não se tornou em cadáver,
Uma ladainha como uma buzina histérica
Num engarrafamento do qual gostaria de levantar voo,
Uma ladainha que consegue cobrir o alvoroço da cidade,
Que consegue passar por paredes, por telhados,
Por janelas duplas, pelos cobertores puxados por cima da cabeça,
Pelos tampões dos ouvidos
E penetra até à última célula do cérebro,
Uma ladainha saída da garganta cada vez mais rouca dum anjo
Que já não encontra o caminho de volta.

HORIA BĂDESCU

Eşti aici, pe acest pământ,
în acest secol, în ora aceasta :
o constelaţie îşi va aminti într-o zi
dacă zile încă vor fi.
Eşti aici, pe acest pământ,
în acest secol ;
acum o mie de ani cerul era acelaşi.
În ţărâna reavănă, sub arbori,
încolţeşte sămânţa :
mai lungă decât veşnicia
e clipa
şi totuşi
n-o va şti niciodată.

Estás aqui, neste pedaço de terra,
neste século, nesta hora:
uma constelação vai lembrar-se um dia
se dias ainda houver.
Estás aqui, neste pedaço de terra,
neste século;
mil anos atrás o céu era o mesmo.
No solo embebido, sob as árvores,
germina a semente:
mais longo que a eternidade
é o momento
e no entanto
não o saberá nunca.

Unde e vara,
depărtata, luminoasa,
imponderabila?
Unde toamna,
paradis de iubiri imposibile,
tărâm de înmieruite albine
şi de frunze dansându-i morţii
în palmă.
În curând te va săruta iarna,
abisul care urcă
prin arterele tale
spre inima poemului.

Onde está o Verão,
longínquo, luminoso,
imponderável?
Onde está o Outono,
paraíso dos amores impossíveis,
terra das abelhas cheias de mel
e de folhas dançando nas mãos
da morte.
Em breve vai beijar-te o Inverno,
o abismo que sobe
pelas tuas artérias
até ao coração do poema.

Nu eu sunt acela care vorbeşte,
e vântul dinainte de naşterea aerului,
pământul dinaintea Genezei,
tăciunele inimii unui zeu exilat.
Eu sunt doar copilul tăcerii,
nu am cuvinte, ci lacrimi,
eu vorbesc limba uitată-a abisului,
nu scriu,
ard cu fierul roşu litere stranii
pe pielea văzduhului :
suferinţa poemului nu e a mea,
nici inima lui.
Nu eu sunt acela care vorbeşte,
ci voi :
eu nu fac decât să vă-ascult.

Não sou eu aquele que fala,
é o vento antes do nascimento do ar,
a terra antes da Génese,
o carvão em brasa do coração dum deus exilado.
Eu sou apenas o filho do silêncio,
não tenho palavras, mas sim lágrimas,
eu falo a língua esquecida do abismo,
não escrevo,
queimo com o ferro incandescente letras estranhas
na pele do céu imenso:
o sofrimento do poema não é meu,
e nem o seu coração.
Não sou eu quem fala,
mas sim vocês:
eu apenas fico a ouvir-vos.

Portret apocrif

El este
ceea ce mărturisesc despre el
ploile.
Când se stârneşte vântul
trupul lui, asemeni măcieşului,
se izbeşte de fiinţa lucrurilor.
Pe un sac doarme
aproape de faţa ţărânii,
noaptea în oasele lui se prelungesc
săratele, subpământenele peşteri.
Umblă cum ar călca peste carnea sfîntă
a zeului,
când spune ceva
un harpist nevăzut se deşteaptă
în subteranele haosului.
El este
ceea ce despre el
încă n-a învăţat să spună
lumina.

Retrato apócrifo

Ele é
aquilo que as chuvas
testemunham ser.
Quando o vento se levanta
o seu corpo, tal como a rosa-mosqueta,
bate contra o cerne das coisas.
Dorme sobre um saco
à flor da terra,
de noite nos seus ossos prolongam-se
as salgadas e subterrâneas grutas.
Caminha como se pisasse a carne santa
de um deus,
quando diz algo
um harpista invisível desperta
nas catacumbas do caos.
Ele é
aquilo que sobre ele
ainda não aprendeu a dizer
a luz.

Isprăveşti cu mâna la gură
poemul.
Numărul de aur,
vârsta de aur,
tăcerea de aur...
În jur oamenii urlă,
planeta urlă,
istoria urlă.
E inutil să-ţi întrebi
zdreanţa de carne.
E inutil să asculţi
scrâşnetul cu care te sfârtecă
roţile constelaţiilor.
"Guarda e pasa!"
Cineva care-ţi seamănă
duce în mâini
ţeasta retezată
a zilei de mâine.

Acabas de mão à boca
o poema.
O número de ouro,
a idade de ouro,
o silêncio de ouro...
À tua volta o mundo grita,
o planeta grita,
a história grita.
É inútil perguntares
à tua carne desfeita.
É inútil ouvires
o rosnar com que te esfarelam
as rodas das constelações.
«Guarda e passa!»
Alguém parecido contigo
leva nas mãos
o crânio dilacerado
do dia de amanhã.

Vei trăi cât cuvintele tale
dar vei muri înaintea
tăcerilor.
Vorbe deşarte, nisip.
Ce să aşezi peste prăpastia
dintre două cuvinte ?
Cu ochii sticliți în laptele
întunericului
urli-n niciunde.
Nici un răspuns.
Scâncește-n ieslea
fărădecapătului
dumnezeul urâtului.

Viverás quanto as tuas palavras
mas morrerás antes
dos silêncios.
Palavras em vão, areia.
O que colocar sobre o precipício
entre duas palavras?
Com os olhos vidrados no leite
da escuridão
gritas para o vazio.
Nenhuma resposta.
Choraminga na manjedoura
do sem-fim
o deus da fealdade.

Cine sunt eu?
Spune-mi tu, frate vânt,
spune-mi tu, soră ploaie!
Spune-mi tu, bătrâne pământ,
maică fără de vârstă
şi fără de nume!
Pe calea de-acum rătăcită
nu mai ştiu cine-i acel
care umblă.
Sub podul care încă mai trece
peste râpa inimii mele
doar sângele uitării
e cel care curge.

Quem sou eu?
Diz-me tu, vento, meu irmão,
diz-me tu, chuva, minha irmã!
Diz-me tu, velhinha terra,
mãe sem idade
e sem nome!
Pelo caminho já perdido
já não sei quem é aquele
que deambula.
Debaixo da ponte que ainda passa
sobre a ravina do meu coração
apenas o sangue do esquecimento
ainda corre.

Şi iată cum merge el, cuvântul,
amărâtul, răzvrătitul, supusul,
el, fiu al tăcerii,
părinte-al nespusului:
şontâc-şontâc
printre dărâmături de lumină
şi singurătate,
prin cenuşile fulgerului,
şontâc-şontâc
sub povara adevărului lui,
şontâc-şontâc
în urma vieţii şi-a morţii,
pe drumul care coboară-n
străfundul inimii tale.

Eis como circula, a palavra,
coitadinha, revoltada, submissa,
ela, filha do silêncio,
mãe do não dito:
devagar-devagarinho
por entre despojos de luz
e solidão,
por entre as cinzas do relâmpago,
devagar-devagarinho
sob o peso da sua verdade,
devagar-devagarinho
atrás da vida e da morte,
pelo caminho que desce
nas entranhas do teu coração.

Cândva vă cântam un cânt, frații mei,
un cânt mai adânc decât marea,
mai arzător decât fulgerul,
un cânt mai melodios decât
ploaia,
mai tăios decât viscolul,
mai dur decât diamantul.
Amintiți-vă,
cântecul meu
era tăcera unei păsări
răstignite în cer,
țipătul unui înger ucis!
Acum voi sunteți acei care cântă
ceea ce-n mine e numai uitare.

Em tempos cantei-vos, meus irmãos,
uma canção mais profunda que o mar,
mais quente que o relâmpago,
uma canção mais melodiosa que
a chuva,
mais cortante que a nevasca,
mais dura que o diamante.
Lembram-se,
a minha canção
era o silêncio dum pássaro
crucificado no céu,
o grito dum anjo assassinado!
Agora são vocês quem canta
aquilo que em mim já é esquecimento.

Scrii aşa cum respiri,
aşa cum ţi-e foame
şi sete.
Vorbeşti cu glasul sângelui
fierbând de arşiţa coapselor
femeilor
niciodată-ntâlnite.
Pe obrazul morţii
cu degetul neantului scrii.
Scrii...
Viaţa începe doar după.

Escreves como respiras,
como tens fome
e sede.
Falas com voz de sangue
a ferver na brasa das coxas
das mulheres
nunca encontradas.
No rosto da morte
escreves com o dedo do vazio.
Escreves...
A vida só começa depois.

ADRIAN POPESCU

Am visat

Am visat un copil cu zâmbet ambiguu,
nu știu ce era el, copilul, cine era,
nu știu nici de unde venea,
nu avea funingine pe sprâncene,
dar nici nu mirosea a tămâie,
ciudat mai zâmbea,
apoi a scos din buzunar o forfecuță,
cum au chirurgii, cu un fel de clonț la vârf
încovoiat, de vultur,
și, harșt!, mi-a retezat rapid
un nasture de la veston.

Tu ce zici, de unde era copilul,
vreau să zic cine-l trimisese,
cei de deasupra,
ori cei dedesubt?

Sonhei

Sonhei com uma criança de sorriso ambíguo,
já nem sei o que era, a criança, quem era,
e tão-pouco sei donde vinha,
não tinha fuligem nas sobrancelhas,
mas também não cheirava a incenso,
apenas sorria de forma estranha,
depois tirou do bolso uma tesourinha,
de cirurgião, com uma espécie de bico na ponta
curvo, como de águia,
e, zás!, cortou-me de repente
um botão do casaco.

Que achas, donde vinha a criança,
quero dizer, quem a terá enviado,
os de cima
ou os de baixo?

Strada

Era parcă dimineața lumii,
iar deasupra noastră
 se scuturau toate crengile
cireșilor din Europa de Est,
petalele străvezii erau doldora
de zumzetul anotimpului.

Nu ne grăbeam,
strada mirosea a
primăvară fără sfârșit,
iar noi ne țineam de mână,
 eram siguri că strada
nu se va termina niciodată,
sau, hai, fie, să zicem,
 peste foarte mult timp...
când vom avea vreo sută de ani.

Apoi brusc niște frâne de autocamion,
un hârâit de buldozere,
niște strigăte nervoase, niște înjurături,
și un zid de ciment
ne-a apărut în fața ochilor,
strada se înfunda definitiv,
o arteră de cardiac.

Să facem cale întoarsă,
era o lașitate,
să înaintăm nu ne lăsau:
„Ați venit prea târziu, zidul e gata!"

Voi ce-ați fi făcut?
Noi am fugit într-o grădină,

A rua

Parece que era a manhã do mundo,
e sobre nós
sacudiam todos os ramos
das cerejeiras da Europa de Leste,
pétalas translúcidas repletas
do zunzum da estação.

Não tínhamos pressa,
a rua cheirava a
Primavera sem fim,
e nós, de mãos dadas,
certos de que a rua
nunca iria acabar,
ou, enfim, a acontecer,
será dentro de muito tempo...
quando tivermos uns cem anos.

Depois, de repente, os freios dum camião,
a zumbaria das escavadeiras,
gritos nervosos, palavrões,
e um muro de cimento
surgiu-nos diante dos olhos,
a rua entope definitivamente,
uma artéria de doente cardíaco.

Voltar para trás,
era uma cobardia,
avançar não nos deixavam:
«Já chegaram tarde, o muro está pronto!»

Vocês o que fariam?
Nós fugimos para um jardim,

din dreapta drumului,
cu inima zbătându-ni-se
spasmodic în gât,
cu strigătele urmăritorilor,
(sau ale proprietarilor?)
în ceafa noastră,
 mai repede,
mai repede,
 mai repede...

Dar şi lateral strada
se-ngusta, mereu...
Sub pământ,
sau desupra pământului,
unde să fugim?

Am văzut atunci
botul umed, roz, al cârtiţei,
tocmai terminase o galerie
şi ieşise la aer proaspăt,
ar fi fost o soluţie, poate.
Afâna ţărâna,
înălţa chioşcul muşuroiului,
poate am fi încăput şi noi,
dar am fi orbit,
în mai puţin de- un an...

Am văzut apoi deasupra noastră
umbra celor şase aripi ale heruvimului,
două erau pentru zbor,
cu două-şi acoperea faţa,
cu două picioarele,
am strigat din rărunchi,
am căzut în genunchi,

do lado direito da via,
com o coração a pulsar
espasmódico na garganta,
com os gritos dos perseguidores
(ou talvez dos proprietários?)
na nossa nuca,
mais depressa,
mais depressa,
mais depressa...

Mas dos dois lados a rua também
se tornava cada vez mais estreita...
Para debaixo da terra,
ou para cima da terra,
para onde fugir?

Vimos então
o focinho húmido, rosa, da toupeira,
tinha acabado uma galeria
e saíra para apanhar ar fresco,
talvez pudesse ser uma solução.
Areava a terra,
erguia a touca,
se calhar cabíamos lá os dois,
mas estaríamos cegos,
em menos de um ano...

Vimos depois por cima de nós
a sombra das seis asas do querubim,
duas eram para voar,
com duas cobria a cara,
com outras duas as pernas,
gritámos a plenos pulmões,
caímos de joelhos,

tremuram, așteptam,
ne rugam, transpiram.

Apoi, m-am trezit,
cineva-mi ștergea
buzele crăpate
cu un cărbune aprins.
Deschideo poartă mică

în zid, ca în copilărie,
mă-mpinge ușor să-naintez,
sunt pe o scară de piatră-n spirală,
 pe un melc latin,
ca la Sant' Angelo,
urc spre o terasă,
unde se simte aburul
Verii eterne;
dacă ezit,
mă prăbușesc.

Merg spre un
murmur de
fluviu,
spre o litanie de ape,
spre niște Voci,
cântând laude.

tremíamos, esperávamos,
rezávamos, suávamos.

Depois acordei,
alguém limpava-me
os lábios gretados
com um carvão incandescente.
Abre-se uma pequena porta

no muro, como na infância,
empurra-me levemente para que avance,
estou numa escada de pedra em espiral,
num caracol latino,
como em Sant'Angelo,
subo até ao terraço,
onde se sente o bafo
do Verão eterno;
se hesitar,
deixo-me tombar.

Vou em direcção ao
murmúrio de um
rio,
uma ladainha de águas,
para as Vozes
que cantam louvores.

Trupul, sufletul

De acum nu ne mai înțelegem ca înainte,
Nedespărțitul meu trup, alter-egoul meu,
Ai devenit greu, gras și gârbovit,
„ești cam moșneag, bunicule",
cum îmi spune David.

Nu ne putem totuși despărți, deși aș vrea-o,
Creștin fiind, nu te pot abandona, la marginea
Autostrăzii, cum vezi cadavrele de câini sfârtecate,
Cu organele interne risipite, demontate...

Știu că mulți de vârsta ta, nu a mea,
Au început să-și piardă cu chimioterapia
Ba ficatul, ba pacreasul, ba mărul lui Adam,
Iar tinerele pe care le admiram pe stradă,
Sau în cafenele, își pierd, mai toate, sânii,
După metoda profesorului american Halsted.

Trebuie să o mai ducem o vreme împreună,
Chiar daca nu ne mai iubim, hai, să rezistăm,
Nu mai ai picioarele înaripate ca Hermes,
Deși eu sunt mereu gata de drum...

Stau încins, cu leptopul deschis,
Cu GPS-ul actualizat,
Cu toiagul după ușă,
Cum zice Pavel din Tars,
Să fim.
Poate ne cheamă la El,
Cel înconjurat de heuvimi.

O corpo, a alma

A partir de agora já não nos entendemos como dantes,
Meu corpo inseparável, meu alter-ego,
Tornaste-te pesado, gordo e marreco,
«Já estás a ficar velhote, avô»,
diz-me o David.

E no entanto não nos podemos separar, por mais que o queira,
Sendo cristão, não te posso abandonar, à beira
Da estrada, como se vêem os cadáveres de cães esquartejados,
Com os órgãos internos espalhados, desmantelados...

Bem sei que muitos com a tua idade, não com a minha,
Começam a perder com a quimioterapia
Ora o fígado, ora o pâncreas, ora a maçã-de-adão,
E as meninas que admirávamos na rua,
Ou nos cafés, já estão quase todas a perder os seios,
Segundo o método do professor americano Halsted.

Temos de nos aguentar mais um tempo juntos,
Mesmo que não nos amemos, vamos lá resistir,
Já não tens asas nos pés como Hermes,
Embora eu esteja sempre preparado para o caminho...

Fico a aquecer, com o portátil aberto,
De GPS actualizado,
Com a bengala atrás da porta,
Como diz Paulo de Tarso,
Sejamos.
Talvez nos chame até Ele,
Aquele rodeado de querubins.

Intrăm amândoi la Examen,
Ca numele si prenumele
O singură entitate,
Una de la Facere.

Nu stiu cum va fi despărțirea noastră,
Că ea va urma nimeni nu se îndoiește,
Pentru mine va fi un câștig,
Pentru tine va fi o pierdere?

Oricum ne vom întâlni dincolo, tineri,
Cu prospețimea noastră de la douăzeci de ani,
Când scriam poeme și iubeam iubirea.
Vei fi ca-n prima zi, vrăjit de cele din jur?

Acum suntem o pereche cam bizară,
Tu, carnea, o bătrână stafidită,
Eu, un adolescent.
În holurile unui hotel de 5 stele.

Chegamos os dois ao Exame,
Com o nome e apelido
Uma única entidade,
Uma desde a Criação.

Não imagino como será a nossa separação,
Que ela virá já ninguém tem dúvidas,
Para mim será um ganho,
Para ti será uma perda?

De qualquer modo encontrar-nos-emos além, jovens,
Com a nossa frescura dos vinte anos,
Quando escrevíamos poemas e amávamos o amor.
Vais estar como no primeiro dia, enfeitiçado com tudo à volta?

De momento somos um par algo bizarro,
Tu, a carne, uma velha enrugada,
Eu, um adolescente.
No átrio dum hotel de 5 estrelas.

Dintr-un Boeing -737

Am ajuns de unde pot contempla
șirul de munți încrețiți de Mâinile Lui,
lacurile Albano și Bracciano anunță
apropierea de colinele eterne.

Un fel de răsplată blândă pentru
iubirea mea, arătată orașului cu o mie
de cupole, unde tânăr, apoi bătrân,
am pus ulei în candele, la răspântii.

Ajungem după un ocol pe deasupra
navelor de pescari din Tireniană,
aproape de Ostia, unde o mamă-și plânge
nu fiul, ci pe străinii care i-l-au omorât.

De sus, vălătucii norilor așa-s de aproape,
așternutul îngerilor, pe care cineva-l
scutură bine, în fiecare dimineață,
de pene, praf cosmic, meteoriți, ploi de foc.

Un scrâșnet de plăci tectonice îmbi-
nându-se, dar altfel, se simțea
dar cum mai nimeni nu era atent
decât la întrebarea stewardesei:

„tee or coffe?"–
el a trecut neobservat.

Numai jos în pădure, un copil, care
mergea la școală – 7 km la dus, 7 la întors –
un pensinar pe care nu-l ia nimeni în seamă,
o tânără poștășiță rurală (mi-o mai amintesc)

De um Boeing 737

Cheguei ao ponto donde posso contemplar
a cadeia de montanhas cinzeladas pelas Mãos d'Ele,
os lagos Albano e Bracciano anunciam
a aproximação das colinas eternas.

Uma espécie de recompensa doce pelo
meu amor, demonstrado à cidade das mil
cúpulas, onde em jovem, e depois em velho,
pus óleo nos candeeiros, nos cruzamentos.

Após uma volta chegamos por cima
dos barcos de pescadores do Tirreno,
perto de Óstia, onde uma mãe chora
não o filho, mas sim os estrangeiros que o mataram.

Cá de cima, os algodões das nuvens ficam tão perto,
os lençóis dos anjos, que alguém
sacode bem, todas as manhãs,
de penas, pó cósmico, meteoritos, chuvas de estrelas.

Um rosnar de placas tectónicas a roçarem,
mas de uma maneira diferente, sentia-se
mas como todos estavam atentos
apenas à pergunta da hospedeira:

«tea or coffee?» –
passou despercebido.

Só lá em baixo, uma criança que
ia para a escola – 7 km ida, 7 à volta –
um reformado a quem já ninguém ligava,
uma jovem carteira (que ainda recordo)

Au simțit corul astral, scrâșnetul, suflul,
lumina orbitoare, au zărit o clipă piciorul
unui arhanhgel, uriaș, pe spuma norilor,
Împroșcând , grăbit să ne aducă Vestea.

Sentiram o coro astral, o rosnar, o sopro,
a luz ofuscante, vislumbraram por um instante o pé
de um arcanjo, gigantesco, sobre a espuma das nuvens,
Salpicando, com pressa de nos trazer a Boa Nova.

DINU FLAMAND

Cu un rest de exuberanță invizibilă
continua să își facă planuri: va pleca va vedea
va face și chiar de nu va putea
încheia
cel puțin va ști că trebuie să continue;

noaptea și ziua deveniseră alternanța
restului său de timp
și erau un fel de euforie a nemișcării.

Limba cea mare a ceasului din bucătărie
nu mai avea putere să urce
ci doar zvâcnea
bătând timpul pe loc deasupra lui 7.

Iar destinul se ghemuia într-o baterie uzată.

Com uma réstia de exuberância invisível
continua a fazer planos: vai partir vai ver
vai fazer e mesmo que não consiga
acabar
ao menos vai saber que tem de continuar;

a noite e o dia tornaram-se a alternância
do tempo que lhe restava
e eram uma espécie de euforia estática.

A seta grande do relógio da cozinha
já não tinha força para subir
e apenas pulsava
marcando a hora sempre em cima do 7.

E o destino concentrava-se numa bateria gasta.

Nu se poate decât bănui
ce anume o mână atât de energic prin ploaia
de toamnă și aproape veselă
traversează grădinile încă verzi
pe bătrâna de la marginea satului;

iar apa e luminoasă pe chipul ei – probabil
o baniță de făină, ulei și sare și niște ouă
i-a promis
o fostă prietenă-a ei de joacă.

La vârsta ei a ajuns o enciclopedie a sărăciei:
"trecătorule,
adu-ți aminte când nu vei mai ști
ce e fericirea".

Apenas se consegue adivinhar
o que a move tão depressa pela chuva
de Outono e quase alegremente
atravessa os jardins ainda verdes
a velhota dos confins da aldeia;

e a água reluz no rosto dela – provavelmente
duas arrobas de farinha, óleo, sal e uns ovos
prometidos por
uma antiga amiga de infância.

Com essa idade já é uma enciclopédia da pobreza:
«transeunte,
lembra-te disso quando já não souberes
o que é a felicidade».

Vechi fotografii și prune uscate
în același sertar;
din ambele
mai întâi s-a scos miezul
iar apoi s-a stors timpul.

Cinci generații de chipuri
în nuanțe de sepia depășesc secolul
dar
cine îl mai cunoaște pe mustăcios?
și pentru cine era "mica piedică în calea uitării"
femeia cea durdulie sufocată-n corset?

Sub aceeași lună galbenă ivită din păpuriș
cu aceeași perdea pictată-n fundal
și-au ținut răsuflarea
în costumele lor de duminică rând pe rând.

Uitarea îi adună într-o singură generație
iar prunele au devenit pietre negre.

Fotografias antigas e ameixas secas
na mesma gaveta;
das duas
primeiro tiraram o miolo
depois espremeram o tempo.

Cinco gerações de rostos
em tons sépia que ultrapassam o século
mas
quem reconhece o Bigodes?
e para quem era o «pequeno obstáculo ao esquecimento»
a mulher carnuda sufocada num espartilho?

Sob a mesma lua amarela içada do juncal
com o mesmo cortinado pintado ao fundo
retiveram a respiração
nos seus fatos de domingo um a um.

O esquecimento junta-os numa única geração
e as ameixas tornaram-se pedras negras.

Chiar amiaza – cum ai zice vârful colinei – i se părea
momentul cel mai greu de trecut
zi de zi
cum ai pleca gâfâind spre satul cel mai apropiat
unde nici n-ai de mers.

Mersul calmează
nici nu te mai întrebi dacă trebuie
să te duci – dar te duci
fiindcă urcuşul tot e mai bun decât
nimicul şi aşteptarea. Iar de sus recapitulezi
parcursul din urmă (dacă ai curiozitatea),
sau zăreşti câmpia cu restul zilei promiţătoare
(indiferent că peisajele sunt aceleaşi, norii înţepeniţi,
vântul suflând tot din spate, iar cărările spre satul
zilei de mâine le cunoşti, chiar dacă acum mai şterse)
iar apoi chiar uiţi.

Ziua declină, lumina scade, pare uşor
să cobori, infinit mai greu este să continui
spre apusul care se scaldă
într-o bizară şi veninoasă miere.

Nu mai ştii încotro ai plecat
şi se anunţă cealaltă mare dificultate:
noaptea.

Era meio-dia – como quem diz o topo da colina – que lhe parecia
o momento mais difícil de passar
no dia-a-dia
como se tivesses de sair ofegante para a aldeia mais próxima
sem nada ter lá para fazer.

Caminhar acalma
já nem perguntas se tens
de ir – mas vais
porque a subida sempre é melhor do que
nada ou do que a espera. E lá de cima revês
o percurso atrás (se tiveres curiosidade),
ou admiras o campo com os despojos do dia prometedor
(não importa se as paisagens forem iguais, nuvens imóveis,
o vento a soprar de trás, e conheces os caminhos para a aldeia
do dia de amanhã, mesmo que estejam mais apagadas agora)
e depois simplesmente esqueces.

O dia mingua, a luz desce, parece fácil
subir, é infinitamente mais difícil continuar
em direcção ao ocaso que se banha
num estranho e venenoso mel.

Já não sabes para onde partiste
e avizinha-se a outra grande dificuldade:
a noite.

> *Il n'est plus mon amour,*
> *chacun peut lui parler.*
> René Char

Ce se află acolo unde pare că nu mai există nimic?
E iubirea care nu cerșește nimic
polen împietrit
al unei flori ce vizează să înflorească.

Și ce se află acolo unde chiar nu mai este nimic
decât un nor de nimic
plecat în călătorie?
E iubirea devenită adiere a timpului
ce ne mângâia ca un vânt pe creștet
pe vremea când uzi la picioare
prin iarba de primăvară
erau cu noi prietene toate promisiunile.

Iar acolo unde credem că se află nimicul
cel mai ademenitor fiind el și cel care
ne atrage cu gesturile cele mai lente
deși îl ocolim până și cu gândul
din spaima noastră – ce este?

E amintirea iubirii născută
din insuficiența ei adică tocmai
substanța ei
cea bogată
în timp

soare al nopții noastre
neînțeleasă lumină.

> *Il n'est plus mon amour,*
> *chacun peut lui parler.*
> René Char

O que se encontra lá onde parece já nada haver?
É o amor que nada mendiga
pólen petrificado
duma flor que almeja florescer.

E o que se encontra lá onde não há mesmo nada
a não ser uma nuvem de nada
que partiu em viagem?
É o amor que se tornou na brisa do tempo
que nos acaricia como um vento a cabeça
quando de pés molhados
pela relva da Primavera
eram nossas amigas todas as promessas.

E onde acreditamos que se encontra o nada
mais tentador sendo ele aquele
que nos atrai com os gestos mais lentos
embora o evitemos até no pensamento
dos nossos medos – o que há?

É a lembrança do amor nascido
da sua insuficiência ou seja
a sua substância
rica
em tempo

sol da nossa noite
luz incompreendida.

Verb din forța brațului meu
plâns al ochilor mei închiși
mers în statul picioarelor mele
ploaie încă dormind în iarbă
tuse șoptind la urechea din spaima mea
sită pe care cern praful stelelor
gol cu acorduri de muzică indistinctă
dor de ceea ce nicicând nu se-ntâmplă
foc sub ceaunul în care îmi fierb
zeama neagră
zumzet al nopților de nesomn
praf al iubirii simțit pe limbă
ce fac eu aici? cum anume?
ce invoc împroșcând? ce evoc
echivoc?

cine
spre mâna mea de umbră mâna lui
va întinde?

Verbo da força do meu braço
choro dos meus olhos fechados
andar das minhas pernas firmes
chuva ainda a dormir na relva
tosse a sussurrar ao ouvido do meu medo
peneira por onde joeiro o pó das estrelas
vazio com acordes de música indistinta
saudade daquilo que nunca acontece
fogo debaixo do caldeirão onde fervo
o suco negro
zunzum das noites de insónia
pó do amor sentido na língua
o que estou aqui a fazer? e como?
o que invoco barafustando? o que evoco
equívoco?

quem
para a minha mão de sombra a sua mão
estenderá?

Îndrăgostit grav
la Constantinopole
de o femeie – încă şi măritată – fuge
mai întâi în Ierusalim iar tot restul vieţii
se ascunde-n adâncul deşertului egiptean
zi de zi străduindu-se
mai apoi
să scape de:
lăcomie, fornicaţie, zgârcenie, mânie, leneveală,
glorie vană, orgoliu dar şi de... melancolie.

Cu ce multe se simţea el dator
în sinea lui cerurilor
Evagrios Ponticul, ştiind însă
că "Domnul e foarte mulţumit de tine
atunci când I te rogi Lui în lacrimi"!

Sistematizatorul logosului secret îşi ţinea
inteligenţa în inimă
şi gândirea în creier;
dar pasiunile – "logismoï"
oare unde?

Iar în lupta dintre erosul divin şi
melancolie
probabil că meciul era dinainte jucat
precum trânta lui Iacob cu Îngerul;

iar atunci cine a câştigat?

Gravemente apaixonado
em Constantinopla
por uma mulher – ainda por cima casada – foge
primeiro para Jerusalém e todo o resto da sua vida
esconde-se nas profundezas do deserto egípcio
esforçando-se dia após dia
para se livrar
depois de:
ganância, fornicação, avareza, raiva, preguiça,
glória vã, orgulho, mas também... melancolia.

E quanto se sentia ele a dever
na sua cabeça aos céus
Evágrio Pôntico, sabendo no entanto
que «Deus está muito contente contigo
quando rezas para Ele lavado em pranto»!

O sistematizador do *logos* secreto guardava
a inteligência no coração
e o pensamento no cérebro;
mas então e as paixões – *logismoï*
onde?

E na luta entre o herói divino e
a melancolia
provavelmente o jogo já estava decidido de antemão
como a luta de Jacob com o Anjo;

e aí quem é que ganhou?

Fireşte că e ridicolă situaţia
iar la anii tăi ar fi cazul
să nu mai persişti
în iluzii fiindcă sigur îţi fac
şi mai rău;

de parcă n-ar fi destul
chinul ascuns
cu care te culci şi te scoli
iată
că ţi-a zărit chipul – din întâmplare –
în oglindă la farmacie

ce dezastru!

Dar de ce
mai nou
pun oglinzi şi la farmacie?

Şi ce bine era
în copilărie
când te puteai ascunde
după mormanul de albituri
înainte de marea curăţenie

unde plângeai în voie
cu toată fericirea.

Claro que a situação é ridícula
e com a tua idade deverias
deixar de persistir
em ilusões porque de certeza te fazem
ainda pior;

como se não bastasse
o tormento escondido
com que te deitas e acordas
eis
que viu o teu rosto – por acaso –
num espelho da farmácia

que desastre!

Mas porque será
que agora
colocam espelhos na farmácia?

E que bem se estava
na infância
quando te podias esconder
atrás da pilha de roupa branca
antes da grande limpeza

onde chorava à vontade
com toda a felicidade.

Phersu
din acea etruscă *Tomba degli Auguri*
cu un sac pe cap
priponit
apărându-se
orbește de câini cu ghioaga lui
în cel mai crud ritual funebu

mi se pare sportul cotidian
potrivit
acum
să exprime
"persona"
mea
guralivă
exprimând prin găurile măștilor mele
spaimele mele cu
adevărul lor care
se răsfață.

Personaj ce mă
reprezint
uneori și dansând
cu păsările

gladiator
sub măști hilare
sau
învingător
oferindu-mă
mie însumi
învins.

Phersu
daquela etrusca *Tomba degli Auguri*
com um saco na cabeça
firme
a defender-se
cegamente dos cães com a sua clava
no mais cruel ritual fúnebre

parece-me o desporto quotidiano
adequado
agora
para exprimir
a minha
«pessoa»
tagarela
a exprimir pelos buracos das minhas máscaras
os meus medos com
a verdade delas
em todo o seu esplendor.

Personagem que me
represento
às vezes também a dançar
com os pássaros

gladiador
sob máscaras hilares
ou
vencedor
oferecendo-me
a mim próprio
vencido.

Nimic din presupusul viitor nu mai vezi
amintindu-ți că seara
când te trimiteau să aduni caii și vacile
rătăcite-n ființa nopții
totuși vedeai ceva...

Era clipa când spaima îți devenea
curajul
de a nu mai avea teamă
și te simțeai pentru prima dată
chiar tu pe tine în tine și lângă tine prezent
ca întunericul locuind umbra ta.

Flacăra felinarului cu petrol pâlpâia
prietenoasă și căldura ei îți mângâia mâna
iar în cercul luminii sărace pășeai protejat
printre umbrele lumii
ușor fluierând.

Ți-ar mai trebui un mic felinar
acuma
chiar și aproape stins
să încerci să fluieri.

Já nada vês do pressuposto futuro
ao lembrar-te que ao entardecer
quando te mandavam juntar os cavalos e as vacas
perdidas na escuridão da noite
ainda conseguias ver algo…

Era o momento quando o pavor se tornava
na coragem
de deixar de ter medo
e sentias-te pela primeira vez
a ti próprio dentro de ti e junto a ti presente
com a escuridão que habita a tua sombra.

A chama do candeeiro a óleo estremecia
amistosa e o seu calor acariciava-te a mão
e no círculo dessa luz ténue caminhavas protegido
por entre as sombras do mundo
assobiando levemente.

Precisarias de um pequeno candeeiro
agora
mesmo que quase apagado
para tentares assobiar.

ION MIRCEA

Viceregele cireșelor

Lumina îmi inundă ridurile
și se retrage în grabă ca maimuța rănită.
astăzi mă întâlnesc cu viceregele cireșelor
și sângele de pe acum mi-a năvălit în obraji.
invoc în *ursprache* cea mai veche amintire a mea,
născătoarea unor antecesori ai mei,
îi spun *mamă* cu buzele mele de cauciuc alb
și lumina îmi umple iarăși ridurile
tocmai când intră viceregele
cu maimuța pe umăr.

O vice-rei das cerejas

A luz inunda as minhas rugas
e retira-se à pressa como um macaco ferido.
hoje encontro-me com o vice-rei das cerejas
e o sangue já me invadiu o rosto.
invoco em *ursprache* a minha recordação mais remota,
a gestora de antecessores meus,
chamo-lhe *mãe* com os meus lábios de borracha branca
e a luz enche-me de novo as rugas
precisamente quando entra o vice-rei
de macaco em cima do ombro.

Prolog

De la o vreme, iubito,
auzul meu nu mai e cum a fost
şi se întâmplă să nu-ţi mai aud toate cuvintele.
dar tu eşti frumoasă cum e tăcerea care mă înconjoară.

de la o vreme, nici ochii
nu-mi mai sunt de prea mare folos.
dar tu, o, iubito,
eşti frumoasă şi pe întuneric.

de acum, într-o zi,
îmi voi pierde şi trupul cu totul.
dar atunci, tu, iubito, vei fi noul meu trup

şi la tine mă voi întoarce spre seară
ca o albină oarbă şi surdă, la stup.

Prólogo

De há uns tempos para cá, meu amor,
a minha audição já não é a mesma
e acontece não ouvir todas as tuas palavras.
mas tu és bonita como o silêncio que me rodeia.

de há uns tempos para cá, nem os olhos
me são de grande utilidade.
mas tu, meu amor,
continuas bonita até no escuro.

um belo dia,
perderei também o corpo todo.
mas então, meu amor, serás tu o meu novo corpo

e a ti regressarei ao entardecer
como uma abelha cega e surda, à sua colmeia.

Ieşire la ocean

Mă aflam pentru întâia oară pe ţărmul unui ocean
când am văzut nu departe de mine un bărbat cu faţa pe
 jumătate-ngropată-n nisip
eram eu
părea că lacrima singurului său ochi valid
se dilatase exorbitant.

Sudul Spaniei, 1995

Saída ao oceano

Estava pela primeira vez à beira dum oceano
quando vi não muito longe de mim um homem com a cara
                                      meio enterrada na areia
era eu
parecia que a lágrima do seu único olho válido
tinha dilatado exorbitantemente.

                                          Sul de Espanha, 1995

Cartea limbilor

Cerul lor e *skay, ciel, cielo, Himmel,*
soarele lor e *sun, soleil, sole, Sonne*

în limbile lumii se luminează de ziuă
sau se întunecă după cum soarele e în conjuncție
cu omul nu cu pământul

limbile au o mișcare de rotație în jurul
propriului ax
și o mișcare de revoluție în jurul
tăcerii. las' că

pe când
eram în pântecul mamei
și ea se rotea în jurul meu
și cu mine împreună
în jurul tatălui meu

tatăl lor e *phater, père, padre, Vater,*
tăcerea lor e *silence, silence, silenzio, Schweigen.*

O livro das línguas

O céu deles é *sky, ciel, cielo, Himmel,*
o Sol deles é *sun, soleil, sole, Sonne*

nas línguas do mundo nasce a alvorada
ou entardece segundo o Sol está em conjunção
com o Homem não com a Terra

as línguas têm um movimento de rotação à volta
do seu próprio eixo
e um movimento de revolução à volta
do silêncio. deixa lá

que enquanto
estava no ventre da minha mãe
ela também rodava à minha volta
e os dois juntamente
à volta do meu pai

o pai deles é *father, père, padre, Vater,*
o silêncio deles é *silence, silence, silenzio, Schweigen.*

Mireasa vidului

Când n-a mai fost chip să articulez un sunet
când totul avea să amuțească în mine și în afara mea
am redescoperit tăcerea
o,
mireasă a vidului –
stătea tolănită pe vechile amplasamente
ca o umbrelă deschisă peste aureola unui sfânt.

A noiva do vazio

Quando já não conseguia articular qualquer som
quando tudo iria silenciar-se em mim e fora de mim
redescobri o silêncio
oh!,
noiva do vazio –
estava refastelada nos antigos locais
como um guarda-chuva aberto sobre a auréola dum santo.

Dreptul de a fi uitat

După ce mi-am exercitat dreptul de a fi uitat
iar tot ceea ce trimitea la mine în spaţiul virtual a fost şters
                                                               irevocabil]
constat cu surprindere că nu am încetat să exist
iubito, chiar uitat, sunt acelaşi,
ar fi o imensă ingratitudine să nu recunosc
îmi este mult mai uşor de acuma să mor
cu tălpile sărutate de valuri încât pentru o clipă
omit pur şi simplu că sunt în poziţia culcat
şi fac primii paşi picături ezitante între Dumnezeu şi ocean

în rest nu s-a schimbat nimic
seară de seară bacteriile albastrului se sinucid în masă
odată cu ele albastrul se face nevăzut

iubito, chiar uitat, sunt acelaşi,
în fiecare zi de vineri sunt Vineri şi insula e a mea.

cerul e o lavă o
singură stea de la un orizont la altul
dar toate acestea ceaţa împleticindu-se
şi strania ondulare a cadastrului divin
abia după ce micului Oblomov
i-a fost administrat un degetar cu vin.

O direito de ser esquecido

Após exercer o direito de ser esquecido
e tudo que remetia ao meu nome no espaço virtual ser irrevogavelmente
                                                                                               apagado]
verifico com surpresa que não deixei de existir,
meu amor, mesmo esquecido, continuo o mesmo,
seria uma enorme ingratidão não admitir
agora é-me muito mais fácil morrer
com os pés beijados pelas ondas que, por um instante,
esqueço-me pura e simplesmente que estou em posição deitada
e dou os primeiros passos gotas hesitantes entre Deus e o mar

de resto nada mudou
noite após noite as bactérias do azul suicidam-se em massa
e com elas o azul torna-se invisível

amor, mesmo esquecido, continuo o mesmo,
em cada sexta-feira sou o Sexta-feira e a ilha é minha.

o céu é uma lava uma
única estela dum horizonte ao outro
mas tudo isso – o nevoeiro cambaleante
e a estranha ondulação do cadastro divino –
só depois de administrar ao pequeno Oblomov
um dedal cheio de vinho.

Matrița

> *La început, ceea ce era sus nu se numea cer*
> Enûma Eliš

Când scriu,
sub hârtia pe care scriu,
un alt om, culcat cu fața în sus
ca sub o matriță de sticlă
scrie același text, de la dreapta la stânga.

eu închei, aștern punctul
la finele mnuscrisului. celălalt om,
de sub hârtie, departe de-a încheia,
continuă să scrie febril
în elină, în hindi, în ebraica pătrată...

A matriz

> *Quando no alto o céu ainda não tinha nome*
> Enûma Eliš

Quando escrevo,
por baixo do papel onde escrevo,
outro homem, deitado de cara para cima
como debaixo duma matriz em vidro
escreve o mesmo texto, da direita para a esquerda.

eu acabo, ponho o ponto
no final do manuscrito, o outro homem,
debaixo do papel, longe de terminar,
continua a escrever fervorosamente
em grego antigo, em hindi, em hebraico quadrático...

Sat italian

Altă pereche doarme acuma în patul acela străvechi
ca într-o primitivă coroană regală de lemn –
și lava intră în sat.

un bătrân își strânge rufele de pe sfoară,
cenușa copilărindu-se își scutură florile peste torentul fierbinte,
animale presbite vin la halou,
o fetiță cu plânsul înalt duce cu sine soarele acesta târâtor.

ca un mandarin lava citește firma hotelului,
îi urcă scările, bate la toate ușile,
bate și la ușa celor doi,
dar dincolo nu e decât visul
care erupe, erupe...

Aldeia italiana

Outro casal dorme agora naquela cama antiga
como numa primitiva coroa real em madeira –
e a lava entra na aldeia.

um velho colhe as roupas do estendal,
a cinza brinca sacudindo as suas flores sobre a torrente quente,
animais presbitas vêm para o halo,
uma menina de choro alto leva consigo esse sol rastejante.

como um mandarim a lava lê o letreiro do hotel,
sobe as escadas, bate a todas as portas,
bate também à porta do casal,
mas do lado de lá apenas está o sonho
que irrompe, irrompe...

Amprenta

Ea mi-a fost totdeauna mult mai aproape
decât palmele mele, decât amprentele.
amprentele-mi lasă acest dig, acest plâns împietrit al fiinţei
                                        afară, în materie,
pe când ea şi-a lăsat înlăuntrul meu acest dig, acest plâns împietrit.
ca un omor tăinuit,
ea şi-a lăsat amprentele peste tot în mine însumi.
ea este-n mine iar eu sunt împrejurul ei, afară,
pereţii, grădina,
aura inconfundabilă a oraşului, coroanele de fotoni
ale caselor. eu sunt împrejurul ei,
afară, una din amprentele ei,
amprenta acestui dig, acestui plâns împietrit în materie.

A impressão digital

Ela foi-me sempre muito mais próxima
que as palmas das minhas mãos, que as impressões digitais.
as impressões deixam-me esse dique, esse pranto petrificado do ser
                                                                        lá fora, em matéria,
enquanto ela deixou dentro de mim esse dique, esse pranto petrificado.
como um crime ocultado,
ela deixou as suas impressões em todo o meu interior.
ela está em mim e eu sou o seu exterior, cá fora,
as paredes, o jardim,
a aura inconfundível da cidade, as coroas de fotões
das casas, eu sou o seu redor,
cá fora, uma das suas impressões,
a impressão desse dique, desse pranto petrificado em matéria.

Corelația inversă

Părăsind poezia
Rimbaud
avea să vândă arme regilor Abyssiniei.
din cauza lui
cu numai 50 de ani înainte
Pușkin
în venele căruia circula
sânge abyssinian
murea ucis de un glonte.

Correlação inversa

Ao abandonar a poesia
Rimbaud
iria vender armas aos reis da Abissínia.
por sua causa
apenas 50 anos antes
Pushkin
em cujas veias corria
sangue abissínio
morria abatido por uma bala.

GRETE TARTLER

Vorbe

E clar că din vorbe se naște realitatea:
Abia a zis Hamlet: "E ceva putred în Danemarca",
și-ndată danezii au priceput că șansa lor stă în
brânzeturi fermentate.
Abia a zis Caesar *Alea jacta est*,
că au și înflorit cazinourile.
Se spune că a existat și un campion al vorbitului –
nu o femeie, ci un bărbat
care ar fi trăncănit fără pauză 5 zile și 18 ore
(nu știm dacă la telefon, în dialoguri, sau la pereți).
Firele vorbelor
taie peisajul – acuarelă nereușită.
Suntem în mileniul al treilea, cel fără cabluri; vor fi îngropate,
pământul se înfioară în tremur
de îngropatele ritmuri.
Mai salvăm câteva, o vreme,
bălăngănindu-ne picioarele peste punte.

Palavras

Está claro que das palavras nasce a realidade:
Mal acabou de dizer Hamlet: «algo vai mal no reino da Dinamarca»,
os dinamarqueses perceberam logo que a sua salvação está
nos queijos fermentados.
Mal disse César *Alea jacta est*,
floresceram logo os casinos.
Diz que houve até um campeão de locução –
não uma mulher, mas sim um homem
que terá tagarelando sem parar 5 dias e 18 horas
(não sabemos se ao telefone, em diálogos, ou para com os seus botões).
Os fios das palavras
cortam a paisagem – aguarela falhada.
Estamos no terceiro milénio, o sem fios; serão enterrados,
a terra estremece no abalo
dos ritmos enterrados.
Ainda conseguimos salvar algumas, por pouco,
com as pernas a baloiçarem sobre a ponte.

Puls

La Ierusalim am văzut un soldat cumpărând
o carte pentru copii,
un poştaş scăpat de toţi câinii din drum
dar muşcat de un băieţel;
la Atena, o femeie-aruncându-se
înaintea trenului
                când lumea grăbea spre Olimpiadă
(şi toţi strigau: vai şi of,
tocmai acum şi-a găsit!);
în China, o gospodină
împrumutând câte-o oală de la vecină
cu promisiunea s-o dea înapoi
într-o altă viaţă.

Acestea şi multe altele se înşiră în urma mea:
sunt ca armata lui Darius adunând pământenii
de pe unde-a trecut –
care şi vite ca un nor de praf pe de laturi
                (altminteri cu ce ne-am hrăni?)
mirosuri de animale, tămâie şi mirodenii,
cămile, monede şi praf.

Şi totuşi războiul n-a avut loc.
Şi nu s-a dovedit că există moarte.
Iar eu îmi scot mănuşa, învelişul de scoică,
teaca de sabie, şi-ţi întind mâna.
Caravana e tot mai departe.

Pulsação

Em Jerusalém vi um soldado a comprar
um livro infantil,
um carteiro que escapou a todos os cães vadios
mas foi mordido por um rapazinho;
em Atenas, uma mulher a atirar-se
à frente do comboio
              enquanto o mundo ia com pressa para as Olimpíadas
(e todos gritavam, caramba,
não podia escolher outro dia!);
na China, uma dona de casa
pede emprestado um tacho à vizinha
com a promessa de o devolver
numa vida futura.

Isso e muito mais alinha-se atrás de mim:
sou como o exército de Dário, juntando as pessoas
por onde passo –
e até vacas, como uma nuvem de pó nas laterais
          (senão o que comeríamos?)
cheiro a animais, incenso e especiarias,
camelos, moedas e pó.

E no entanto a guerra não teve lugar.
E não se provou que a morte existe.
Eu tiro a minha luva, o manto de conchas,
a bainha da espada, e estendo-te a mão.
A caravana está cada vez mais longe.

Zeiţa

Legată la detectorul de minciuni, recunosc:
Am minţit că zeiţele
au nevoie de accesorii magice
că machiajul adânceşte privirea
şi straiele dezvăluie grandoarea
                L'élégance sans nom de l'humaine armature
părăsind tomuri şi prăfuite prescrieri
pentru fericirea la îndemnă, la în-de-inimă.

Dar n-am vorbit celor
pe care nu-i pot salva,
n-am răspuns pădurii
cu miile ei de scrisori, frunze moarte
nu m-am oprit într-un fluier de salcie.

Am dat brusc de perete uşile unui florar,
am fost ţintă celor
pe care i-am învăţat să tragă cu arcul.

A deusa

Conectada ao detector de mentiras, confesso:
Menti que as deusas
precisam de acessórios mágicos
que a maquilhagem dá profundez ao olhar
e que as roupas desvendam a grandeza
              L'élégance sans nom de l'humaine armature
abandonando volumes e poeirentas receitas
para a felicidade ao alcance da mão, do coração.

Mas não falei àqueles
que não consigo salvar,
não respondi à floresta
com os seus milhares de cartas, folhas mortas
não parei numa flauta de salgueiro.

Afastei bruscamente as portas duma florista,
fui alvo daqueles
a quem ensinei o tiro com arco.

Înlocuirea fotografiilor

Draga mea,
îți scriu astăzi după ce am văzut Oberdöbling,
rămășițele clinicii unde a stat după gratii Poetul.
Desigur – o lume în demolare,
a rămas doar "fazzata", cum spun vienezii.
Gratii, bălării și un corb rănit
pe care l-am ținut o vreme în brațe.
Și tu ai înlocuit, probabil, la Melbourne,
fotografiile. Există o clipă, în orice viață,
când trecutul e înlocuit de prezent,
când monumentul se prăbușește.
Însă, dacă nu ai rămas
în odaia valahă unde ai fi putut muri
nu de gaz, ca la Auschwitz, ci de gazul lipsă în sobe,
poate că altfel înțelegi prăbușirea statuilor.

Afară copiii bat mingea. O văd zburând
și nu pot să-i schimb direcția.
Se apropie Vinerea Mare.
Am cumpărat un săpun nou – i se face
de multă vreme reclamă –
și am petrecut restul timpului
cu spălatul pe mâini.

A substituição das fotografias

Minha querida,
escrevo-te hoje, depois de ver Oberdöbling,
as ruínas da clínica onde ficou atrás das grades o Poeta.
Claro está – um mundo de demolição,
sobrou apenas a *fazzata*, com dizem os vienenses.
Grades, ervas daninhas e um corvo ferido
que segurei nos meus braços por uns tempos.
Tu também deves ter substituído, em Melbourne,
as fotografias. Há um momento, em qualquer vida,
quando o passado é substituído pelo presente,
quando o monumento desmorona.
Mas, se não ficaste
no quartinho romeno onde podias ter morrido
não gaseada, como em Auschwitz, mas pela falta do gás nas lareiras,
talvez consigas compreender o colapso das estátuas.

Lá fora as crianças jogam à bola. Vejo-a a voar
e não consigo alterar-lhe a direcção.
Vem aí a Sexta-feira Santa.
Comprei um sabonete novo – aparece
tanto na publicidade ultimamente –
e passei o resto do tempo
a lavar as mãos.

Monodie

Când scriam despre Orientul ca apa
și poezia elinilor ca pământul
nu știam că voi înota în urma unui vapor
și n-o să-l ajung – chiar Hydra întunecata
cu maluri de stâncă fiind intangibilă.
Dar acolo-i motocicleta sprijinită de zid,
un bătrân cântând o interminabilă monodie,
naiade cu tăvi și cafele băute pe valuri,
cafeneaua lumii în așteptare,
cafeneaua unde iubiții se satură,
cafeneaua și băncile portului unde-așteaptă
alții mai tineri care se împing și se-njunghie.
Iar eu mă zbat să rescriu în dâra de spumă povestea.

Monódia

Quando descrevia o Oriente como a água
e a poesia dos helenos como a terra
não sabia que haveria de nadar atrás dum barco
sem apanhá-lo – até mesmo a Hydra soturna
com ondas de rochas tornando-se intangível.
Mas lá está a mota encostada à parede,
um velho cantando uma interminável monódia,
náiades com bandejas e cafés tomados em cima das ondas,
o café do mundo à espera,
o café onde os namorados se fartam,
o café e os bancos do porto onde esperam
outros mais novos que se empurram e apunhalam.
E eu debato-me para reescrever a história no sulco de espuma.

Evantai

Materia, fecioara princiară
din nou să-ncerc parfumul ei mă-ndeamnă
(deși parfum și leacuri nu-ncerci la-ntâmplare).

Dar dacă dai cu capul de pereți
consumi atâtea calorii degeaba,
și-n plus, o stea (chiar și de mare) n-are creier.

Iar dacă țipi opt ani, opt luni și șase zile
abia produci destulă energie
cât să-ncălzești o cană de cafea.

Așa că bine-a zis bătrânul Goethe: evantaiul
făcut e să privești printre lamele.
Vezi dincolo, dar nu te răcorești.

Leque

A matéria, virgem principesca
tenta-me novamente a sentir o seu perfume
(embora perfumes e remédios ninguém prove ao acaso).

Mas se bateres com a cabeça contra as paredes
vais gastar tantas calorias para nada,
e além disso, uma estrela (mesmo as do mar) não tem cérebro.

E se gritares oito anos, oito meses e seis dias
vais produzir energia suficiente
apenas para aquecer uma caneca de café.

Portanto tinha razão o velho Goethe: o leque
é feito para olhar por entre as varas.
Consegues ver além, mas não te refresca.

Poetul în Galapagos

Un grup de turişti la sfârşit de mileniu
în Galapagos
n-ar mai găsi decât câţiva poeţi:
broaştele ţestoase au fost mâncate de mult,
cinteza stranie
şi-a scos cu un ghimpe
propriii ochi –
au rezistat doar poeţii, care nu au
nimic prea interesant
(deşi au şi ei carapace
şi uneori merg foarte încet)
stau şi privesc în larg şi aşteaptă
să iasă puii din cărţi
iar turiştii cer ilustrate
cu aceste obiecte ciudate.

O poeta nas Galápagos

Um grupo de turistas em final do milénio
nas Galápagos
apenas encontraria alguns poetas:
as tartarugas já foram comidas há muito,
o estranho tentilhão
arrancou os próprios olhos
com um espinho –
apenas resistem os poetas, que não têm
nada de muito interessante
(embora também tenham carapaças
e às vezes andem muito devagar)
ficam a olhar para o mar à espera
que as crias saiam dos livros
e os turistas pedem postais
com esses objectos estranhos.

Prima zăpadă

Profesorul adună extemporalele:
        1) ce e bun 2) ce e rău
        3) ce e greu 4) ce e uşor

Bună e libertatea. Viaţa. Compotul de piersici.
Lucrul curat. Să ajuţi un prieten.
Bine e să trăieşti cât mai bine.

Rău e să spargi in geam. Să pui piedici.
Să nu trăieşti. Războiul. Uitarea.
Să dai cu pietre. Să treci o stradă în goană.

Greu e să spui adevărul. O rangă de fier.
Un corp în univers. Să trăieşti cu teamă.
Să rămâi singur.

Uşor e bobul de grâu. Să faci tot ce-ţi place.
Văzduhul. Un fulg. Să te joci.
Să crezi o minciună.

« Mai bine îi întrebam
ce culoare are prima zăpadă », îşi spune profesorul.
Elevii murmură. Îşi vorbesc la ureche.
O fată izbucneşte în plâns.

A primeira neve

O professor recolhe os testes:
      1) o que é bom 2) o que é mau
      3) o que é pesado 4) o que é leve

Boa é a liberdade. A vida. O doce de pêssegos.
As coisas limpas. Ajudar um amigo.
Bom é viver o melhor possível.

Mau é partir um vidro. Derrubar alguém.
Não viver. A guerra. O esquecimento.
Atirar pedras. Atravessar a rua a correr.

Pesado é dizer a verdade. Uma vara de ferro.
Um corpo no universo. Viver com medo.
Ficar sozinho.

Leve é um grão de trigo. Fazer tudo o que te apetece.
O ar. Uma pluma. Brincar.
Acreditar numa mentira.

«Mais valia ter-lhes perguntado
de que cor é a primeira neve», murmura o professor.
Os alunos sussurram. Falam aos ouvidos uns dos outros.
Uma rapariga desata a chorar.

Prânz cu privighetoare

Persanii i-au dat numele "bulbul":
Privighetoarea e, privighetoarea!
Derutată de schimbările climatice
cântă la miezul zilei.
E anormal de cald anul ăsta,
şi-n arşiţa numită experienţă
cântă ea, răcoroasa,
peste fisuratele ziduri.
Acoperă zgomotul
televizorului, al furnicilor roşii,
al ţânţarilor albi şi cicadelor brune,
discursurile politice
urmând aceleaşi curbe de zumzet.
E ora prânzului, liliac alb
în farfuriile cu orez.
Iar tu-mi vorbeşti despre lanţul trofic:
cine mănâncă pe cine.

Almoço com um rouxinol

Os persas chamavam-lhe de *bulbul*:
É o rouxinol, é o rouxinol!
Confuso com as alterações climáticas
canta ao meio do dia.
Está um calor anómalo este ano,
e nessa brasa chamada experiência
ele canta, refrescante,
sobre as paredes rachadas.
Cobre o ruído
da televisão, das formigas vermelhas,
dos mosquitos brancos e das cigarras castanhas,
os discursos políticos
seguindo as mesmas curvas de zunzuns.
É a hora do almoço, lilás branco
nos pratos com arroz.
E tu falas-me da cadeia trófica:
quem come quem.

Covorul zburător

Vara, pe malul lacului
înconjurat de blocuri albe-albastre
ies unii să facă plajă
iar alții să spele covoare.

Și-mi amintesc de fetița
care-a sărit pe fereastră
în brațe cu-n preș pe care-l credea zburător –
așa o fi fost, de vreme ce-au prins-o
în brațe la timp.

Iar tu te agăți cu încrâncenare
de iarba arsă, bine înfiptă-n pământ
și vezi prin pleoapele strânse
o minge roșie
ricoșând într-un zid :
pe deasupra, ți-ai cumpărat din bazar
și un ceas care ține
timpul pe loc.

O tapete voador

No Verão, à beira do lago
rodeado por prédios azuis e brancos
há quem saia para apanhar sol
e outros para lavarem os tapetes.

Recordo-me da menina
que saltou janela fora
com um tapete ao colo, que achava ser voador –
e devia ser, uma vez que a apanharam
nos braços a tempo.

E tu agarras-te com obstinação
à relva queimada, bem enterrada no chão
e vês pelas pálpebras cerradas
uma bola vermelha
a fazer ricochete numa parede:
ainda por cima, compraste na feira
um relógio que consegue
fazer parar o tempo.

LILIANA URSU

Alexandru cel Mare

La Troia, Alexandru cel Mare
înainte de bătălie
doarme în mână cu un pumnal
iar în cealaltă mână cu Iliada lui Homer.

La Babilon, Alexandru cel Mare,
înainte de bătălie,
îmbracă armura lui Ahile
adusă de la Troia.

După victorie Alexandru cel Mare
adoarme cu o scrisoare în mână
scrisă în persană, cu litere cuneiforme
şi pe care nu ştie să o desluşească.
Dar ea, scrisoarea, îi aşază de acum în inimă
cel mai iute pumnal,
cea mai puternică armură
şi cea mai frumoasă carte:

nădejdea lucrătoare.

Bucureşti, 13 mai 2016

Alexandre, *o Grande*

Em Tróia, Alexandre, *o Grande*,
antes da batalha
dorme de punhal numa mão
e com a *Ilíada* de Homero na outra.

Em Babilónia, Alexandre, *o Grande*,
antes da batalha,
veste o arnês de Aquiles
que veio de Tróia.

Após a vitória, Alexandre, *o Grande*,
adormece com uma carta na mão
redigida em persa, em escrita cuneiforme
que ele não sabe decifrar.
Mas ela, a carta, enfia-lhe agora no coração
o mais veloz punhal,
o mais resistente arnês
e o mais bonito livro:

a esperança obreira.

Bucareste, 13 de Maio de 2016

Ca şi cum viaţa ar merge înainte

Disperarea din mâna mea, din colţul buzelor,
tremurul vocii când cer un kilogram de cireşe
sunt masca feroce sub care mă ascund
acum când o poetă îmi spune:
"Astea nu-s vremuri pentru poeţi.Acum trebuie să te prefaci
în orice, chiar şi în balaur. Uită că eşti poetă.
Nu-ţi ajută la nimic. Chiar te distruge."
Şi eu care mă încăpăţânez să-mi scriu poemul,
să-mi adun tinereţea de prin fotografii
să strâng levănţică, strat cu strat,
s-o întind pe masa tatălui plecat
ca şi cum viaţa ar merge înainte
domoală şi descriptibilă.

Ca şi cum din carnea mea ar ţâşni stele.

Como se a vida fosse para a frente

O desespero da minha mão, do canto dos lábios,
a voz a tremer quando peço um quilograma de cerejas
são a máscara feroz atrás da qual me escondo
agora quando uma poetisa me diz:
«Não são bons tempos para os poetas. Hoje temos de fingir
que somos tudo, até mesmo um dragão. Esquece que és poeta.
Não te serve de nada. Ainda te pode destruir.»
E eu que teimo em escrever o meu poema,
recolher a minha juventude das fotos,
colher lavanda, estendê-la em camadas,
sobre a mesa do pai que partiu
como se a vida fosse para a frente
lenta e descritivamente.

Como se da minha carne irrompessem estrelas.

Câte puțin despre veșnicie

A lega o vorbă *cu* cineva
cu simplitatea
și atenția aceea bună
cu care lega tata firavul fir de roșie de arac
sau îngropa altoiul în trupul tânărului măr.

A vorbi în cineva
e un altfel de legare,
de fericită legănare
sub un cer neapărat de ambrozie,

așa ca într-o binecuvântată,
timpurie veșnicie.

Breves palavras sobre a eternidade

Começar a falar com alguém
com a simplicidade
e aquela boa atenção
com que o pai atava o frágil tomateiro à vara
ou enterrava o enxerto no corpo da jovem macieira.

Falar em alguém
é outra espécie de ligação,
de feliz embalar
sob um céu obrigatoriamente de ambrósia,

como numa bendita,
precoce eternidade.

Despre scriere și mierea zburătoare

poetul,
asemeni acelor albine ce-și culeg darul
doar la peste 2000 de metri înălțime
de viața cea de toate zilele

miere zburătoare se face sufletul
spre locul virgin
unde absența și prezența
se estompează

sau despre cum îți ridici trupul mistic
scriind poezie.

Strasbourg, după seara Blaga de la libraria Les Bateliers,
29 martie 2017

Sobre escrita e mel voador

o poeta,
tal qual aquelas abelhas que colhem a sua oferenda
apenas a mais de 2000 metros de altura
sobre a vida de cada dia

em mel voador se torna a alma
rumo ao lugar virgem
onde a ausência e a presença
se fundem

ou sobre como elevar o corpo místico
escrevendo poemas.

                Estrasburgo, após o sarau Blaga na livraria Les Bateliers,
                                      29 de Março de 2017

Din învățăturile laurului sălbatic

Don Santiago de Mursia, Tarantela ta
îmi îmblânzește ziua din prima ninsoare
ca o tigroaică flămândă
gata să-mi înghită
și ultima fărâmă de tinerețe,
amintirea acelor ani de iasomie
cînd schimbam grădina pe deșert,
neșiutoare.

acum, cînd îmi încălzesc mâinile cu râuri de mătănii
și doar albinele îmi luminează
și rugile îmi scriu cărarea spre *acasă*
în răcoarea laurului sălbatic
îmi bucur ziua cu îndemnul mamei,
ca o pâine caldă:

Să te întorci la tine de departe!

Dos ensinamentos do loureiro-bravo

Dom Santiago de Múrcia, a sua *Tarantela*
amansa o dia do primeiro nevão
como uma tigresa faminta
prestes a engolir-me
a última réstia de juventude,
a recordação daqueles anos de jasmim
em que trocava o jardim pelo deserto,
inscientemente.

agora, quando aqueço as mãos com rios de rosários
e apenas as abelhas iluminam
e as preces escrevem-me o caminho para *casa*
na frescura do loureiro-bravo
alegro-me o dia com as palavras da minha mãe,
como um pão quente:

Regressa a ti quando estiveres longe!

Mallarmé în Buenos Aires

Se face târziu în Buenos Aires
e ora splendorilor fragile
şi a tangoului
când se face cântec plânsul
şi dansul bucurie
când paşii complicaţi ai vieţii
se împletesc
cu cei ai iubirii

se face târziu
şi Mallarmé şopteşte:

"*Lumea există pentru a ajunge într-o carte.*"

Mallarmé em Buenos Aires

Anoitece em Buenos Aires
é a hora dos esplendores frágeis
e do tango
quando o choro se torna em canção
e a dança em alegria
quando os passos complicados da vida
entrelaçam-se
com os do amor

anoitece
e Mallarmé sussurra:

«*Tudo no mundo existe para acabar em livro.*»

Nocturnă

Iasomia și-a pierdut mireasma între acești patru pereți,
aceste patru chipuri ale tale
ce vorbesc despre mine
ca despre șuierul unui cartuș
într-o noapte de vară.

Nocturna

O jasmim perdeu o perfume entre estas quatro paredes,
estes quatro rostos teus
que falam sobre mim
como sobre o assobio dum cartucho
numa noite de Verão.

Odinioară în martie

cînd teiul sub vântul sălbatic
scrie pereții casei
cu necunoscute semne scrijelite

viața și poezia se bat
până se îmbrățișează
fericit obosite

iar din paginile despre porumbei, insule și fragi
cade semnul de carte cu strada Sforii
și felinarele ei luminând
vieți obosite, câini de pripas și acordeonul
ce prinde în burduful lui
toată lumina din cuvântul *iubire*
și din lâna de aur
după care încă mai aleargă Iason

Era uma vez em Março

quando a tília sob o vento selvagem
estende nas paredes da minha casa
desconhecidos caracteres escrevinhados

a vida e a poesia combatem
até se abraçarem
cansadas mas felizes

e das páginas sobre pombos, ilhas e morangas
cai o marcador com a Rua Sforii
e os seus candeeiros iluminando
vidas cansadas, cães vadios e o acordeão
que concentra na sua caixa
toda a luz da palavra *amor*
e do velo de ouro
que Jasão ainda persegue

Ca dintr-un joben de scamator

ca dintr-un joben de scamator
am scos
acel fior prelung,
vivaldian
al inimii.

ca dintr-un joben de scamator
am scos stoluri de porumbei, cântec de mierle
o primăvară plutitoare,
o izbândă neașteptată asupra griului ruginit,
un dans al emoțiilor
– flăcările dintr-un tangou

și am învățat iar
alfabetul cascadei
și izbânda verdelui
și cum trupul se poate face iar albie
pentru vijelioasele buze dinspre zori
– nude, inocente,
virgine.

tu, fratele meu născut din cuvinte,
ce-ți acoperi rănile cu stele
și inima cu poeme,
mai împarte cu mine
acea plutire *neîntâmplată*
de pe o plajă pustie,
atât de aproape
încât credeam că viețile noastre
s ar putea atinge
fără să ia
foc.

Como saído da cartola de um mágico

como saído da cartola de um mágico
soltei
aquele arrepio prolongado,
vivaldino
do coração.

como da cartola de um mágico
tirei bandos de pombos, canto de melros
uma Primavera flutuante,
a vitória inesperada sobre o cinzento enferrujado,
uma dança das emoções
– as chamas de um tango

e aprendi novamente
o alfabeto da cascata
e a vitória do verde
e como o corpo pode voltar a ser leito
para os tempestuosos lábios da alvorada
– desnudos, inocentes,
virgens.

tu, meu irmão nascido das palavras,
que cobres as feridas com estrelas
e o coração com poemas,
partilha comigo de novo
esse flutuar *por acontecer*
de uma praia deserta,
tão perto
que acreditávamos que as nossas vidas
conseguiriam tocar-se
sem se
incendiarem.

Vindecările

Beau lapte noaptea, în munți,
Iar albul lui însingurat
E o rază
Pornită aievea
Din neaua fierbinte
A sânului matern.

Vindecătoare clipă
Pentru copilul
Ce încă mai sunt
Și pentru care
Mereu te întorci din moarte,

Mamă.

As curas

Bebo leite à noite, nas montanhas,
E a sua brancura solitária
É um raio
Que irrompe livre
Da neve quente
Do seio materno.

Instante curador
Para a criança
Que ainda sou
E para a qual
Regressas sempre da morte,

Mãe.

LIVIU IOAN STOICIU

Abia coborât pe pământ

Îmi subliniezi răul dinlăuntru –
tragi o linie neîntreruptă în praful din aer: ăsta ești
tu, de exemplu, voi înnegri locul
unde e depozitat răul, aici, și aici, și aici. Nu-s grăsimi?
Nu ai cu cine să te lupți, suntem
influențați de mișcarea planetelor, care amestecă
substanțele în noi... Mi-ai mai zis,
crezi că asta e explicația la tot ce ni se întâmplă? Duci
degetul la gură. Tac. Mai tragi
o linie. Bun, acum să facem socoteala, câți ani ai
împlinit de când... Stai un
pic. Abia am coborât pe pământ... Îmi spui că te duci în
grădină, să vezi dacă s-a copt fasolea. Tu
nu ești sănătos la cap,
înțeleg să te duci să vezi dacă nu-ți dă în foc,
la bucătărie, cafeaua...

Surâd amândoi cu subînțeles. Superiori. Ba a dat el o bere,
ba am dat eu, până am prins curaj:
am luat lada cu moaște de mâini și de picioare și
am aruncat-o în căruță.

Mal descido à terra

Tu sublinhas o mal dentro de mim –
traças uma linha contínua no ar poeirento: este és
tu, por exemplo, vou marcar a preto o sítio
onde está depositado o mal, aqui, aqui e aqui. Não serão gorduras?
Não tens com quem lutar, somos
influenciados pelo movimento dos planetas que mistura
as substâncias em nós... Disseste ainda,
achas que isso explica tudo o que nos acontece? Levas
o dedo à boca. Calo-me. Traças
mais uma linha. Bom, agora vamos calcular, quantos anos são
desde que... Espera
lá. Ainda agora desci à terra... Dizes-me que vais ao
jardim, ver se o feijão está maduro. Tu
não bates bem da cabeça,
entendia se fosses ver se não transbordava,
na cozinha, o café...

Sorriem os dois subentendidos. Superiores. Ora pagou ele uma cerveja,
ora paguei eu, até ganhar coragem:
apanhei a caixa com relíquias pelas pernas e pelas mãos e
atirei-a para a carroça.

Hai, gata

Slăbesc pe zi ce trece, nicio haină nu mai stă pe mine,
sunt în anul dispariției? Biet
câine plouat... Sunt permanent atacat și emoțiile
mă strâng de gât, scap
cu viață în ultima clipă: sufletul

meu, pavat cu pietre de râu, a ajuns șosea publică,
încotro să o mai iau? Nici o dojană
nu se cuvine să fie îndreptățită, am în spate un diavol
care mă tot îndeamnă să fac

rău, dar eu nu fac... Sunt pedepsit pentru cele mai vădite
greșeli ale slujitorilor
raiului pe pământ, acum corpul meu are miros de lapte
acru? Are... Așa

îmi trebuie, de ce nu ascult? Diavolul îmi
arde două perechi de palme:
hai, gata, trebuie să facem rost de haleală, nu
dormi pe picioare! Azi,

când toate lucrurile se întâmplă fără vreo justificare anume...

Anda, já chega

Emagreço com cada dia que passa, já não há roupa que me sirva,
estarei no ano do desaparecimento? Pobre
cão abandonado... Sou permanentemente atacado e as emoções
apertam-me o pescoço, escapo
com vida no último minuto: a minha

alma, coberta de pedras do rio, tornou-se estrada nacional,
para onde ir? Nenhuma represnsão
merece ser justificada, trago nas costas um diabinho
que não pára de me dizer para fazer

mal, mas eu não faço... Sou castigado pelos mais óbvios
erros dos serventes
do paraíso na terra, agora o meu corpo cheira a leite
azedo? Cheira... Bem

feito, se não oiço! O diabinho aplica-me
dois pares de estalos:
anda, já chega, temos de arranjar comida, toca
a acordar! Hoje,

quando tudo acontece sem nenhuma razão em especial...

Sunt un sub

Nedus la împărtășanie de mic – am crescut
doar cu mine însumi, dezamăgit, supărat, trist, pierdut pe
o cale care n-are nici o legătură,
nu mă mai uit în urmă, nici în sus, să cer ajutor.
Merg la întâmplare, fără
gânduri de reabilitare a mea în fața propriilor ochi, nu
mai e nimic de făcut, am îmbătrânit
încetul cu încetul, am coborât sub mine însumi, sunt un sub.
Parcă nici n-aș fi fost vreodată altul,
nici n-aș fi trecut pe aici, pe unde se înalță focuri și se taie
porcii, înaintea sărbătorilor de iarnă. Măcar atât.
Merg înainte cu capul plecat,
îți scriu cu sânge, adică, într-un vis nesfârșit, am început
să văd negru în fața ochilor, stau ascuns
acum în lanul de porumb de la marginea satului, că
a apărut iar unul

la mine înăuntru care mă roagă în genunchi să-l
omor și-mi strigă: "N-ai curaj!
N-ai curaj!"

Sou um sub

Como não fiz a comunhão em criança, cresci
comigo próprio, desiludido, chateado, triste, perdido
por um caminho que não tem nada a ver,
já não olho nem para trás, nem para cima, para pedir ajuda.
Ando ao calhas, sem
pensamentos de reabilitação perante os próprios olhos, já
não há nada a fazer, envelheci
a pouco e pouco, desci debaixo de mim, sou um sub.
Como se nunca sequer tivesse sido diferente,
nem tivesse passado por aqui, onde se levantam fogueiras e matam-se
os porcos antes da época festiva de Inverno. Ao menos isso.
Ando em frente cabisbaixo,
escrevo-te com sangue, num sonho infinito, a minha
visão começou a escurecer, fico escondido
agora no campo de milho à beira da aldeia, porque
apareceu outra vez

um dentro de mim que me pede de joelho que o
mate e grita: «Não tens coragem!
Não tens coragem!»

Nimănui nu-i pasă

îmi întârzii pe aici răsuflarea, nu știu de unde am
venit, nici pentru ce: probabil, sunt
numai un martor al acestor vremuri. Sunt atent la
ce mi se întâmplă, pot să mă
mărturisesc: dar nu văd în profunzime și nu cred că
merită risipa făcută cu mine, fiindcă nu
rețin nimic deosebit, am o memorie pe care nu poți
să pui bază. Experimentul cu prezența
mea, din anul 1950 până azi, pe pământul României,
a eșuat, nu înțeleg rostul
continuării lui. Am ajuns demult într-un unghi mort,
în care nu mai găsesc răspuns nici la
întrebări simple. Degeaba încerc să-mi distrag
atenția, să plec de acasă sau să mă
ascund în mine
însumi: peste tot, secundă de secundă, mă urmărește
subconștientul, el are legătură directă
cu sursa de energie
universală. Mi-am pierdut singur urma... Am

lăsat ușile să se trântească în
spatele meu, intrat în cine mai știe ce fierbințeală
și euforie. Am lăsat scris că trebuie
să fiu căutat în altă parte, pus la încercare, în caz

că uit de mine – și? Nimănui nu-i pasă.

Ninguém quer saber

atraso o meu sopro por aqui, já não sei de onde
vim, nem porquê: provavelmente, sou
apenas uma testemunha destes tempos. Estou atento àquilo
que me acontece, posso
confessar-me: mas não vejo em profundeza e não acho que
mereço o desperdício, porque não
retenho nada de especial, tenho uma memória em que não
se pode contar. A experiência da minha presença,
desde o ano de 1950 e até hoje, por terras romenas,
foi um fracasso, não percebo
porque continuá-lo. Cheguei há muito a um canto morto,
em que já não encontro resposta nem
para as mais simples perguntas. Em vão tento distrair-me,
sair de casa ou esconder-me
dentro de mim
próprio: por todo o lado, a todo o segundo, persegue-me
o subconsciente, que tem ligação directa
à fonte de energia
universal. Perdi o meu próprio rasto... Deixei

bater com força as portas atrás
de mim, entrei em sabe-se lá que ebulição
e euforia. Deixei escrito que devem
procurar-me noutro sítio, porem-me à prova, caso

me esqueça de mim – e então? Ninguém quer saber.

Sufleţel

Râuleţ al celor duşi cu capul, învăţaţi cu
vrăjitoria, cu incantările
firii şi cu proprietăţile rădăcinilor cu seva trasă
din viitor. Aşa spune. Şi

scrie pe pereţi, în sus, pe lună plină, cu
vopsea roşie, afară, "Să vă ia dracul pe toţi!", după
care se întoarce în pat şi se
culcă în braţe cu cămaşa de noapte a femeii lui legitime

care l-a părăsit. Că atât i-a fost
dat de la Dumnezeu, să mărească adâncimea
sufleţelului lui – un râuleţ
prăpădit. Râuleţ din strămoşi, care nu îngăduie plutirea
vaselor mari...

Alminha

Riacho dos que não batem bem da cabeça, mestres
da feitiçaria, dos encantamentos
naturais e das propriedades das raízes cuja seiva vem
do futuro. Diz a frase. E

escreve nas paredes, em cima, na lua cheia, a
tinta vermelha, lá fora: «O Diabo vos leve a todos!», depois
regressa à cama e
deita-se abraçado à camisola de dormir da sua legítima esposa

que o deixou. Foi tudo o que
Deus lhe deu, cavar a profundeza
da sua alminha – um riacho
pobrezinho. Riacho ancestral, por onde não passam
barcos grandes...

de ce

de ce m-am născut în românia şi nu într-o familie de tigri
din grădina zoologică,
de ce aici, unde am ajuns, nimic nu are sens şi de ce
lumina de acum s-a născut din
întunericul a ceea ce am fost eu 58 de ani, de ce întorci
capul, daca eu sunt înainte – îți răspund:
"sunt aici şi acum fiindcă trebuia sa fiu aici şi acum"

porquê

porque terei nascido na roménia e não numa família de tigres
no jardim zoológico,
porque aqui, onde cheguei, nada faz sentido e porque
é que a luz de hoje nasceu da
escuridão daquilo que fui durante 58 anos, porque voltas
a cabeça, se eu estou à frente – respondo-te:
«estou aqui e agora porque estava escrito estar aqui e agora»

Să fiţi pe aproape

ce fum înecăcios! Tuşeşte, se sufocă.
Ard paiele umede în tine, mocnit. Sunt paiele tainei
pocăinţei… Arzi în propriul tău
interior la foc
mic, în singurătate, bătrâne, lasă acum învăţăturile.

Îşi pipăie iar săculeţul cu plumbi,
pentru puşcă: în curând,
în curând voi striga "Luaţi Duh Sfânt!", să fiţi pe aproape…

Cu tatuaje pe mâinile groase, cu
cercei în urechi – îşi dă jos, încet-încet, masca verde,
grea, de plumb oxidat, de pe faţă şi
pocneşte dispreţuitor din degete: mă tot cheamă apa
adâncului din mine, de trei zile, să-mi
sting focul
dar eu sunt surd. "Adevărul e că trebuia s-o rupi mai
demult cu trecutul"… Noul a luat locul
vechiului?

Merge agale, cu capul
plecat, cu ochii în jos, ţinând în mână un
toiag şi purtând pe spate o
puşcă de vânătoare şi o raniţă goală făcută din
piele de ţap. Poate va reuşi să
determine ca anumite evenimente să se producă mai repede.
Sau mai încet.

Fiquem por perto

que fumo sufocante! Tosse, fica aflito.
Ardem as palhas húmidas em ti, devagar. São as palhas do mistério
do arrependimento... Ardes no teu próprio
interior em lume
brando, em solidão, velhote, agora deixa lá os ensinamentos.

Apalpa novamente o saco com chumbos,
para a espingarda: em breve,
em breve gritarei «Tomai Espírito Santo!», fiquem por perto...

Com tatuagens nas mãos grossas, com
brincos nas orelhas – tira, devagarinho, a máscara verde,
pesada, de chumbo oxidado, da cara e
estala com desdém os dedos: a água mais profunda
dentro de mim não pára de me chamar, há três dias,
para apagar o fogo
mas eu sou surdo. «A verdade é que já devias ter cortado
com o passado»... O novo substituiu
o velho?

Andas devagar, cabisbaixo,
de olhos no chão, segurando na mão
uma vara e carregando às costas uma
espingarda de caça e uma mochila vazia feita
de pele de cabra. Talvez consiga levar a
que certos acontecimentos ocorram mais depressa.
Ou mais devagar.

Doi tembeli

Sunt total împotriva mea, aşa că poţi să-mi
crăpi capul cu toporul,
îţi dau voie – ai curajul ăsta? E în magazia de lemne
unul. Trebuie să mă enervezi tu
întâi în asemenea hal, încât... Am un topor ascuţit!
Dar ce, cuţitul de la bucătărie nu ajunge?
După ce-ţi tai gâtul, umplu un lighean de sânge şi-l
beau încetul cu încetul... Hai
mai bine să luăm aer. Recunoşti? Te-ai uitat
prea mult la televizor. Am

ajuns doi tembeli. Intrăm? "În cintirim, unde popa
merge tot cetind"... Fiecare îl pofteşte
pe celălalt să tragă hamul
unei căruţe-dric, abandonată pe alee. Mi-e un dor să
mor, mă, Gheorghe...
În umezeala serii, îmbătaţi clampă de parfumul
teilor înfloriţi. Îl auzi? Amândoi
văd un clopot atârnat, care sună de unul singur. Ce
l-o fi apucat?

Dois idiotas

Sou completamente contra mim, portanto podes
partir-me a cabeça com o machado,
eu deixo – tens essa coragem? Há um no armário
da lenha. Mas primeiro tens de me irritar
de tal maneira que… Tenho um machado afiado!
Mas porquê, a faca de cozinha não chega?
Depois de te cortar o pescoço, encho um balde de sangue e
bebo-o a goles pequenos… Vamos, é melhor
ir apanhar ar. Admites? Andaste
a ver demasiada televisão. Tornámo-nos

dois idiotas. Entramos? «No cemitério, onde o padre
fala sério»… Cada um convida
o outro a puxar o carro
fúnebre, abandonado no passeio. Que saudades tenho
de morrer, Jorginho…
Na humidade da noite, podres de bêbados com o perfume
das tílias em flor. Estás a ouvir? Os dois
vêem um sino pendurado, que toca sozinho. O que
foi que lhe deu?

Speranța în ceea ce vom fi

În curtea Observatorului Astronomic e fum
înecăcios, ard frunzele anului
trecut: îmi faci cu ochiul, în mod cert un hău

trebuia să se caște acum între ceea
ce am fost și ceea ce suntem, în luna martie, în plină
urgie, când abia învie
speranța în ceea ce vom fi. Vezi? Pe acest loc,

deasupra noastră, suprem,
se află binele: aici, unde stăm cățărați pe cei
năruiți, straturi-straturi,
înaintași peste înaintași, îi deosebești trăsăturile
celui ce soarbe vinul
răzimat în suliță? E unul rău. Parcă

e viu: nu putem să-i atragem atenția, nu putem face
nimic pentru el? Cu toată
osteneala. "Cum nu putem face nimic, să ne depărtăm
în tăcere".

A esperança naquilo que viermos a ser

No quintal do Observatório Astronómico está um fumo
sufocante, queimam as folhas do ano
passado: piscas-me o olho, certamente um fosso

deveria abrir agora entre aquilo
que fomos e o que somos, no mês de Março, em plena
ebulição, quando mal ressuscita
a esperança naquilo que viermos a ser. Vês? Neste lugar,

sobre nós, fica, supremo,
o bem: aqui onde estamos, onde subimos
por cima dos caídos, em camadas,
antepassado sobre antepassado, distingues os traços
daquele que sorve o vinho
apoiado na sua lança? É um dos maus. Parece

vivo: não podemos chamar-lhe a atenção, não podemos fazer
nada por ele? Com todos
os esforços. «Como nada podemos fazer, vamos afastar-nos
em silêncio.»

În contact cu mercurul

Lalele roșii, trase pe mânecă, spânzurând
în mâinile murdare ale
bătrânei care urlă că a fost violată, venită din parc în
stația de autobuz, săriți, "era un bărbat
deghizat în

sperietoare, un închipuit, unul scăpat de la mititica"!
Are fusta ruptă, "calul a tras de fustă,
că a venit bețivul cu
o șaretă"... În parc? O fi vrând

să te răpească, maică, râde un vânzător de ziare
și matale ai găsit cu cale să
te împotrivești: "Am țipat! Dacă nu stai, a zis... Voia
să mă dea de mâncare la plantele
carnivore de la grădina botanică a regelui"...
Înțelegeți ceva?
Înțelegem, cum să nu, dădură din cap, trosnind

degetele la încheieturi, plictisiți, cei
adunați, gură cască,
îndepărtați unul câte unul: e ca atunci când
sulful alb, corupt și
incandescent intră în contact cu
mercurul, în pământ fetid și se produce fier...

Em contacto com o mercúrio

Tulipas vermelhas, debaixo das mangas, penduradas
nas mãos sujas da
velha que grita que foi violada, vindo do parque para
a paragem do autocarro, acudam, «era um homem
disfarçado de

espantalho, um fingido, um foragido do chilindró»!
Tem a saia rota, «foi o cavalo que puxou a saia,
porque o bêbado vinha
de charrete»... No parque? Se calhar

queria raptá-la, minha senhora, ri-se um vendedor de jornais
e você achou que era melhor
resistir: «Gritei! Se não paras quieta, disse... Queria
dar-me de comer às plantas
carnívoras do jardim botânico do rei»...
Estão a perceber?
Claro que sim, como não, acenaram, estalando

os dedos das articulações, entediados, os
curiosos presentes,
afastados um do outro: é como quando
o enxofre branco, corrupto e
incandescente entra em contacto com
o mercúrio, na terra fétida e nasce o ferro...

AUREL PANTEA

Nu mai ştiu, Doamne, de unde să încep, ce pot să-ţi spun,
mesaje ştiute, păcate, n-am proiecte, Doamne, am
                                                                păcate,]
am proiecte inverse, nu ăsta e păcatul, Doamne, nu ăsta e
                                                                       răul,]
Doamne, uită-te la mine şi rîzi, sînt rezident într-o patrie
inflamată de mesaje,
din guri deschise nu mai învie decît propoziţiile,
pînă la glezne, o răcoare neagră,
pînă la genunchi, pînă la încleştatul loc al pelvisului,
pînă la buric, pînă la inimă, pînă la gît, pînă la creştet,
Doamne, sînt îngropat, din lăuntrul meu urcă spre ceruri
bestia învingătoare

Já nem sei, meu Senhor, por onde começar, o que posso dizer-Lhe,
mensagens já conhecidas, pecados, não tenho projectos, Senhor, tenho
pecados,]
tenho projectos inversos, mas não é esse o pecado, Senhor, não é esse o
mal,]
Senhor, olhe para mim e ria, sou residente numa pátria
inflamada por mensagens,
das bocas abertas apenas ressuscitam as frases,
até aos tornozelos, uma frescura negra,
até aos joelhos, até ao tenso lugar da pélvis,
até ao umbigo, até ao coração, até ao pescoço, até ao cocuruto,
Senhor, estou enterrado, das minhas entranhas sobe para o céu
a besta vitoriosa

Azi m-a văzut cel cu totul altcineva,
mi s-a părut că așa este el azi: îmbătrînește,
curînd nu se va opune, va fi o tristețe să-l înving, nu mai poate fi vorba
de un război, s-a oprit o femeie lîngă mine, nu știa că îl poartă,
cerea ceva de la o fată,
la un magazin, au fost momente din acelea de viață grăbită, viață
ce ucide fără să știe, era grăbit și el, a comandat repede și s-a dus în
mulțime

Hoje viu-me aquele que é completamente outro,
foi assim que me pareceu hoje: está a envelhecer,
em breve vai deixar de se opor, será uma tristeza vencê-lo, já não se pode
falar de uma guerra, uma mulher parou junto a mim, não sabia que o trazia,
pediu algo a uma rapariga,
numa loja, foi um daqueles momentos da vida apressada, da vida
que mata sem saber, ele também estava com pressa, pediu rapidamente e
desapareceu na multidão

Cade adînc în noi grăuntele conştiinţei morţii,
tu si eu suntem tare departe şi privim
lanurile întinse şi secerătorii,

în moartea mare, creşte desfrînarea,
floarea prăduitoare

Cai profundo em nós o grão da consciência da morte,
tu e eu estamos muito longe e olhamos
para os campos extensos e os ceifadores,

na grande morte, cresce a luxúria,
a flor predadora

Cine trăieşte acum, seamănă cu tine,
uriaşa mea lehamite, contemplativii plecînd,
au rămas să ne privească gropile, stai, nu pleca,
dragostea murind, face azi ultima mărturisire, că nu ea, că nu ea,
că, în nici un caz, nu ea…,
cine trăieşte acum, seamănă cu tine,uriaşa mea lehamite.
La o terasă, în plină amiază, lumina taie gîtul
domnişoarei de-alături, domnul de la masa vecină e foarte preocupat
să-şi taie venele, vine un suflu rece, semn că oaspetele de toţi
                aşteptat]
e pe aproape, dar toţi sînt foarte preocupaţi, mi-amintesc
de prietenul meu mort nu de mult, simţea cînd e aproape
                oaspetele]
şi înjura cumplit, mi-ar trebui un pumnal
pentru această normalitate

Quem vive agora, é parecido contigo,
minha enorme repulsa, os contemplativos partiram,
ficaram as covas a olharem para nós, espera, não vás,
o amor moribundo, faz hoje a última confissão, que não foi ela, não ela,
que, de modo algum, não ela...,
quem vive agora, é parecido contigo, minha enorme repulsa.
Numa esplanada, em pleno dia, a luz corta o pescoço
à menina do lado, o senhor da mesa vizinha está muito entretido
a cortar as veias, sopra um vento frio, sinal que o hóspede por todos
                                                  esperado]
está perto, mas todos andam muito ocupados, lembro-me
do meu amigo morto há pouco, pressentia quando o hóspede estava
                                                  por perto]
e dizia palavrões terríveis, vou precisar de um punhal
para esta normalidade

Azi, mi-am văzut inima, bătea de tare departe,
parcă nu era inima mea, alături, lîngă un aparat sofisticat,
doctorița cu ochi albaștri m-a lăsat să ascult o clipă
ritmurile ei, am auzit mari șuvoaie și un șuier,
se zbătea timpul în fluvii mari, chiar așa ar fi,
a spus doctorița, dacă ne-am afla în mijlocul ei,
de s-ar întoarce fiecare în inima lui, ar vedea subteranele
de unde vine nimicitorul

Hoje, vi o meu coração, batia de muito longe,
nem parecia o meu coração, ao lado, junto a um aparelho sofisticado,
a médica de olhos azuis deixou-me ouvir por um instante
os seus ritmos, ouvi grandes torrentes e um sopro,
o tempo debatia-se em grandes rios, seria assim mesmo,
disse a médica, se estivéssemos dentro dele,
se cada um pudesse regressar ao seu coração, veria os subterrâneos
de onde vem o destruidor

Ziua e pe sfîrşite, dar din sfîrşiturile ei,
nici unul, din cîţi au plecat,
nu se mai întoarce. Desigur, s-au rătăcit,
se spune, desigur s-au rătăcit,
dar unii spun că cei plecaţi au găsit calea

O dia está a findar, mas dos seus confins,
ninguém, de todos aqueles que partiram,
vai poder regressar. Certamente, estarão perdidos,
vão dizer, certamente estarão perdidos,
mas outros dizem que os que partiram acharam o caminho

Încă nu s-a scris propoziția aceea, propoziția aceea
de efect, să ne lase pe toți uluiți,
în urma ei, nimic n-ar mai avea vreo justificare,
în nopțile neconsolaților, unde se vorbește
limba nebuniei, se aud bîlbîieli, ca atunci cînd realitatea
nu mai încape în niciun limbaj, și iese mutul buimac
din toate sintaxele,
nimic nu îngrozește mai tare, ca un cutremur în limbaj,
cînd se află că nu mai există nici un nume

Ainda ninguém escreveu aquela frase, aquela frase
com impacto, que nos deixe a todos boquiabertos,
depois dela, já nada teria qualquer justificação,
nas noites dos desconsolados, onde se fala
o idioma da loucura, ouvem-se balbuceios, como se a realidade
já não coubesse em nenhuma linguagem, e sai o mudo confundido
por todas as sintaxes,
nada o assusta mais, que um terramoto na linguagem,
quando fica a saber que nenhum nome sobreviveu

Se ridica praful,
limbajul încă nu fusese descoperit,
iar poezia se impunea să fie scrisă.

Cîte s-au întîmplat,

dar eu mă sfîrşesc aici, mai departe mergi tu,
excesul meu de vieţuire, tu eşti partea de neconsumat,
ce va îndura altfel, altcîndva, altundeva
privirile a ceea ce ne este cu totul şi cu totul străin

Levantava-se a poeira,
a linguagem ainda não fora descoberta,
e a poesia impunha-se escrita.

Tantas coisas que aconteceram,

mas eu acabo aqui, tu continuas em frente,
meu excesso de vivência, tu és a parte inconsumível,
que vai suportar doutra forma, noutro tempo, noutro lugar
os olhares daquilo que nos é completamente estranho

Mai jos nu cobor, acolo nu mai poate fi vorba de poezie,
acolo, amintirile sînt atît de bătrîne, că atîrnă
în capete plecate,
te văd umblînd prin camere, fîşia de lumină care te urmează
e a altui timp, ce face eforturi să mai privească,
înainte de a se instaura
subteranele

Mais baixo já não desço, ali já não se pode falar de poesia,
ali, as recordações são tão velhas, que pendem
de cabeças curvadas,
vejo-te a caminhar pelos quartos, o feixe de luz que te segue
é doutro tempo, que se esforça a olhar mais um pouco,
antes que se instaurem
os subterrâneos

Am starea aceea cînd aş inventa o limbă atroce,
un idiom ce ar numi cu săruturi sulfurice viaţa şi moartea,
m-aş trezi dimineţile, aş spune bună ziua, iar ziua s-ar cutremura
cu dalbe cenuşi, aş numi cenuşile şi s-ar întrupa
nimicitorul, cînd mi se întîmplă asta nu mai e nimic de numit,
e doar vertigiul, iar în vertigiu se află ascuns numele altei limbi,
ce face să apară viaţa şi moartea altundeva,
altcîndva

Estou nesse estado em que inventaria uma língua atroz,
um idioma que nomearia com beijos sulfúricos a vida e a morte,
acordaria de manhã, diria bom dia, e o dia estremeceria
com brancas cinzas, nomearia as cinzas e ganharia corpo
o destruidor, quando entro nesse estado não fica nada por nomear,
é tudo um vestígio, e no vestígio fica escondido o nome de outro idioma,
que faz aparecer a vida e a morte noutro lugar,
noutro tempo

EUGEN SUCIU

**Cooperativa artă şi precizie
sau despre oboseala de a continua o
anume fericire**

Cunosc un calorifer posac.
Pe mine nu mă mai vizitează
decît poezia şi spaima.

la 60 de ani
încă mă fascinează marile teme:
iubire. ură. singurătate.
la 60 de ani
cineva în lacrimile mele
izbeşte cu ciocanul
păianjenul din colţul camerei
iar mă iubeşte cu voce tare

sunt oraşul
locuit de o pisică neagră
pe care nu mai am chef s-o răsfăţ

la 60 de ani
încă mai scot femeia din mînecă
fiindcă acum ştiu ce e viaţa mea:
70 la sută apă
şi 30 la sută
nevoia de a sufla în urechea Ofeliei
o vorbă de duh.

**A Cooperativa Arte e Precisão
ou sobre a canseira de perpetuar uma
certa felicidade**

Conheço um calorífero sisudo.
A mim já só me visitam
a poesia e o medo.

aos 60 anos
ainda me fascinam os grandes temas:
o amor. o ódio. a solidão.
aos 60 anos
alguém nas minhas lágrimas
bate com o martelo
a aranha do canto do quarto
ama-me em voz alta

sou a cidade
habitada por um gato preto
que já não me apetece mimar

aos 60 anos
ainda tiro uma mulher da manga
porque agora sei o que é a minha vida:
70 por cento água
e 30 por cento
a necessidade de sussurrar aos ouvidos de Ofélia
uma palavra espirituosa.

Timp

A căzut bruma
peste calmul Fridei
şi ceaţa
mai estompează cîte ceva
din frivolităţile toamnei:
ochi mai bătrîni decît inima
pielea din fum şi hîrtie;
trece timp
peste măceşul agil
peste complicitatea
dintre gheară şi zbor

Tempo

Caiu a geada
sobre o calmo da Frida
e o nevoeiro
atenua um pouco
as frivolidades do Outono:
olhos mais velhos que o coração
pele de fumo e papel;
passa o tempo
sobre a roseira brava ágil
sobre a cumplicidade
entre a garra e o voo

În ultima vreme

Prea multe orgolii
în ultima vreme
mi-au ciuruit sacoul şi inima

pe aleile proaspete – verzi
cu palmele îmbibate de spaimă
prea des păşesc de o vreme
în urma sicrielor

în convoi se aud voci
"nu mai plînge
după tine n-o să plîngă nimeni
pantofii tăi au toc?"

trei sute am dat pe ei
şi mă simt foarte bine

Ultimamente

Demasiados orgulhos
furaram-me
ultimamente o casaco e o coração

nas ruelas frescas – verdes
com as mãos embebidas em medo
demasiadas vezes caminho ultimamente
na senda dos caixões

na procissão ouvem-se vozes
«pára de chorar
por ti ninguém chorará
os teus sapatos têm saltos?»

paguei trezentos por eles
e sinto-me muito bem

Nu exclud ploaia

Darul beţiei
funcţionează
cu cîini galbeni
darul lucidităţii
cu nudul unei respiraţii
memoria intuiţiei
cu alimente
"prealabile morţii"

Não excluo a chuva

O dom da bebedeira
funciona
com os cães amarelos
o dom da lucidez
com a nudez de uma respiração
a memória da intuição
com alimentos
«prenúncios da morte»

Gutuia

Azi-noapte la masa din bucătărie
am stat față în față
cu o gutuie

ne-am privit îndelung în ochi
a trebuit să-mi plec capul

ca să scap am încercat
să-i fac o aroganță motanului

nici n-a clipit

ca să scap
mi-am aruncat ochii pe fereastră

rezemată de zid
călare pe bicicletă
era urechea lui Van Gogh.

Marmelo

Hoje à noite na mesa da cozinha
fiquei frente a frente
com um marmelo

olhámo-nos longamente nos olhos
tive de baixar a cabeça

para me safar tentei
provocar o gato

nem pestanejou

para escapar
atirei os olhos janela fora

apoiada na parede
em cima de uma bicicleta
estava a orelha de Van Gogh.

Orga şi leopardul

Am străpuns inimile groase
mîncăm cu capul plecat
supa de culoarea cositorului
şi visăm la vremurile cînd
cu un săculeţ de piper
puteai să trăieşti
lipsit de griji
o viaţă întreagă

trăim în mintea unei balerine
cu picioare scurte
care stă în faţa noastră
"dreaptă ca un reproş"
o orgă cu gratii de lemn;

"cînd i-au dat mugurii
ceilalţi copaci
au început să rîdă şi au zis:
uitaţi-vă la frasin
s-a jucat cu degetele în cenuşă"

O órgão e o leopardo

Perfuramos os corações grossos
comemos cabisbaixo
a sopa cor de estanho
e sonhamos com os tempos
em que um saquinho de pimenta
dava para viver
sem preocupações
uma vida inteira

vivemos na cabeça de uma bailarina
com pernas curtas
que fica à nossa frente
«direita como uma repreensão»
um órgão com grades de madeira;

«quando começou a brotar
as outras árvores
começaram a rir e disseram:
olhem para o freixo
brincou com os dedos nas cinzas»

Cîntec pe vîrful limbii

Peştele Pelania
în caz de pericol
îşi înghite puiul
şi îl scuipă
abia după ce pericolul a trecut

la rîndul meu zilnic
înghit moartea
şi expectorez
abia după ce crizantemele
au înnegrit apa
şi insectele din chihlimbare
şi-au terminat fecundarea

le scriu morţilor
unde eşti ce faci
aveţi pîine şi supă destulă?
nu las să se piardă
nici o firmitură
nici o faptă nici un distih
şi nici nu şterg din telefon
numele celor dispăruţi

ar fi prea definitiv

Canção na ponta da língua

O peixe Pelânia
em caso de perigo
engole o seu filhote
e cospe-o
apenas depois de passar o perigo

eu próprio engulo
diariamente a morte
e expectoro
apenas depois de os crisântemos
escurecerem a água
e os insectos do âmbar
terminarem a fecundação

escrevo para os mortos
onde estão que fazem
têm pão e sopa que chegue?
não deixo desperdiçar
nenhuma migalha
nenhuma acção nenhum dístico
e nem apago do telefone
os nomes dos desaparecidos

seria demasiado definitivo

Punct

E ca și cum
ai frămînta un glonte
cu mîinile goale
în întunerecul din hambar

după o jumătate de an
a trebuit să admiți
că niciodată
nu o să mai aduni
destulă speranță
ca să conviețuiești
cu altcineva

și că nici nu-i poți cere
unui regret
să fie spontan

și-ar pierde reputația

Ponto

É como se
amassasses uma bala
de mãos vazias
na escuridão de um celeiro

após meio ano
tiveste de admitir
que nunca mais
vais conseguir juntar
suficiente esperança
para conviver
com outro alguém

e nem podes exigir
a um arrependimento
para que seja espontâneo

perderia a sua reputação

Papuci în fața șemineului

O dumineca
intră pe sub ușă
se strecoară în cearceafurile
mototolite
și un dans crește din podele
ca un mic incendiu în pădure
un menuet cu ochii plecați
pe care bătrînul meu trup
nu-l mai dansează;
ghicitor în ambuteiajul șoaptelor
care sar peste jar
pasiunea mea acum
e drumul înlăuntrul furiei
vîntul de pe buzele ticăloșilor
care pătrunde prin horn
și clatină ulcioarele de pe polițe

aprinde toate cicatricile
coboară pînă la inimă

Chinelos em frente à lareira

Domingo
entra por baixo da porta
insinua-se dentro dos lençóis
amarrotados
e uma dança cresce do chão
como um pequeno incêndio na floresta
um minueto de olhos caídos
que o meu velho corpo
já não consegue dançar;
cartomante no engarrafamento dos sussurros
a saltarem sobre o carvão incandescente
a minha paixão agora
é o caminho por dentro da fúria
do vento nos lábios dos vilões
que entram pela chaminé
e abanam os jarros nas prateleiras

acende todas as cicatrizes
desce até ao coração

În aerul fragil

Parcă cineva
ți-ar fi plagiat copilăria
parcă ți-ar fi dat ceva cu împrumut
atît de sigură
ca pe roți
trece pe lîngă tine
viața celorlalți
are ceva
din coerența filmelor mute

ți-au trebuit mulți ani
ca să devii
bărbatul
pe care l-ai fi putut ierta

se deschide calea
unei parțiale renunțări

destinul e o lumînare
aprinsă la ambele capete

No ar frágil

Como se alguém
plagiasse a tua infância
como se te desse algo emprestado
tão segura
como sobre rodas
passa por ti
a vida dos outros
tem algo
da coerência dos filmes mudos

precisaste de muitos anos
para te tornares
no homem
que poderias perdoar

abre-se o caminho
a uma renúncia parcial

o destino é uma vela
acesa nas duas pontas

IOAN MOLDOVAN

o recreație

Azi începe iarăși iarna

O recreație cu țipete de fetițe

Abatoarele lucrează din plin
la producția de sângerete

Mallurile pompează aer bun în aerul rău

Toți citim gazetele de perete

Tot ce-am știut vreodată se cam știe acum acolo sus
unde zăpada stă doar pe gânduri și în huzur

Nemaiavând ce comenta
am și eu cea mai puternică și mai oarbă dorință de om
dorința de a uita

o recreio

Hoje regressa o Inverno

Um recreio com gritos de meninas

Os matadouros trabalham a pleno gás
na produção de chouriços de sangue

Os centros comerciais bombeiam ar bom no ar mau

Todos lemos as gazetas do povo

Tudo o que já soube sabe-se agora lá em cima
onde a neve está pensativa no bem-bom

Já sem ter o que comentar
apenas tenho o mais forte e cego desejo que um homem pode ter
o desejo de esquecer

plâng din senin

Plâng în amiaza mare din senin fără grijă și fără rușine
înconjurat de muzici mă mir cât de miloase
tot îndemnându-mă : nu plânge! nu plânge! ești volintir!

O pilulă roz-singuratică o ia razna pe rafturi prin bucătărie
Nimeni n-ar ști la ce mai e bună, care-i e rostu'
Hai, Amadeus, nu sta-n ușă ca prostu'
Plimbă-ți degetele istețe prin măzărichea de lună

Și când simt între dinți bucățica amară
pe care pe sub cer o mai plimb
când Lacrimosa se topește ca o ceară, măi, să fie
mă opresc și eu din plâns
acoperit de nimb și de
Bucurie.

choro do nada

Choro em pleno dia do nada sem preocupação nem vergonha
rodeado por músicas surpreendentemente bondosas
que me dizem: não chores! não chores! és soldado!

Uma pílula rosa-solitário desata a correr pelas prateleiras da cozinha
Já ninguém se lembraria para que serve, qual a sua finalidade
Anda, Amadeus, não fiques na porta feito parvo
Passeia os teus dedos ágeis pela lua como uma ervilha

E quando sinto nos dentes o pedaço amargo
que ainda passeio sob o céu
quando a Lacrimosa se derrete como cera, eis que
também paro o meu choro
coberto de nimbo e de
Alegria.

viaţa proprie

Încă de dimineaţă îmi pui în vedere
ca nu cumva să ies
să chiulesc

Totuşi am ieşit cu învoire de sus

Am luat un singur cozonac – cu stafide
Am cumpărat usturoi şi gulie pentru o doamnă cu suprafeţe aride
mere, portocale, clementine pentru noi

Am mai cumpătat pâine
dar nu am stat la coada lungită până mâine

Şi ţigări kent lung
şi legume
A fost un exod în lume
Apoi am ajuns tot în bucătărie

Şi abia la urmă am consultat ghidul tibetan să văd şi eu
ce reiese din toate acestea

A reieşit că am o personalitate de slugă
că prietenul mi-e ipocrit
că duşmanii sunt şmecheri
că în privinţa sexului sunt pentru energie
şi că, în fine, viaţa proprie
e obositoare

Precum marea

vida própria

Logo pela manhã avisas-me
para não me atrever a sair
e faltar

No entanto saí com aprovação superior

Levei um *cozonac*[1] – com passas
Comprei alho e rábano para uma donzela com superfícies áridas
maçãs, laranjas, clementinas para nós

Comprei ainda pão
mas não fiquei na fila longa até amanhã

E cigarros *Kent* longos
e legumes
Foi um êxodo pelo mundo
Depois acabei na cozinha

E apenas no final consultei o guia tibetano para descobrir
o que resulta disso tudo

Resultou que tenho uma personalidade subserviente
que o meu amigo é hipócrita
que os inimigos são espertinhos
que em relação ao sexo sou energético
e que, enfim, a vida própria
é cansativa

Como o mar

---

[1] Bolo tradicional de Natal, uma espécie de pão doce com recheio de nozes. (*N. do T.*)

vremelnic

După exercițiile numerologice de înviorare
a încercat să-și amintească o nouă mișcare
Nu reuși. Magnolia se scutura-n lentori
Știrile sosinde erau numai orori
Al cincilea sân uda-mbelșugat creierul dumisale
Pe la subțiori îi ajunseseră ape letale
O zi din viața oricui
ce se ocupă vremelnic de floarea-soarelui

temporariamente

Após exercícios numerológicos de revitalização
tentou lembrar-se de uma nova movimentação
Não conseguiu. A magnólia sacudia-se num torpor
As notícias que chegavam eram apenas horror
O quinto seio regava o seu cérebro abundantemente
Pelos sovacos corriam águas letalmente
Um dia da vida ao briol
de quem se ocupa temporariamente do girassol

știu că nu mai e mult

Știu că nu mai e mult și știu că habar n-am cât mai e
Sunt știutorul de mainimic
Sunt un băiat de treabă deja bătrân
Nepoții mei surâd
Nici măcar nu le știu numele și nu mă miră
când râd de-a binele ei
La noapte pe cer vor fi stele organizate
constelații de lapte, cârcei de praf, săgetători, cazemate
Practic, aici când tușești te-apucă gânditul la rele
El, de dincolo, ne ajută cât poate –
Cum să mai numești moartea moarte?!

sei que já não falta muito

Sei que já não falta muito e sei que não faço ideia de quanto falta
Sou sabedor de quase nada
Sou um bom rapaz já na velhice
Os meus netos sorriem
Já nem lhes recordo os nomes e não me admiro
quando se riem às gargalhadas
Logo à noite no céu vai haver estrelas organizadas
constelações de leite, remoinhos de pó, sagitários, casamatas
Praticamente, aqui quando tosses pensas só em maldades
Ele, do além, ajuda quanto pode –
Como chamar morte à morte?!

subiecte

Despre cum o domnişoară bătrână îşi împătură hainele de duminică
şi vrea să mă-mpiedice
să glumesc cu asta

Despre cum s-a-ntins pasta de roşii pe tavan
până când s-a stins de tot norul plăpând

Despre una şi alta – adică despre înălţări într-o nacelă roză

Tu ce crezi? O să învii? Dar eu, o să?

assuntos

Sobre como uma solteirona dobra as roupas de domingo
e quer impedir-me
de brincar com isso

Sobre como se espalhou a pasta de tomate no tecto
até que se apagou completamente a nuvem frágil

Sobre uma e outra – ou seja sobre voos numa nacele cor-de-rosa

Tu que achas? Vais ressuscitar? E eu, será que vou?

plasa

Litere groase cerneală neagră stilou mai vechi
Fumuri din nou ploaie muzică lină peste urechi
Bătrânul şi marea stau faţă-n faţă ca în priveghi
Bătrânul sunt eu
Marea sunt eu
Trag de-amândoi ca la galeră din greu
Se-adună-mprejur oamenii noi nemaivăzuţi curioşi
Stai în nisip lângă plasa pe care continui s-o coşi
Bătrânul şi marea şi plasa şi toate
se ridică se lasă se ridică se lasă
ca valul – acelaşi în mereu altă plasă

Şi visul cât e – o mereu altă moarte

a rede

Letras grossas de tinta preta caneta mais antiga
Fumos de novo chuva música suave nos ouvidos
O velho e o mar estão frente-a-frente como no velório
O velho sou eu
O mar sou eu
Puxo pelos dois como numa galera esforçado
Juntam-se ao redor pessoas novas desconhecidas curiosas
Estás na areia ao lado da rede que continuas a coser
O velho e o mar e a rede e todo o resto
levantam-se baixam-se levantam-se baixam-se
como uma onda – sempre a mesma noutra rede

E o sonho – uma morte sempre diferente

o chestiune secundară

Când e ziua sfântului nostru
nu e chip să dau de altcineva-n burg

Nourii curg – cum spune Poetul – dar eu nu-i văd
Înapoi și-nainte – prăpăd
dar asta e o chestiune secundară

Cert e că-ndată e seară – una din serile-acelea
când ți se face pielea ca pielea
de găină
și când se ivește neîndoielnic Cineva ca să te certe
că mănânci prea multă lumină

uma questão secundária

Quando é dia do nosso santo
não há hipótese de ver alguém na aldeia

As nuvens correm – lá diz o Poeta – mas eu não as vejo
Para trás e para a frente – desastre
mas isso é uma questão secundária

O certo é que logo já é de noite – uma dessas noites
quando ficas com a pele arrepiada como
de galinha
e quando surge certamente Alguém que te repreende
porque comes demasiada luz

la Curte

Urlă un câine în noul mileniu
Urletul său învecheşte fulgerător timpul

Închid repede
fără să ştiu ce spun

Un şarpe de argint devine semn de carte

Mai port eu ceva roşu asupra mea?

Plouă în unu ianuarie şi cârâie corbi
cu o înverşunare apodictică

Orişicât, toate-s părţi dintr-un proiect de lungă-lungă durată

Noi doi doar petrecem, doar plănuim
să trimitem Alimentul Primitiv la Destinaţie
Ne gândim la trenuri, la trenduri, la "scânduri ude"

Ne lipsesc câteva slujbe
Plouă, în schimb, generos
Vine râul de la munte mult mai bogat
pe sub poduri mult mai bătrâne

Şi tocmai ne facem de cap cu boschetarul mileniului
Petrecem – noi şi boschetarul din Centru
Locuinţele pâlpâie comunicând ceva foarte Important
Cuiva Tot Mai Important

na Corte

Uiva um cão no novo milénio
o seu uivo envelhece o tempo instantaneamente

Fecho à pressa
sem saber o que dizer

Uma serpente de prata torna-se marcador de livro

Será que ainda trago algo vermelho vestido?

Chove a um de Janeiro e os corvos crocitam
com tenacidade apodíctica

De qualquer modo, faz tudo parte de um projecto de longa duração

Só nós dois festejamos, planeamos
enviar o Alimento Primitivo ao Destino
Pensamos em comboios, em tendências, no «chão molhado»

Faltam-nos algumas missas
Chove, no entanto, generosamente
O rio vem da montanha muito mais rico
por baixo de pontes muito mais velhas

E nós fazemos a festa com o sem-abrigo do milénio
Celebramos – nós e o sem-abrigo da Baixa
As moradias cintilam comunicando algo muito Importante
A Alguém Ainda Mais Importante

Dragă

Cu asta mă lupt acum
Cu mult învechita rochie a ei
peste sânii îmbătrâniți
trași în jos de Forțe pe care le ignor

Rochia mai rărită peste sânii îmbătrâniți
decât în restul ei de peste trup

Cu asta mă lupt și nu mai văd nimic

Querida

É com isso que luto agora
Com o seu velho e gasto vestido
sobre os seios envelhecidos
puxados para baixo por Forças que ignoro

O vestido mais rarefeito sobre os seios envelhecidos
do que no resto sobre o seu corpo

É com isso que luto e já nada vejo

GELLU DORIAN

Cămaşa

Cămaşa nu poate spune o vorbă
despre trupul tău pe care stă lipită,

nici cînd este aruncată în coşul cu rufe,
nici cînd este spălată şi stoarsă,
nici cînd stă întinsă pe sîrmă la uscat,
nici măcar cînd este trasă peste trupul femeii care
vine la tine şi ale cărei picioare nu te pot excita
decît dacă ies de sub poalele ei,
nici cînd o dai jos de pe sînii ei,
niciodată,
aşa cum gura croitorului poate înnoda o mie de poveşti
despre ea,
despre nasturii ei,
despre cheutorile ei,
despre aţa care nu poate fi altceva decît venele
prin care nu circulă sînge,
uscate ca nişte părîiaşe pe o cîmpie arsă de secetă,

moartă, stă pe trupul tău viu
din care fugi din cînd în cînd,
aşa cum fug copiii din preajma mamelor
pentru a se pierde în lume în cămăşile care
nu le pot spune nicio vorbă,
placente din care nu se vor naşte niciodată,
în care vor muri,
rufe din care se vor face cordele trase în războaiele
din care curg preşurile pline de vorbele nespuse vreodată
peste care tălpile altor trupuri calcă
aşa cum în biserici peste umerii încovoiaţi ai femeilor

A camisa

A camisa não consegue dizer uma palavra
sobre o teu corpo onde está colada,

nem quando é atirada para o cesto da roupa,
nem quando é lavada e torcida,
nem quando está estendida na corda para secar,
e nem sequer quando cobre o corpo da mulher que
vem à tua casa e cujas pernas te excitam
apenas se saírem debaixo dela,
nem quando a tiras dos seios dela,
nunca,
tal como a boca do alfaiate pode tecer mil histórias
sobre ela,
sobre os seus botões,
sobre as suas costuras,
sobre a linha que só pode ser as veias
por onde não circula o sangue,
secas como riachos num campo queimado pela seca,

morta, fica no teu corpo vivo
do qual foges de vez em quando,
como fogem as crianças de junto das mães
para se perderem no mundo nas camisas que
não conseguem dizer-lhes uma palavra,
placentas das quais não vão nascer nunca,
em que vão morrer,
tralha da qual farão as cordas puxadas nas guerras
da qual se estendem tapetes cheios de palavras nunca ditas
sobre os quais os pés doutros corpos pisam
tal como nas igrejas sobre os ombros curvados das mulheres

se aşează apăsat palma lui Dumnezeu,
respirarea ei e respirarea ta ascunsă într-un şifonier
cu alte lucruri moarte
pe care le învii cînd le răstigneşti pe crucea din tine.

desce pesada a mão de Deus,
a sua respiração é a tua respiração escondida num armário
cheio de outras coisas mortas
que ressuscitas quando as crucifixas na cruz dentro de ti.

Viaţa

Viaţa nu este paradisul visat de sub tălpile îngerilor
pe care-i bănuieşti planînd peste umerii tăi,
nici măcar raiul de pe pămînt pe unde oricît ai umbla
nu vei întîlni niciodată vreun înger,

deşi de atîtea ori în urechea ta ai simţit o respiraţie dulce
în preajma căreia ai fi vrut să dormi liniştit,

însă ce nu poţi atinge
nu există,
ce există şi nu poţi atinge nu-ţi aparţine,

nici infernul nu este tot timpul asemănător cu viaţa
de deasupra tălpilor tale
cu care striveşti vietăţi ca de jar
care-ţi intră-n sînge
încît oricît ai vrea să dormi pe aşternuturile lor de mătase
somnul nu poate fi altceva decît un şarpe care şuieră în urechea ta
ca un vînt în gura peşterii,
nici iadul de sub pămînt pe care îl găseşti tolănit
în coşmarurile tale
nu poate fi asemănat cu viaţa pe care nu o trăieşti,

ceea ce nu trăieşti
nu-ţi aparţine,
iar ceea ce nu-ţi aparţine există în afara aşteptării tale
din care atunci cînd ieşi
dispari pentru totdeauna,

viaţa este de la primul sfîrc cu lapte atins de buzele tale
pînă la ultimul pahar de care te desparţi trist
ca de singura ta fericire.

A vida

A vida não é o paraíso sonhado por baixo dos pés dos anjos
que adivinhas pairarem sobre os teus ombros,
nem sequer o paraíso na terra por onde, por mais que andes,
nunca vais encontrar nenhum anjo,

muito embora tantas vezes sentiste ao ouvido uma respiração doce
perto da qual querias dormir tranquilamente,

no entanto o que não podes tocar
não existe,
o que existe e não podes tocar não te pertence,

nem sequer o inferno é sempre parecido com a vida
por cima dos teus pés
com que esmagas seres de carvão
que te entram no sangue
de tal modo que gostarias de dormir nos seus lençóis de seda
o sono apenas pode ser uma serpente que sussurra ao teu ouvido
como o vento na boca da caverna,
e nem o inferno debaixo da terra que encontras refastelado
nos teus pesadelos
pode ser comparado com a vida que não vives,

o que não vives
não te pertence,
e o que não te pertence existe fora das tuas expectativas
da qual quando sais
desapareces para todo o sempre,

a vida começa no primeiro mamilo com leite que tocas com os lábios
e até ao último copo do qual te despedes triste
como se da tua única felicidade se tratasse.

Nimeni cu nimeni

Un milion de ochi cad peste mine ca mărgelele,
numai ochii ei, nu, numai ochii ei, nu –

la ce gît stau acum atîrnate pe şiraguri trecute printre degete,
numai mărgelele ei sunt pierdute în alte ape albastre,
degete subţiri de gheaţă
îmi zgîrie sufletul,
pielea lui se face sare de mare uscată pe spinări de femei
plecate de-acasă,
murmurul lui se face vuiet de ocean în urechile lor surde –

un milion de ochi mai frumoşi ca ai ei
mă strecoară în paturile lor,
numai ai ei, nu, numai ochii ei, nu –

cad toate apoi în nisipul uscat peste care stă deşirat
trupul meu ostenit,
mîini întinse ca arcurile înfing degete reci
în sufletul meu ciuruit ca o piele de urs în bătaia puştii,
prin el se vede cerul ca prin găurile lăsate de cuie în palme,

Dumnezeu mă aruncă din cer pe pămînt,
unde cad în doi ochi uzi ca plajele
peste care milioane de urme
duc spre patul pustiu
în care n-a mai dormit nimeni cu nimeni.

Ninguém com ninguém

Um milhão de olhos caem sobre mim como contas,
mas os dela, não, só os olhos dela, não –

em que pescoço estarão agora penduradas em fios passados pelos dedos,
só as contas dela estão perdidas noutras águas azuis,
dedos delgados de gelo
arranham-me a alma,
a pele dele torna-se no sal do mar seco nas costas das mulheres
que partiram de casa,
o seu murmúrio torna-se em rugido do oceano nos seus ouvidos surdos –

um milhão de olhos mais bonitos que os dela
enfiam-me nas suas camas,
mas os dela, não, só os olhos dela, não –

cai tudo depois na areia seca onde está espalhado
o meu corpo exausto,
mãos estendidas como os arcos enfiam dedos frios
na minha alma perfurada como uma pele de urso na mira da espingarda,
através dele vê-se o céu como pelos buracos que os pregos deixam na mão,

Deus atira-me do céu para a terra,
onde caio em dois olhos húmidos como as praias
sobre as quais milhões de pegadas
levam à cama deserta
em que já ninguém dormiu com ninguém.

Ies din pat ca un pustinci din schit

Noaptea e un calvar continuu, somnul
un şarpe care şuieră pînă în zori într-o gară cu recruţi,
geamantanele lor sunt pline cu femei goale,
femeia de lîngă mine n-are fermoar,
husa ei de piele în care doarme se lasă greu trasă,
mintea mea e un întreg infern,
Dante, un mic copil pe care-l scot dintr-un limb,
îi ofer o ţigară, o cafea,
se uită la mine cum ucid somnul cu trupul meu deşirat
peste cearceaful boţit, rece
ca pielea şarpelui care abia dimineaţă pleacă din gară
cu tot cu recruţi,
cască şi, după opt sute de ani încă arată bine,
pleacă şi el la culcare
lăsîndu-mă în bolgia din care nu voi putea ieşi
decît tras în terţine de mîna lui de edecar de morminte –

ies din pat ca un pustnic din schit...

Saio da cama como um monge da ermida

A noite é um calvário contínuo, o sono
uma serpente que sibila até à madrugada numa gare com recrutas,
as suas malas estão cheias de mulheres nuas,
a mulher ao meu lado não tem fecho,
a sua capa em pele onde dorme deixa-se puxar com dificuldade,
a minha cabeça é um inferno completo,
Dante, uma pequena criança que tiro do limbo,
ofereço-lhe um cigarro, um café,
olha para mim enquanto mato o sono com o meu corpo espalhado
sobre o lençol amarrotado, frio
como a pele da serpente que logo pela manhã partiu da gare
com os recrutas,
boceja e, oitocentos anos depois, ainda está bem conservado,
vai ele também deitar-se
deixando-me no fosso donde apenas poderei sair
puxado em tercetos pela sua mão de rebocador de sepulturas –

saio da cama como um monge da ermida...

Al optulea cerc

Nu e chiar atît de urît nici în cel de al optulea cerc
dat de-a dura prin mintea mea în care frumusețea nu se lasă ucisă,

am văzut odată un zeu tînăr ieșind din cîrciumă,
în el stăteau pitiți toți ce cărora frica le-a vărsat paharul
                                                din mînă]
și se înecau în ambrozie,

tocmai îmi luam restul din mîna barmanului
iar umbra lui se scurgea pe aleea din față
sub poalele unei femei,

frumusețea ei era chiar viața care știa să se rătească și la zeii
care se îngropau de tineri în trupul ei,

am intrat și eu în adîncuri,
nici nu-mi mai aduc aminte cît timp am plutit
pînă cînd peste pînza de beton pe care femeia stătea
firicelul de iarbă reteza gîtul morții...

O oitavo círculo

Não se está assim tão mal nem no oitavo círculo
atirado pela minha cabeça onde a beleza não se deixa matar,

vi uma vez um deus jovem a sair da taberna,
nele estavam escondidos todos aqueles a quem o medo lhes entornou o
                                                                                       copo da mão]
e afogavam-se em ambrosia,

estava eu a recuperar o troco da mão do empregado
e a sua sombra deslizava pela ruela da frente
sob as saias de uma mulher,

a sua beleza era a própria vida que sabia enfrentar também os deuses
que se enterravam em jovens no seu corpo,

entrei também nas profundezas,
já nem me recordo por quanto tempo flutuei
até que por cima da vela de betão onde estava a mulher
o fiozinho de relva cortava o pescoço à morte...

Zile noroioase

Un şuvoi de zile noroioase urmăreşte liniştea mea
care s-a păcălit nu o singură dată sub cerul senin
ca sub un acoperiş în care femeile nu erau decît
nişte sperietori în care-şi făcuseră cuib ciorile,

praştia mea a ucis golul cel negru
de cum am fost lăsat să dorm în braţele celei mei frumoase femei
pentru care mi-am şters toate urmele pline de noroi afară,

trupul mirosind a cimbrişor scuturat într-o bucătărie de iarnă
s-a lepădat de toate relele
topite în sloiuri de gheaţă,
sufletul bucălat ca îngerii în picturile din capelele
adunate-n albume,
faţa de masă, o femeie întină pe care-mi sprijineam coatele –

o sută de ani nu e mult
să-i poţi uita într-o clipă,
o secundă e o veşnicie în trupul ei curat
în care nu poţi intra cu tot noroiul zilelor tale...

Dias lamacentos

Um rio de dias lamacentos persegue a minha tranquilidade
que foi enganada por mais que uma vez debaixo do céu limpo
como sob uma cobertura onde as mulheres eram apenas
espantalhos onde os corvos faziam os seus ninhos,

a minha funda matou aquele vazio negro
logo que me deixaram adormecer nos braços da mais bela das mulheres
por quem tinha limpo todas as pegadas de lama lá fora,

o corpo a cheirar a tomilho sacudido numa cozinha de Inverno
negou todos os males
derretidos em blocos de gelo,
a alma encaracolada como os anjos nas pinturas das capelas
reunidas em álbuns,
a toalha de mesa, uma mulher deitada onde apoiava os cotovelos –

cem anos não é muito
para os esquecer num instante,
um segundo é uma eternidade no seu corpo limpo
onde não podes entrar com toda a lama dos teus dias...

Ea este chiar dragostea

Alunecă din ea pe cearşaful întins în mine
şi mă trezeşte după o viaţă pe care nimeni
nu vrea să o mai trăiască,

ea este chiar dragostea,
numele ei este chiar dragostea,
trupul ei este dragostea în sine,
sufletul ei, patul în care o aştept,

alunecă, alunecă
pînă ce cearşaful se boţeşte
ca o faţă ridată pe care nici o alifie nu o mai netezeşte,

dar ea este chiar dragostea,
dragostea este chiar numele ei,
trupul ei în care sufletul i se deretică
de inima mea ostenind într-un trup din care
vor pleca deodată zilele, stoluri, stoluri
spre o ţară a nimănui, în care toţi se duc,
unde toţi iubesc,
unde nimicul înfloreşte peste tot ca păpădia,
de unde toţi uită să se mai întoarcă,

numai ea nu pleacă,
pentru că nici eu nu plec,
privim prin aceiaşi ochi
alt cer.

Ela é o próprio amor

Desliza dela sobre o lençol estendido em mim
e acorda-me após uma vida que já ninguém
pretende viver,

ela é o próprio amor,
o seu nome é o próprio amor,
o seu corpo é o amor em si,
a sua alma, a cama onde a espero,

desliza, desliza
até que o lençol fica amarrotado
como um rosto enrugado que já nenhum creme pode alisar,

mas ela é o próprio amor,
o amor é mesmo o nome dela,
o seu corpo em que a alma se desfaz
do meu coração jazendo num corpo do qual
vão partir de repente os dias, em largos bandos
rumo a uma terra-de-ninguém, onde todos vão,
onde todos amam,
onde o nada floresce por todo o lado como o dente-de-leão,
de onde todos se esquecem de regressar,

só ela não vai,
porque eu também não vou,
olhamos pelos mesmos olhos
outro céu.

Ce este în faţa mea nu este faţa mea

o altă faţă se desprinde de pe un alt cap din care ies alte feţe
cu buzele lipite de sticla de aer
pe care vreau să o sorb
aşa cum sunt înghiţit de lumina ce se înghite pe sine –

o singură masă
într-un singur loc din lume
mă adună şi-mi bagă pe gît moartea cu linguriţa
pe care o-nghit odată cu acel loc
cu acea masă
odată cu mine –

cel care mă vede mă ia cu el şi din cealaltă parte totul pare
aici inexistent
ca de fapt de aici acolo,

spun ceea ce mai rămîne de spus,
iar trupul meu se ascunde în trupul meu
care nefiind văzut
văzut nu va fi văzut niciodată.

O que está à frente do meu rosto não é o meu rosto

outro rosto desprende-se doutra cabeça donde saem outros rostos
com os lábios colados à botija de ar
que quero sorver
como me engole a luz que se engole a si própria –

uma única mesa
num único lugar no mundo
apanha-me e enfia-me pela garganta a morte à colher
que engulo juntamente com esse lugar
com aquela mesa
juntamente comigo –

aquele que me vê leva-me com ele e do outro lado tudo parece
aqui inexistente
como de facto aqui e ali

digo o que falta dizer,
e o meu corpo esconde-se no meu corpo
que sendo invisível
nunca se verá visível.

Absenţa ta nu este o altă înfăţişare a ta

în cealaltă lume de aici,
e mai curînd un gol prin care cazi la nesfîrşit
fără să ştii că între timp şi celălalt dispare
ca din casă trupul tău după care se-nchid uşile,
ferestrele ca nişte pleoape după care timpul se face
întuneric şi aşa rămîne pînă cînd se aud srigăte de bucurie
prin toate locurile prin care ai trecut fericit
pe cînd tristeţea, femeie singură,
îşi adună aşternuturile şi fuge cît mai departe –

lasă în urmă toate celelalte înfăţişări ale tale...

A tua ausência não é outra aparência tua

no outro mundo de aqui,
é antes um vazio por onde cais sem parar
sem saber que entre um tempo e o outro desaparece
como de casa o teu corpo atrás do qual fecham-se as portas,
as janelas como pálpebras e depois o tempo faz-se
escuro e assim permanece até se ouvirem gritos de alegria
por todos os sítios por onde passaste feliz
enquanto a tristeza, mulher solitária,
junta os lençóis e foge para o mais longe possível –

deixa para trás todas as outras aparências tuas...

Acum lumea este aici cu tine

şi nu te atinge nici măcar cu un fir de pai,
nici măcar cu privirea,
stă la masa ta şi îţi bea vinul,
îţi goleşte coşul cu pîine,
suflă în luminare şi se oploşeşte în stuful din streaşină
ca vîntul din toate părţile —

dacă vorbele tale îi stau pe gură,
nu gîndurile tale se aud în urechile celorlalţi,

prin cer nu are nimeni grijă de tine
aşa cum ai avut tu grijă de cei din cer,
nici nu este nevoie de cineva care să-ţi deschidă vreo uşă
sau să-ţi întindă vreo mînă,
este totul atît de firesc încît dacă încerci să-ţi doreşti ceva,
imediat vei avea în faţă ceea ce-ţi doreşti,
dar nu vei avea nevoie pentru că în fiecare eşti tu
aşa cum n-ai simţit niciodată cu adevărat
trupul lui Dumnezeu în tine deşi acolo era,
vorbea cu vorbele tale,
mînca şi bea cu gura ta,
iar cînd alunecai prea departe te aducea în locul din care
priveai în tine ca-ntr-o biserică
plină de lumea care acum te ascunde în memoria ei
din care ieşi fără să se audă
ca din oglindă chipul celui ce pleacă —

o altă întîlnire cu tine în chiar absenţa ta...

Agora o mundo está aqui contigo

e não te toca nem com uma palha,
nem sequer com o olhar,
fica sentado à tua mesa e bebe o teu vinho,
esvazia o teu cesto com pão,
sopra na vela e refugia-se nos juncos do beiral
como o vento de todos os lados –

se as tuas palavras estiverem na boca dele,
não serão os teus pensamentos a ecoarem nos ouvidos dos outros,

no céu ninguém cuida de ti
tal como tu cuidaste dos do céu,
nem é preciso alguém que te abra as portas
ou te estenda a mão,
é tudo tão natural que ao tentares desejar alguma coisa,
logo terás à tua frente aquilo que desejas,
mas não vais precisar porque tu estás em tudo
tal como nunca sentiste verdadeiramente
o corpo de Deus em ti, embora lá estivesse,
falava com as tuas palavras,
comia e bebia com a tua boca,
e quando deslizavas para demasiado longe trazia-te para o sítio donde
olhavas para dentro de ti como numa igreja
cheia do mundo que agora te esconde na sua memória
donde sais sem que ninguém oiça
como num espelho o rosto daquele que sai –

outro encontro contigo mesmo na tua ausência...

FLORIN IARU

Aer cu diamante

Ea era atît de frumoasă
încît vechiul pensionar
se porni să roadă tapițeria
scaunului pe care ea a stat.
În iarna curată, fără zăpadă
mașina uscată încercă s-o ardă.
Dar ea de mult coborîse cînd s-a auzit
înghițitura.
Șoferii mestecați
au plîns pe volanul păpat
căci ea nu putea fi ajunsă.
În schimb era atît de frumoasă
încît și cîinii haleau
asfaltul de sub tălpile ei.

Atunci portarul își înghiți decorațiile
cînd ea intră în casa fără nume
iar mecanicul sparse în dinți
cheia franceză și cablul
ascensorului ce-o purtă
la ultimul etaj.

Paraliticul cu bene-merenti
începu să clefăie clanța inutilă
și broasca goală
prin care nu putea curge
un cărucior de lux.

Ei cu toții mîncară
piciorul mansardei

Ar com diamantes

Ela era tão bonita
que o velho reformado
pôs-se a roer a tapeçaria
da cadeira onde tinha estado.
No Inverno limpo, sem neve,
a máquina seca queria montá-la.
Mas ela já tinha descido quando se ouviu
o gole.
Os motoristas mastigados
choraram no volante comido
porque ela era inalcançável.
Em contrapartida era tão bonita
que até os cães comiam
o asfalto debaixo das solas dela.

Então o porteiro engoliu as condecorações
quando ela entrou na casa sem nome
e o mecânico partiu com os dentes
a chave francesa e o cabo
do elevador que a levou
ao último andar.

O paralítico com Benemerenti
começou a mastigar a maçaneta inútil
e a fechadura vazia
pela qual não cabia
um carrinho de luxo.

Todos juntos comeram
os pés do sótão

ei cu toții mîncară țiglă
cînd ea urcă fîlfîind pe acoperiș
cînd ea nu putea fi ajunsă.
Meteorologul de pe muntele Golgota
roase timpul probabil
iar ultimul Om în Cosmos
își devoră capsula
cînd ea depăși sistemul terestru
– Ce-ai să faci de-acuma în cer? –
au întrebat-o
cu gurile șiroind de regrete.

Dar ea era atît de frumoasă
încît a fost la fel de frumoasă
și-n continuare.

Iar ei nu găsiră în toată
lumea largă
destule măsele
destule gîtlejuri
în care să spargă
să macine să îndese
distanța care creștea mereu
și restul cuvintelor pînă la moarte.

e todos comeram as telhas
quando ela subiu a esvoaçar ao telhado
onde já ninguém a podia alcançar.
O meteorologista da colina de Gólgota
provavelmente tinha ruído o tempo
e o último Homem do Cosmos
devorou a sua cápsula
quando ela passou além do espaço terrestre
– O que vais fazer agora no céu? –
perguntaram-lhe
a babarem arrependimentos.

Mas ela era tão bonita
que continua igualmente bonita
até depois.

E eles não encontraram em todos
os cantos do mundo
suficientes dentes
suficientes gargantas
que pudessem partir
moer e condensar
a distância que aumentava sem parar
e o resto das palavras até à morte.

Batista neagră

Ne-am închis într-o cameră
și am
        schimbat capetele între noi
și ne-am
            legat la ochi
            cu o batistă neagră.

      Hai hai
în vatra de sînge a străzii
în cartierul cu rufe
pe acoperișuri
prin cimitire după flori
în inima doamnei
în gaura cheii
         în mă-sa de amintire
în spîrcul silabelor
în tren
   pe tren
      sub tren
           la ora monstruoasă
           cînd timpul făcea fum în tigaie
           cînd un orb rătăcea sub pămînt
cînd capetele își smulg cu dinții
batista neagră.

– Am visat – spune capul blond – că mă
urcasem în tren și părăsisem orașul
N-aveam bilet, n-aveam inimă, nu aveam
haine sau bani
cînd mă-nșfăcară moartea cu nașul.

Lenço preto

Fechámo-nos num quarto
e
        trocámos as nossas cabeças
e depois
               vendámos os olhos
               com um lenço preto.

      Vamos embora
para o forno de sangue da rua
para o bairro das roupas
nos telhados
pelos cemitérios atrás de flores
para o coração da senhora
para o buraco da fechadura
        para a recordação que a pariu
para o miolo das sílabas
para o comboio
       em cima do comboio
            debaixo do comboio
                à hora monstruosa
                quando o tempo queimava a frigideira
                quando um cego vagueava debaixo da terra
quando as cabeças arrancam com os dentes
o lenço preto.

– Sonhei – diz a cabeça loira – que tinha
subido a um comboio e tinha deixado a cidade.
Não tinha bilhete, não tinha coração, não tinha
roupas nem dinheiro
quando fui apanhada pela morte e pelo pica.

Februarie negru

M-au aruncat în stradă
(Nu mă aruncați în stradă – i-am rugat) –
Mi-au pus în brațe zăpada
(Nu-mi dați mie zăpada – i-am rugat –
ce să fac eu cu memoria voastră pustie
ce să fac eu cu această stradă pustie
pe cine să aștept
cu cine să vorbesc?)
M-au legat de o girafă în flăcări
(Nu vreau să merg cu mașina – i-am rugat)
M-au rostogolit cu scaieții
pînă cînd m-am făcut frate cu scaieții
(Nu mă lăsați singur – i-am rugat
cu scaieții ăștia care nu exprimă nimic)
M-au aruncat peste șinele agitate
de la căile ferate
(Nu mă lăsați să tai drumuri – i-am rugat –
care nu duc nicăieri)
Mi-au pus o lumînare în mînă
("Umblă sănătos" mi-au mai spus
"acum ești liber")
Și-am coborît de bunăvoie
în strada de februarie
puțin mai palid puțin mai adus

Așa călătoresc eu în noaptea unui miez de iarnă
așa călătoresc eu între două îmbrățișări
nesperate
ca între două calde căldări.

Fevereiro negro

Atiraram-me para a rua
(Não me atirem para a rua – pedi-lhes) –
Encheram-me os braços de neve
(Não me dêem a neve – pedi-lhes –
que vou eu fazer com a vossa memória deserta
que vou eu fazer com esta rua deserta
por quem esperar
com quem conversar?)
Ataram-me a uma girafa em chamas
(Não quero ir de carro – pedi-lhes)
Rolaram-me junto com os cardos
até que me tornei irmão dos cardos
(Não me deixem sozinho – pedi-lhes
com estes cardos que não exprimem nada)
Atiraram-me sobre os carris movimentados
dos caminhos-de-ferro
(Não me deixem cortar caminhos – pedi-lhes –
que não levam a lado nenhum)
Puseram-me uma vela na mão
(«Vá com Deus», disseram-me
«agora está livre»)
E desci de boa vontade
a Rua de Fevereiro
um pouco mais pálido e mais curvado

É assim que viajo no meio duma noite de Inverno
assim viajo entre dois abraços
inesperados
como entre dois baldes quentes.

High way fidelity

lui tudor jebeleanu

– Ce faci aici, Albă ca Zăpada?
– Trotuarul fac, lupule, numai trotuarul.
– De ce și pentru cine, puicuțo?
– Pentru nimeni – a răspuns fetița cu chibrituri –
pentru nimeni și pentru bunica.
– Drăgălașo, nu ți-e frică aici, la marginea lumii?
– Ai tu ceva, lupule, ceva care să-mi crească
alcoolemia, combustia internă, bucuria?
– Are lupul, gagico, are în sticluță
un suflet lichid de bunicuță!
Ia întinde-ți botu încoa
cățea!
– Dă-mi mai bine să beau în singurătate
și du-te departe, sărmană bestie
umbră de trestie!
– Dar de ce singură, tîrîtură?
Ia dă-i tu lu neica gură! mai spuse lupul
      și se rostogoli – biliard împușcat
      pe asfaltul rece senin și curat
      de la picioarele înalte ale Bestiei
      care tocmai tranșase
      această afinitate colectivă.

High way fidelity

a tudor jebeleanu

– Que fazes aqui, Branca de Neve?
– A vender o corpinho, senhor Lobo, só isso.
– Mas porquê e para quem, miúda?
– Para ninguém – respondeu a rapariga dos fósforos –
para ninguém e pela minha avó.
– Ó filha, e não tens medo aqui nos confins do mundo?
– Será que o senhor Lobo tem algo que me faça subir
a alcoolemia, a combustão interna, a alegria?
– O lobo tem tudo, meu amor, tem um frasquinho
com alma líquida de avozinha!
Traz o teu focinho para aqui
cadela!
– Deixa-me antes beber na minha solidão
e vai para longe, pobre besta
sombra funesta!
– Mas porquê sozinha, rameira?
Anda cá dar-me um beijinho! disse ainda o lobo
      e caiu redondo – como uma bola baleado
      no asfalto frio sereno e limpo
      debaixo das pernas altas da Besta
      que acabou por resolver
      essa afinidade colectiva.

Vis cu aliniere planetară

— Văleu, planetele!
      Săpa o găurică
      l-au văzut
      l-au dus la spital.

— Caaadeee! Se ruupeee!
      Țipa în stradă
      l-au auzit
      l-au dus la spital.

Punea sare pe coadă
punea dulceață-n șoșoni
a strănutat, l-au simțit
l-au dus la spital.

Umbla cu cîrlige la degete
cu ouă la subsuori
avea un morcov
avea sticle în ochi

giuben în cap
sub giuben un sonar
sub sonar un radar
l-au înșfăcat (el era)
l-au dus la spital.

— Prostii! O să treacă și asta!
Vă zic eu. A visat urît.
A stat la canal.
Împrăștiați-vă! Împrăștiați-vă!
Întotdeauna cineva în sărăcia asta de viață
va săpa o gropiță isteață
în drum spre spital.

Sonho com alinhamento planetário

– Ai, ai, os planetas!
      Cavava um buraquinho
      viram-no
      levaram-no ao hospital.

– Caaaaaai! Vem aiiiiiiiii!
      Gritava na rua
      ouviram-no
      levaram-no ao hospital.

Punha-se na alheta
punha doce nas galochas
espirrou, sentiram-no
levaram-no ao hospital.

Andava com ganchos nos dedos
com ovos debaixo dos sovacos
tinha uma cenoura
tinha garrafas nos olhos

cartola na cabeça
debaixo da cartola um sonar
debaixo do sonar um radar
apanharam-no (era ele)
levaram-no para o hospital.

– Parvoíces! Isso já lhe passa!
Oiçam o que vos digo. Teve só um pesadelo.
Ele esteve no canal.
Espalhem-se! Espalhem-se!
Haverá sempre alguém nesta pobreza de vida
a cavar um buraquinho esperto
a caminho do hospital.

Tovarăşa zilei

Eu cred c-am văzut moartea
astupînd gura prietenului meu
cu mîna.
Cu mîna ei moartă.

Nu e frumoasă, urîtă, deşteaptă sau neîndurătoare.
N-are nici o putere.
Nu exprimă nimic.
Nu e romantică, pudică, visătoare.
Nu e de niciunde, n-are treabă cu omul.

Dar are la ea garda de corp
cu cinci degete.
Şi tocmai ciunga asta i-a băgat-o pe gît
încet, fără pauze.

Cînd prietenul meu a deschis gura,
am crezut că văd ieşindu-i din măruntaie
pumnul înmănuşat.
Am vrut să spun
(blestemată, îngîmfată încununare poetică):
mănuşa de sticlă mişca degetul mic de vomă.
Dar nu e adevărat.
Prietenul meu nu merită aşa o minciună.
Moartea a rămas înfiptă în gîtul lui
pînă l-a sufocat.

A companheira do dia

Eu acho que vi a morte
a tapar a boca do meu amigo
com a mão.
Com a sua mão morta.

Não é bonita, nem feia, inteligente ou impiedosa.
Não tem nenhum poder.
Não exprime nada.
Não é romântica, pudica, sonhadora.
Não é de nenhures, não quer saber do homem.

Mas traz com ela o guarda-costas
com cinco dedos.
E foi esse coto que lhe enfiou pela garganta abaixo
devagarinho, sem parar.

Quando o meu amigo abriu a boca,
pensei que lhe visse sair das entranhas
o punho enluvado.
Quis dizer
(amaldiçoada, arrogante conclusão poética):
a luva de vidro mexia um mindinho com vómitos.
Mas não seria verdade.
O meu amigo não merece tal mentira.
A morte ficou-lhe encravada na garganta
até o sufocar.

Autobiografia unei sinucideri

Ce gît subțire avea timpul
cînd îmi șoptea cu iubire:
– Omoară-mă! Omoară-mă!

Ora exactă mă lovea cu cinci semnale
peste coate:
– Sugrumă timpul! Strînge-l de gît!

– Mai bine – am răspuns eu
dîndu-i fragil gîtul de-o parte –
mai bine luăm masa-mpreună.
Mai bine rezistăm împreună
cîteva clipe
cîteva miimi
o să ne descurcăm noi.

Nu mă lăsa să sufăr –
a strigat timpul –
iubite!
– Mai bine – am răspuns eu
desfăcîndu-mi încleștarea nervoasă –
mai bine ascultăm în doi
sfîrșitul lumii.
Mai cerem șampanie
chemăm și invitații:
atomul și majordomul.
Îmi zise atunci timpul:
– Tu ai un suflet ales
cuvînt cu cuvînt, dicționar funerar.
De ce nu mă omori naibii?
Să terminăm, terminăm – rîdea –
sfîrșește-mă electric, dielectric,

Autobiografia de um suicídio

Que pescoço delgado tinha o tempo
quando me sussurrava com amor:
– Mata-me! Mata-me!

A hora certa batia-me com os cinco sinais
nos cotovelos:
– Estrangula o tempo! Aperta-lhe o pescoço!

– Acho melhor – respondi eu
afastando-lhe o pescoço frágil –
acho melhor comermos juntos.
Acho melhor resistirmos juntos
por alguns segundos
por algumas milésimas
a gente consegue.

Não me deixes sofrer –
gritou o tempo –
meu amor!
– Acho melhor – respondi eu
descontraindo o aperto nervoso –
acho melhor ouvirmos os dois
o fim do mundo.
Acho melhor pedirmos champanhe
chamamos os convidados:
o átomo e o mordomo.
Então disse o tempo:
– Tu tens uma alma especial
palavra por palavra, dicionário funerário.
Porque não me matas de uma vez por todas?
Vamos lá terminar de vez – ria-se –
acaba comigo eléctrica, dieléctrica,

static, mobil
termină-mă dezdemonic
autoimobil
cu perne de oțel
cu macarale argintii
fă-mi orișice fel
zdrobește-mă iute...
Mi-e drag de tine
cum atîrni legănîndu-te lin
ca un scaun în cuier.

Așa petreceam tot mai nervoși
ocrotiți de o mamă de fier.
Așa călcam mecanisme fidele
pe faleza de marmură a memoriei
ducînd la gură cupe de-oțel.

O, și cît de subțire
(omoară-mă, omoară-mă)
cît de subțire se făcea
gîtul timpului
alergînd în zadar
printre degetele mele
ca o excitantă cale lactee
din cosmosul rar.

móvel, estaticamente
acaba comigo desdemonicamente
auto-imóvel
com pernas de aço
com gruas prateadas
dá cabo de mim
esmaga-me rápido...
Gosto de ti
como baloiças suavemente
como uma cadeira no bengaleiro.

Assim passávamos, cada vez mais nervosos
protegidos por uma mãe de ferro.
Assim pisávamos mecanismos fiéis
na falésia de mármore da memória
levando à boca taças de aço.

Oh, e quão delgado
(mata-me, mata-me)
quão delgado se tornava
o pescoço do tempo
correndo em vão
por entre os meus dedos
como uma excitante via láctea
do cosmos raro.

Dansatorii

Dansam în stradă, dăduseră
muzica tare, la maxim.
Sărea sângele din timpane, din nas.
Curgea bogat, înflăcărat pe piept.
Și noi dansam tot mai avântat.
Din ce în ce mai apropiați.
Din ce în ce mai aglomerați în singurătatea
ce ne răsucea răsuflările
ca pe o batistă, ca pe o mănușă.
Numai chipul ei era palid.
Tot mai fierbinte, tot mai asudat,
degetele și talia i le-am apucat
și, cu un gest ieșit din minte,
i-am rupt rochia transparentă, cuminte.
Ce nebunie.
Iată pielea de catifea.
Iată subsuoara apunând în decembrie.
Iată-i sânul iluminat de
muzica tăind în carne vie.
Erectia o întâmpină bezmetică.
Era de o frumusețe electrică.
Eram dansatorii înfrigurați ai străzii,
alunecând pe sângele ce se închega și zicea
că mai suntem vii – puțin, încă puțin, măcar un minut –
dansându-ne partea.
Corpul meu dansator
a intrat în frigul ei calm, palid, perfect,
iar sângele a acoperit muzica încet, precaut.

Os bailarinos

Dançávamos na rua, tinham posto
a música alta, ao máximo.
Saltava o sangue dos tímpanos, do nariz.
Corria abundante, quente sobre o peito.
E nós dançávamos, cada vez mais ardente.
Cada vez mais próximos.
Cada vez mais aglomerados na solidão
que nos torcia as respirações
como um lenço, como uma luva.
Só o rosto dela era pálido.
Cada vez mais quente, cada vez mais suado,
agarrei-lhe os dedos e a cinturinha
e com um gesto, fora de mim,
rasguei-lhe o vestido transparente, composto.
Que loucura.
Eis a pele de veludo.
Eis a axila a pôr-se em Dezembro.
Eis o seio iluminado pela
música a cortar em carne viva.
Enfrenta a erecção frenética.
Era de uma beleza eléctrica.
Éramos os bailarinos enregelados da rua,
deslizando no sangue que coagulava e dizia
que ainda estávamos vivos – só mais um pouco, pelo menos um minuto –
dançando connosco.
O meu corpo bailarino
entrou no frio dela calmo, pálido, perfeito,
e o sangue afagou a música lenta e cautelosamente.

GABRIEL CHIFU

oraşul meu

acesta e oraşul meu, numai al meu.
casele, transparente, nu au uşi
iar în fiecare dintre ele mă zăresc pe mine însumi.
merg pe străzi şi străzile sunt vii,
îşi schimbă configuraţia, mă conduc
mereu în altă parte.
ajung pe un pod: malul celălalt nu există,
dincolo de pod nu e nimic.
caut biserica, n-o găsesc –
biserica e lichidă şi curge.
câţiva câini aleargă spre inima sângerândă,
încă palpitând, a unui înger.
nici zi, nici noapte –
doar raza fascinantă a morţii străluceşte.
din slăvi se prăbuşeşte un cuvânt uriaş,
ne face praf şi pulbere
pe mine şi oraşul meu.

(2003)

a minha cidade

esta é a minha cidade, e só minha.
as casas, transparentes, não têm portas
e em cada uma vejo-me a mim próprio.
ando pelas ruas e as ruas são vivas,
mudam de configuração, levam-me
sempre a outro lado.
chego a uma ponte: o outro lado não existe,
do outro lado não há nada.
procuro a igreja, não a encontro –
a igreja é líquida e escorre.
alguns cães correm para o coração a sangrar,
ainda a pulsar, de um anjo.
nem dia, nem noite –
apenas o raio fascinante da morte brilha.
dos céus cai uma palavra gigante,
que nos transforma em pó
a mim e à minha cidade.

(2003)

în oraşul meu nimeni n-a înviat niciodată

în oraşul meu nimeni n-a înviat niciodată.
nu ştim toţi decât să murim.
infinitul n-a intrat în vieţile noastre
precum vântul într-o casă cu geamuri deschise.
nimeni n-a fost în stare să îmbrace
ca pe o cămaşă
cerul cu stele.
zeul n-a curs, aur topit,
prin cuvintele noastre.
minciuni pitice, bani transpiraţi, ulcere,
disperări, coşmaruri.
haite de câini sălbăticiţi
noaptea pe străzi întunecate şi sparte.
munţi tociţi, la nivelul caldarâmului.
inimi cu pânze de păianjen, inimi – şlepuri
încremenite pe dune de nisip.
biserici plecate din propriile lor ziduri.
aici nimeni n-a înviat niciodată.
nimeni nu s-a lăsat răstignit pe cruce.
oraş confiscat, sigilat de moarte.

(2003)

na minha cidade nunca ressuscitou ninguém

na minha cidade nunca ressuscitou ninguém.
todos sabemos apenas morrer.
o infinito não entrou nas nossas vidas
como o vento penetra numa casa de janelas abertas.
ninguém foi capaz de vestir
como uma camisa
o céu estrelado.
deus não espalhou, ouro derretido,
pelas nossas palavras.
mentiras mindinhas, dinheiro suado, úlceras,
desesperos, pesadelos.
matilhas de cães vadios
a noite pelas ruas escuras esburacadas.
montanhas rasas, ao nível do passeio.
corações com teias de aranha, corações – barcaças
petrificadas nas dunas de areia.
igrejas que abandonaram os seus próprios muros.
aqui ninguém ressuscitou nunca.
ninguém se deixou crucificar na cruz.
cidade confiscada, sigilada pela morte.

(2003)

patru elefanți triști trec pe un drum pustiu

patru elefanți triști trec pe un drum pustiu
și cară în spate lumea mea. de fapt
cară în spate o carte uriașă
în care sunt închis eu.
la pagina 2 mă prinde ploaia, înot într-un
râu și poate chiar mă înec.
la pagina următoare mă îndrăgostesc lulea.
un capitol după aceea o părăsesc/ mă părăsește.
la pagina 101 îmi cade din inimă
un vers negru și totul se întunecă,
se face noapte în plină zi.
la pagina 102 biserica e luată de vânt
și se pierde în zare.
la pagina 200..., habar n-am ce se-ntâmplă,
pagina e albă, cartea se scrie
pe măsură ce mă mișc în paginile ei.
patru elefanți adormiți duc în spate
o carte terifiantă și vie
în care sunt întemnițat eu.
patru elefanți triști rătăcesc pe un drum pustiu,
dintr-un vis dilatat, amniotic.

(2003)

quarto elefantes tristes andam por um caminho deserto

quatro elefantes tristes andam por um caminho deserto
e carregam nas suas costas o mundo. aliás
carregam nas costas um livro gigante
em que estou fechado eu.
na página 2 apanha-me a chuva, nado num
rio e talvez até me afogue.
na página seguinte apaixono-me perdidamente.
um capítulo depois deixo-a / deixa-me.
na página 101 cai-me do coração
um verso negro e tudo escurece,
faz-se noite em pleno dia.
na página 102 a igreja é levada pelo vento
e perde-se no horizonte.
na página 200…, não faço ideia o que se passa,
a página está em branco, o livro escreve-se
à medida que me movimento pelas suas páginas.
quatro elefantes adormecidos carregam nas costas
um livro aterrador e vivo
em que estou eu encarcerado.
quatro elefantes tristes andam por um caminho deserto,
de um sonho dilatado, amniótico.

(2003)

papirus

am făcut sul întreg peisajul –
cerul cu nori şi cu câteva stele,
apoi văzduhul prin care tocmai
trecea vântul, tocmai trecea
mirosul liliacului înflorit,
tocmai trecea o umbră.
apoi strada cu biserica din apropiere
şi cu casa mea (ce mă cuprindea şi pe mine,
stând la masă şi citind).
da, am strâns, am rulat
tot universul meu, ca pe un papirus.
iar papirusul astfel dobândit
l-am legat cu o sfoară de cânepă
şi l-am pus deoparte,
la păstrat,
pentru alte vremuri.

(2011)

papiro

enrolei toda a paisagem –
o céu com nuvens e algumas estrelas,
depois o ar por onde justamente
passava o vento, justamente passava
o perfume do lilás em flor,
passava justamente uma sombra.
depois a rua da igreja da proximidade
e a minha casa (que me incluía a mim,
sentado à mesa, a ler).
sim, juntei, enrolei
todo o meu universo, como um papiro.
e o papiro que resultou
atei com uma corda de cânhamo
e guardei-o,
bem guardado,
para outros tempos.

(2011)

unu şi cu unu fac unu

am călătorit cu trenul.
am închiriat o cameră în Buda, pe malul Dunării,
lângă staţia de metrou.
în prima seară, paturile proaste erau depărtate
şi ea a zis să le apropiem.
dar eu nu voiam:
ea era o salcie tânără, prin care trecea vântul,
făcând-o unduitoare şi muzicală,
sute de focuri i se aprinseseră în trup
şi sute de izvoare îi curgeau prin piele,
cum se întâmplă cu o câmpie, primăvara;
pe când eu mă simţeam greoi,
semănam cu un combinat siderurgic
din epoca socialismului triumfător,
o magaoie ruginită şi abandonată,
un hârb care sforăie şi transpiră.
ea însă nu mă vedea astfel şi ţinea morţiş
să apropiem paturile.
până la urmă o sticlă de vin roşu
a topit distanţa dintre noi.
ca în nu ştiu ce film sau ce carte,
ea a zărit în paharul cu vin
un zeu micuţ, cât o libelulă,
care înota disperat, gata-gata
să se înece
şi a băut atentă tot vinul dorind să salveze
zeitatea aceea cât unghia.
şi eu, la fel. repetat, amândoi.
după câteva astfel de seri,
când ne-am întors în oraşul nostru,
am hotărât să ne despărţim, dar n-a mai fost chip:
între timp, ne lipiserăm atât de tare

um mais um faz um

viajei de comboio.
aluguei um quarto em Buda, à beira do Danúbio,
junto a uma estação do metro.
na primeira noite, as camas péssimas estavam afastadas
e ela sugeriu que as aproximássemos.
mas eu não queria:
ela era um salgueiro jovem, por onde passava o vento,
tornando-a ondulante e musical,
centenas de fogos tinham acendido no seu corpo
e centenas de fontes corriam pela sua pele,
como acontece na Primavera, nos campos;
enquanto eu me sentia pesado,
parecia um complexo siderúrgico
da época do socialismo triunfalista,
um mastodonte enferrujado e abandonado,
um caco que ressona e sua.
mas ela não me via assim e insistia
em aproximarmos as camas.
finalmente uma garrafa de vinho tinto
derreteu a distância entre nós.
como num filme ou num livro qualquer,
ela viu no copo de vinho
um deus pequenino, do tamanho duma libélula,
que nadava desesperado, prestes
a afogar-se
e bebeu com cuidado todo o vinho querendo salvar
aquela divindade do tamanho duma unha.
e eu também. repetidamente, os dois.
após algumas noites iguais,
quando regressámos à nossa cidade,
decidimos separar-nos, mas já não havia como:
entretanto tínhamos ficado tão juntinhos

că ar fi fost nevoie să ne taie cu ferăstrăul,
să ne desfacă unul de altul
cu aparatul de sudură.

(2011)

que seria necessário cortarem-nos com uma serra,
ou chamarem o soldador
para que nos separasse um do outro.

(2011)

vecinul meu de peste drum

vecinul meu de peste drum de la Craiova
vinde cârnați.
a câștigat o grămadă de bani din asta și a cumpărat
bucata de pământ pe care și-a ridicat casa.
o casă scumpă și neinspirată.
dar nu despre casă
e vorba aici: ci despre curtea lui,
pe care o udă tot timpul.
nu-l cunosc mai deloc, ne salutăm
și atât, dar
îl trec în poemul acesta
fiindcă toată ziua bună ziua
își udă curtea cu flori. l-am văzut
dimineața în zori făcând asta
și l-am văzut noaptea târziu.
chiar și când ploua
el nu-și abandona îndeletnicirea, ținea calm furtunul și
stropea conștiincios florile,
fără să-i pese de apa venită din cer.
sunt convins că nu citește poezie. și de aceea
nu-l interesează
că poemul acesta a crescut în jurul său
precum schitul în jurul sihastrului,
nu-l interesează
că eu l-am închis definitiv în poemul acesta
ca pe un bănuț de aur.
etern și absurd, el își udă cu strășnicie
curtea. cred că în copilărie a trăit într-un loc
pârjolit de arșiță. și mai cred că într-o noapte
a visat paradisul așa: o curte pe care o ții verde
stropind-o cu furtunul.

o meu vizinho do outro lado da rua

o meu vizinho do outro lado da rua é de Craiova
vende salsichas.
ganhou uma pipa de massa com isso e comprou
o pedaço de terra onde ergueu a sua casa.
uma casa dispendiosa e desinspirada.
mas não é disso
que se trata aqui: é sobre o pátio dele,
que passa o tempo a regar.
ainda mal o conheço, cumprimentamo-nos
e é só, mas
ponho-o neste poema
porque passa o dia de manhã à noite
a regar o pátio com flores. vi-o
fazer isso de madrugada
e vi-o noite dentro.
até quando chovia
não abandonou a sua ocupação, segurava calmo na mangueira e
regava afincadamente as flores,
sem se importar com a água vinda do céu.
tenho a certeza de que não lê poesia. e por isso
tanto lhe faz
que este poema cresceu à volta dele
como a ermida à volta do eremita,
tanto lhe faz
que o fechei definitivamente neste poema
como uma moedinha de ouro.
eterna e absurdamente, ele rega com convicção
o pátio. acho que na infância viveu num sítio
queimado pelo calor. e acho ainda que numa noite
sonhou que o paraíso seria assim: um pátio que se mantém verde
se for regado à mangueira.

iar acum a pătruns cu paşi răsunători în acel vis al său
şi trăieşte netulburat acolo.

(2011)

e agora entrou com passos decididos nesse seu sonho
e vive lá imperturbável.

(2011)

o mie de sclavi aduc noaptea

se aud în depărtare, pe drum.
aşa cum liliputanii îl cărau pe Gulliver,
o mie de sclavi legaţi cu frânghii
trag după ei
un corp întunecat şi rece,
al cărui capăt nu se zăreşte.
pare un munte, dar e o noapte,
o noapte definitivă, grea.
se aude plânsetul celor o mie de sclavi
care aduc noaptea.
se apropie, se apropie,
prin ani.
e inevitabil: vor ajunge aici,
vor răsturna noaptea
chiar în inima mea.
iar noaptea îmi va umple inima:
se potriveşte,
are exact forma inimii mele.

(2015)

mil escravos trazem a noite

ouvem-se ao longe, pelo caminho.
tal como os liliputianos carregavam Gulliver,
mil escravos atados em cordas
carregam
um corpo escuro e frio,
cujo fim não se vislumbra.
parece uma montanha, mas é uma noite,
uma noite definitiva, pesada.
ouve-se o pranto dos mil escravos
que trazem a noite.
aproximam-se, aproximam-se,
pelos anos.
é inevitável: chegarão aqui,
vão despejar a noite
precisamente no meu coração.
e a noite vai encher-me o coração:
cabe perfeitamente,
tem a forma exacta do meu coração.

(2015)

o viziune

deodată, brațele mele încep să curgă.
și picioarele: râuri
croindu-și calea prin munți, prin văi.
și inima însăși, cu sentimentele din ea:
izvor, printre pietre, limpede murmur.
vai, am devenit lichid:
trupul meu tot și gândurile curg.
pe-ntinderea de ape a făpturii mele
acum, cerească, se oglindește steaua,
în valuri raza ei scânteie.
și ca și când n-ar fi îndeajuns
poemele însele, cartea întreagă
de apă se fac, curgătoare se-arată.
iar vântul ciudat de la miezul nopții
muzical învolburează
marea aceasta scrisă.
dar în unde
nimeni nu pătrunde.
și înțelesul versurilor
pururi pierdut rămâne:
de sub lacăt, din adânc de ape,
vai, n-are cum să scape.

(2015)

uma visão

de repente os meus braços começam a derreter.
e as pernas: rios
cortando caminho por entre vales e montanhas.
e o próprio coração, com os seus sentimentos:
fonte, por entre pedras, murmúrio límpido.
ai, tornei-me líquido:
todo o meu corpo e os pensamentos correm.
sobre a extensão de águas do meu ser
espelha-se agora, celestial, a estrela,
o seu raio cintila nas ondas.
e como se não fosse suficiente,
os próprios poemas, o livro inteiro
fazem-se água, tornam-se liquefeitos.
e o vento estranho da meia-noite
perturba musicalmente
esse mar escrito.
mas na onda
ninguém se afunda.
e o sentido dos versos
para sempre será perdido:
encadeado, das profundezas do mar
não tem, ai, como escapar.

(2015)

diferenţa dintre şoarecii de câmp şi cei de munte

erau într-un bar. el a întrebat-o: care e diferenţa dintre
şoarecii de câmp şi cei de munte?
ea a ridicat din umeri şi a zis: n-am idee.
atunci el a lămurit-o: creierul şoarecilor de câmp secretă un
hormon, oxitocină,
care-i face monogami, toată viaţa.
pe când creierul şoarecilor de munte – nu
şi de aceea ei sunt adepţii
legăturilor trecătoare, ai aventurilor de-o noapte.
când a auzit explicaţia, ea a exclamat:
ei bine, eu nu mă simt deloc
şoarece de câmp, ci de munte!
şi eu, a mărturisit el uşurat.
se cunoscuseră în urmă cu aproape un an
şi corespondaseră pe net: numai subiecte decente,
profund intelectuale.
noroc cu şoarecii de câmp şi cei de munte,
aşa au ajuns şi ei
să-şi spună adevărul.
au băut ultimele picături de alcool din paharele
în care gheaţa se topise de mult
şi au urcat în camera de hotel fără să se mai codească.
vântul le şuiera prin inimi,
iar foamea cărnii lor era fără saţiu.
a doua zi dimineaţa
a plecat fiecare spre muntele lui.

(2015)

a diferença entre os ratos do campo e os da montanha

estavam num bar. ele perguntou-lhe: qual é a diferença entre
os ratos do campo e os da montanha?
ela levantou os ombros e disse: não faço ideia.
então ele esclareceu-a: o cérebro dos ratos do campo secreta uma
hormona, oxitocina,
que os torna monógamos, a vida inteira.
enquanto o cérebro dos ratos da montanha – não
e, por isso esses são adeptos
das relações passageiras, das aventuras de uma noite.
quando ouviu a explicação, ela exclamou:
bom, eu então não me sinto nada
como um rato do campo, mas sim da montanha!
eu também, confessou ele aliviado.
tinham-se conhecido quase um ano atrás
e tinham comunicado pela net: apenas assuntos decentes,
profundamente intelectuais.
foi sorte os ratos do campo e os da montanha,
assim tiveram a oportunidade
de dizerem um ao outro a verdade.
beberam as últimas gotas de álcool dos copos
em que o gelo derretera há muito
e subiram ao quarto de hotel sem hesitarem.
o vento sussurrava-lhes no coração,
e a fome da sua carne não tinha limites.
no dia seguinte
partiu cada um para a sua montanha.

(2015)

călătoria, inima, cerul lipit de pământ

ți-am spus cândva hai cu mine să vezi unde am să te duc! și
chiar
pregătisem atent călătoria.
pe atunci inima mea bătea voios muzical
din ea ieșeau melodii
ca dintr-un tonomat în care cineva vâră frenetic monede.
acum habar n-am unde merg
și habar n-am unde am ajuns.
parc-ar fi undeva pe șoseaua fundeni între
pantelimon și colentina sau
la marginea orașului vidin lângă coșmelii și blocuri.
între timp inima a devenit aproape mută
trupul mi-e harcea-parcea
nici nu mai pășesc propriu-zis ci
înaintez de-a bușilea
abia îmi fac loc
cerul s-a lăsat jos
se târâște pe pământ
ca burta unui pește mare și leneș.
harcea-parcea zob împrăștiat pe drum.
inima nu mai știe să cânte
mai mult stă decât bate.
aștept să vină un înger diafan mărinimos
să mă strângă cu fărașul.

a viagem, o coração, o céu colado à terra

disse-te um dia anda comigo vais ver onde te levo! e
tinha mesmo
preparado bem a viagem.
na altura o meu coração batia alegre e musical
dele ressoavam melodias
como duma *jukebox* em que alguém enfia freneticamente as moedas.
hoje não faço ideia onde vou
e não faço ideia onde cheguei.
parece algures na estrada fundeni entre
pantelimon e colentina ou
à beira da cidade de vidin entre barracas e prédios.
entretanto o coração tornou-se quase mudo
o corpo parece um farrapo
já nem dou passos propriamente ditos,
avanço de gatas
mal consigo abrir espaço
o céu desceu
arrasta-se pela terra
como a barriga de um peixe grande e preguiçoso.
um farrapo desfeito espalhado pelo caminho.
o coração já não sabe cantar
mais vezes pára do que bate.
espero que venha um anjo diáfano e generoso
que me apanhe na sua pá.

OCTAVIAN SOVIANY

str. dumbrava nouă, nr. 6

Aş putea să deschid
în camera mea
un muzeu al
deşertăciunii. Mormane
mari de hârtii. Stive de
cărţi. Tabloul bunicului
care a fost ofiţer de
husari într-o
garnizoană de la
marginea vienei
şi a văzut într-o noapte
şobolanii din prater
ieşind din ascunzători.
Urma unei mâini de
femeie pe
peretele cenuşiu.
Sticle în care vinul
s-a făcut gros şi
negru ca smoala.
Scrumiere cu
cenuşa ţigărilor
fumate aici în
ultimii treizeci de
ani. Covorul
care miroase
a praf şi a
bătrâneţe. Hainele mele
azvârlite pe jos
după o noapte
crâncenă de beţie.

rua dumbrava nouă, n.º 6

Poderia abrir
no meu quarto
um museu das
vaidades. Pilhas
grandes de papéis. Resmas de
livros. O retrato do avô
que foi oficial de
hussardos numa
guarnição
nos arrabaldes de viena
e viu numa noite
as ratazanas do prater
a saírem dos esconderijos.
A marca da mão de
uma mulher na
parede cinzenta.
Garrafas em que o vinho
se tornou espesso e
escuro como breu.
Cinzeiros com
a cinza dos cigarros
fumados aqui nos
últimos trinta
anos. O tapete
que cheira
a pó e a
velhice. As minhas roupas
atiradas no chão
após uma noite
de terrível bebedeira.

Întunericul cald
ca o burtă de
şobolan. Şi paznicul care
brusc aprinde
lumina.

A escuridão quente
como a barriga duma
ratazana. E o guarda que
bruscamente liga
a luz.

sâmbătă sau duminică

E sâmbătă sau duminică.
Eu stau pe marginea patului
şi mă uit la
peretele cenuşiu.
Număr
lucrurile pe care
le-au pierdut
oamenii. În ultima
săptămână. În ultimele două,
apoi trei
săptămâni.
Ţin evidenţa
sinucigaşilor.
Cei mai mulţi se omoară
sâmbăta sau duminica.
Mai cu seamă în
duminicile ploioase.
Acum te simt ca pe-o ploaie
tristă şi rece. Eşti apa
care curge pe o vitrină,
sub lumina, puţin obosită,
a unui
felinar galben.
Eşti peretele care
se uită la
mine. Lama de ras
pe care o voi găsi în
ultimul meu pachet de
chesterfield roşu.
Probabil într-o sâmbătă sau
duminică.
Afară

sábado ou domingo

É sábado ou domingo.
Estou à beira da cama
e olho
para a parede cinzenta.
Conto
as coisas que
as pessoas
perderam. Na última
semana. Nas últimas duas,
e depois três
semanas.
Faço a conta
aos suicidas.
A maior parte mata-se
sábado ou domingo.
E sobretudo nos
domingos chuvosos.
Agora sinto-te como uma chuva
triste e fria. És a água
que escorre numa montra,
debaixo da luz, um pouco cansada,
de um
candeeiro amarelo.
És a parede que
olha para
mim. A lâmina de barbear
que vou encontrar no meu
último maço de
chesterfield vermelho.
Provavelmente num sábado ou
num domingo.
Lá fora

s-a făcut noapte.
Patul
pare aşternut cu
cenuşă.
Iar cenuşa e caldă
ca un corp omenesc.

escureceu.
A cama
parece coberta de
cinzas.
E as cinzas são quentes
como um corpo humano.

Stăm la masă toţi trei.
Tu, eu,
iar între noi – timpul,
ca un factor
poştal obosit.
El ne aduce
întunericul seara
şi dimineaţa lumina.
Acum scoate
din geanta lui veche
fotografiile noastre
din copilărie,
le mototoleşte
şi le
aruncă în foc.

Estamos os três à mesa.
Tu, eu,
e entre nós – o tempo,
como um carteiro
cansado.
Ele traz-nos
a escuridão à noite
e de manhã a luz.
Agora tira
da sua pasta gasta
as nossas fotografias
da infância,
amarrota-as
e
deita-as na fogueira.

Ne așteptăm
unul pe celălalt.
Fiecare în altă
stație de
tramvai,
cu
umbrelele desfăcute.
Apa Sâmbetei curge
dinspre mine spre tine,
mohorâtă și
plină de
mâl.
Dar într-o zi vor veni
neputința, bătrânețea și boala.
Goliciunea ta o să semene
cu o peliculă
spălăcită de epocă.
Iar la telefonul meu
o să-ți răspundă
numai ecoul.

Esperamo-nos
um ao outro.
Cada um numa
paragem do
eléctrico,
com
os chapéus-de-chuva desfeitos.
O rio Aqueronte corre
de mim para ti,
tristonho e
cheio de
lama.
Mas um dia virão
a fraqueza, a velhice e a doença.
A tua nudez vai parecer
uma película
desbotada de época.
E do meu telefone
vai responder-te
apenas o eco.

Noaptea,
inima ta
îmi trimite
semnale în morse.
Eşti
bătălia
pe care
n-am câştigat-o,
cartea
pe care
n-am scris-o,
copilul
pe care nu
l-am avut,
grădina
pe care
n-am îngrijit-o.
De fapt
nici nu eşti.
Ca să te văd
foarte limpede
trebuie
să mor mai întâi

À noite,
o teu coração
envia-me
sinais em código morse.
Tu és
a batalha
que
não ganhei,
o livro
que
não escrevi,
o filho
que não
tive,
o jardim
que
não cuidei.
Na realidade
tu nem existes.
Para te ver
muito claramente
tenho
de morrer primeiro

După ce ne iubim
trupul tău
pare în întuneric
o uriașă clepsidră.
Fiecare
picătură de sânge
e un fir de
nisip.
Pustiul se-ntinde
de la răsărit la apus
și de la miazănoapte
la miazăzi.
Moartea
umblă pe acoperiș
ca o
pisică persană-n
călduri.

Depois de fazermos amor
o teu corpo
parece na escuridão
uma enorme ampulheta.
Cada
gota do teu sangue
é um fio de
areia.
O deserto estende-se
do levante ao ocaso
e da meia-noite
ao meio-dia.
A morte
anda no telhado
como um
gato persa
com cio.

au lecteur

Când
vom dispărea
încet-încet
din memoria rudelor.
cititorule,

când pozele noastre
vor deveni
tot mai incerte,
mai spălăcite.
mai galbene,

când nu-și va mai aminti nimeni
de vocile noastre

și vom deveni
iarbă și buruiană

și ne vor paște vacile,
abia atunci, cititorule.

au lecteur

Quando
desparecermos
pouco a pouco
da memória dos familiares,
senhor leitor,

quando as nossas fotos
ficarem
cada vez mais incertas,
mais difusas,
mais amareladas,

quando já ninguém se recordar
das nossas vozes

e formos
relva e ervas daninhas

e as vacas pastarem,
só então, senhor leitor.

oamenii de succes

Oamenii de succes
au în loc de picioare
şenile
şi poartă
pe creştetul capului
o turelă de
tanc.
Iau parte la
work-shopuri
ca o
turmă de
elefanţi
tineri
şi viguroşi,
iar în visele lor
erotice
fac sex cu
america.
Şi n-au avut niciodată
atacuri de panică.
Nu s-au temut niciodată
de Virginia Woolf.

as pessoas de sucesso

As pessoas de sucesso
têm no lugar dos pés
esteiras
e trazem
no cocuruto
uma torre de
tanque de guerra.
Participam em
workshops
como uma
manada de
elefantes
jovens
e potentes,
e nos seus sonhos
eróticos
fazem sexo com
a américa.
E nunca tiveram
ataques de pânico.
Nunca tiveram medo
de Virginia Woolf.

rugăciune

Îndură-te,
Doamne și de
artistul bătrân,
chiar dacă-i
lăcrimează
ochii de băutură,
chiar dacă
se pârțâie uneori
în pantalonii-i
prea largi
și își scarpină-n public
părțile intime
fără rușine.
Dă-i un baston frumos
cu măciulie de-argint
sau (și mai bine)
un scaun cu rotile comod
din care viața se vede
ca un peisaj
de la ecuator, cu
fluturi și
arbori de mango.

prece

Tenha pena,
Senhor, do
velho artista também,
mesmo que lhe
lacrimejem
os olhos de tanto beber,
mesmo que
se descuide às vezes
nas calças
demasiado largas
e coce em público
as partes íntimas
desavergonhadamente.
Dê-lhe uma bengala bonita
com cabo de prata
ou (melhor ainda)
uma cadeira de rodas confortável
de onde se vê a vida
como uma paisagem
do equador, com
borboletas e
mangueiras.

Tocmai
m-am întors din războiul
de o sută de ani.
Am o rană la pântece.
Am niște degete
boante de ucigaș.
Nu-ți aduc
decât un
un pumn de funingine.
Și o să intru în tine
ca într-un muzeu al clepsidrelor.

Acabei
de regressar da guerra
dos cem anos.
Tenho uma ferida no ventre.
Tenho dedos
gastos de assassino.
Trago-te
apenas
um punhado de fuligem.
E vou entrar em ti
como num museu das ampulhetas.

ION MUREŞAN

Poem

Eu, când scriu o poezie
nu mai sunt un om slab şi de nimic.
Când scriu o poezie nu mai sunt un om neajutorat.
Numai ce simt cum se aşază sub mine
un cărucior cu rotile,
brusc sunt proprietarul unui cărucior pentru infirmi,
unul cu roţi nichelate.
Sunt îmbrăcat în haine curate, de sărbătoare şi
în braţe cu un buchet mare de flori
şi cu o păpuşă cu faţa veselă
pornesc, foarte mândru, spre biserica de la colţul străzii.
Pe drum întâlnesc mai mulţi oameni.
Ei mă salută cu compasiune.
– Viaţa are părţile ei luminoase – le spun.
Rugaţi-vă!

Poema

Eu, quando escrevo um poema,
deixo de ser um homem mísero e fraco.
Quando escrevo um poema deixo de ser um homem desamparado.
Sinto de repente debaixo de mim
uma cadeira de rodas,
de repente sou dono duma cadeira para aleijados,
uma com rodas cromadas.
Tenho vestida roupa limpa, de festa e
com um grande ramo de flores nos braços
e uma boneca de cara feliz
caminho, vaidoso, para a igreja da esquina.
Pelo caminho cumprimento as pessoas.
Elas saúdam-me com compaixão.
– A vida tem o seu lado luminoso – digo-lhes.
Rezai!

Amantul bătrân și tânăra doamnă

Am văzut roșu în fața ochilor,
un munte roșu la ieșirea din bar,
căci era frig și aerul umed, un dezastru pentru astmatici.
Cu cât tușeam mai tare, ea tot mai tandru mă ținea de braț,
tandră din cauza frigului.
Iar când m-am liniștit, umblam ca un cocostârc, și
parcă eram cu capul într-un borcan, și
nu prea sigur pe picioare.

Așa înaintam printre băltoace, declamând din Pound,
cât țin minte, cu o mână ridicată în sus, un pic teatral:
"Dacă un bărbat ibovnic
el poate umbla pe malul scit,
nu se va găsi niciun barbar să meargă până-ntr-acolo încât să-l vatăme,
Cupidon o să-i meargă-nainte cu aprinse făclii
și va-nlătura de la călcâiele sale câinii turbați"...
Și ea cu glas de asistentă medicală: "Liniștiți-vă, liniștiți-vă,
o să vă apuce iar tusea!"...

Pe Dumnezeul meu, nu știu de unde au apărut!
Doi de-o parte, doi de alta.
Iar unul cu un arici mov pe cap zice:
"Ați văzut cum o mai pipăia, boșorogul, pe sub masă
și cum o amețea cu prostii din Platon?"
Iar altul, ce părea un copil, mai arțăgos:
"Când mă gândesc că-i suge cu buzele zbârcite
sânișorii ei ca piersica, ptiu, îmi vine să vărs!
Ia, să-i dăm noi la pisicuță lăptic proaspăt!"
Iar cel cu ariciul pe cap:
"Iar lui nenea să-i dăm la gămălie,
că-i vremea să facă nani!",
și-mi arde o palmă.
Iar ea ca o pisică cusută pe mânecă.

O velho amante e a jovem senhora

Fiquei com a vista encarnada,
uma montanha encarnada à saída do bar,
estava frio e o ar húmido, uma catástrofe para asmáticos.
Quanto mais tossia, mais carinhosa me agarrava ela pelo braço,
carinhosa por causa do frio.
E logo que fiquei mais calmo, andava como uma cegonha, e
como se tivesse a cabeça enfiada num frasco, e
não muito seguro das pernas.

Avançava assim por poças de água, declamando Pound,
o pouco que me lembrava, com a mão levantada em jeito teatral:
«Se o amante homem
caminhar nas margens de Cítia,
Não haverá um único bárbaro que ouse magoá-lo,
Cupido irá à frente dele, com tochas acesas
e afastará dos seus calcanhares os cães raivosos»...
E ela com voz de enfermeira: «Acalme-se, acalme-se,
vai começar a tossir outra vez!»...

Por Deus, não sei de onde irromperam!
Dois de um lado, dois do outro.
E um com um ouriço lilás na cabeça diz:
«Já viram o rançoso, a apalpá-la por baixo da mesa
e a encantá-la com parvoíces de Platão?»
E outro, com ar de criança rabugenta:
«Só de pensar como lhe chupa com os lábios gretados
aquelas maminhas como pessequinhos, dá-me vontade de vomitar!
Bora lá, dar leitinho fresco à gatinha!»
E o outro, do ouriço na cabeça:
«E ao vovô, um calduço na carola,
está na hora do oó!»,
e dá-me uma bofetada.
E ela, como um gatinho bordado na manga.

Pe Dumnezeul meu, numai ce am văzut trotuarul cum se mişcă
şi trece deasupra, învelindu-mă ca o pătură umedă.
Iar clădirile cu capu-n jos.
Şi o baltă neagră mi-a căzut ca o pernă peste urechi.
Nani, nani-n câmp cu flori!
Iar când m-am trezit, încercam să mă dezvelesc şi nu puteam.
Şi iar nani, nani-n câmp cu flori şi iar palme
şi ea plângând şi sărutându-mă, învineţită la ochi,
cu buzele muşcate ca de şoareci şi cu rochia ruptă:
"Liniştiţi-vă, liniştiţi-vă, o să vă apuce iar tusea!"
M-am ridicat greu, iar ea şi-a cules chiloţeii roz de lângă gard
şi i-a pus în poşetă.

Acum, la nici 25 de ani, e o doamnă bătrână:
pungi negre sub ochi,
fruntea încreţită, buzele ridate, sânii căzuţi.
Iar eu ce pot să fac, dacă ea şi-a propus să-mbătrânească şi
îmbătrâneşte planificat?
"Din multă iubire – zice – în doi ani o să fiu ca şi dumneavoastră,
să nu vă mai fie ruşine cu mine
seara la bar!"
Şi o fac târfă. Dar şi îngeraş.
Şi ea, cu glas de asistentă medicală:
"Liniştiţi-vă, liniştiţi-vă, o să vă apuce iar tusea!"

Por Deus, já só vi o passeio a mexer-se
e a passar-me por cima, envolvendo-me como um cobertor molhado.
E os prédios de pernas para o ar.
E uma poça escura caiu-me em cima dos ouvidos como uma almofada.
Dorme, dorme, meu menino!
E quando acordei, tentei destapar-me mas não consegui.
E dorme, dorme, meu menino e mais bofetadas,
e ela a chorar e a beijar-me com os olhos pretos,
com os lábios mordidos como que por ratos e com o vestido rasgado:
«Acalme-se, acalme-se, vai começar a tossir outra vez!»
Levantei-me, pesado, e ela recolheu as cuequinhas cor-de-rosa da vedação
e meteu-as na pochete.

Agora, não chega aos 25 anos e já é uma velha senhora:
papos escuros sob os olhos,
testa enrugada, lábios estriados, seios caídos.
E que posso eu fazer, se ela se propôs envelhecer e
envelhece planeadamente?
«Por amor – diz ela – dentro de dois anos serei como você,
e nunca mais terá vergonha de me levar
à noite ao bar!»
Eu chamo-lhe rameira. Mas também anjinha.
E ela, com voz de enfermeira:
«Acalme-se, acalme-se, vai começar a tossir outra vez!»

Sentimentul mării într-o cârciumă mică

Ea stă pe genunchiul lui. La orice mișcare
scaunul țipă sub ei ca un pescăruș.
"Morții ei de viață" – zice el din când în când,
dar bărbatul cu barbă ce șade în fața lor nu aude.
(Cotul pe masă, mâna ca o scoică la ureche.)
Bărbosul aude doar un vuiet de valuri și lin, odată cu masa,
se clatină în bătaia valurilor.

Acum mâna lui se așază grea pe coapsa ei.
Bărbosul se apleacă și scuipă de parcă ar fi băut nisip.
Mâna urcă și urcă. Acum el îi simte cu degetul mare, prin rochie,
pubisul rotund și tare ca un ou de lemn.
"Morții ei de viață" – zice el. Și
"Ești grea, nevastă, treci pe celălalt genunchi!"

Ea se ridică, iar bărbosul o dezbracă cu privirea.
Știe bine că asta face, căci o ustură sânii. De parcă i-ar arde rochia
cu o lampă cu benzină. Apoi degetele aspre
strâng carnea moale dintre coapse. O dată. Și gata.

Bărbosul privește departe. Privește draperia roșie care maschează
intrarea la WC. Când draperia se mișcă, vine un miros greu de alge.
Draperia flutură ca o zdreanță de nor dimineața în larg.
"Morții ei de viață" – zice omul către femeia lui.
 Aude și bărbatul cu barbă. "Soarele nu a răsărit,
soarele nostru încă nu a răsărit" – zice bărbatul.

O sentimento do mar numa taberna pequena

Ela está sentada em cima do seu joelho. A cada movimento
a cadeira guincha sob o peso deles como uma gaivota.
«Puta da vida» – diz ele de quando em vez,
mas o homem de barba sentado à frente deles não ouve.
(De cotovelo na mesa, com a mão em concha no ouvido.)
O barbudo apenas ouve o uivar das ondas e devagarinho, junto com a mesa,
abana-se com o bater das ondas.

Agora a mão dele assenta pesadamente na coxa dela.
O barbudo dobra-se e cospe como se tivesse bebido areia.
A mão sobe mais e mais. Agora sente-lhe com o dedo grande, pelo vestido,
o púbis redondo e duro como um ovo de madeira.
«Puta da vida» – diz ele. E depois
«Estás pesada, mulher, passa para a outra perna!»

Ela levanta-se, o barbudo despe-a com o olhar.
Sente-o, porque lhe ardem os seios. Como se lhe pegasse fogo ao vestido
com uma lamparina a gás. Depois os dedos ásperos
apertam a carne mole entre as coxas. Uma vez. E só.

O barbudo olha para longe. Para a cortina vermelha que esconde
a entrada no WC. Quando a cortina se mexe, vem um cheiro pesado a algas.
A cortina flutua como um farrapo de nuvem matinal ao largo.
«Puta da vida» – diz o homem para a sua mulher.
O homem de barba também o ouve. «O sol ainda não nasceu,
o nosso sol ainda não nasceu» – diz o homem.

La masa de lângă fereastră

Aici la dumneavoastră se plânge şi se fumează mi-nu-nat!
i-am zis barmanului, căci adeseori, la masa de lângă
                                                fereastră,]
târziu în noapte am suspinat,
gândindu-mă că tu eşti departe, departe dragostea mea,
şi că nu o să te mai văd niciodată.

Iar acesta, "faţă unsă cu ulei ca un lacăt de fier",
gâfâia şi sufla în pahar ca să-l aburească:
"Domnule, am fi onoraţi să plângeţi la noi,
am fi onoraţi să fumaţi! Şi ca să plângem împreună,
în cinstea dumneavoastră îmi trag două palme!
În cinstea dumneavoastră îmi mai dau încă una!
Oricum, în cultura română se plânge prea mult,
căci, cu voia dumneavoastră, suntem un popor de plângăcioşi!"
Şi a apus blând capul lui de îngeraş bătrân între pahare –
lună între dealuri ninse.

Iar cârciuma plină ochi: trei-patru bărbaţi la o masă,
cocoşaţi ca bursucii peste scrumiere.
(Feţe strâmbe de durere
şi tăcute ca în vis.)

Apoi a fost miezul nopţii, apoi a trecut de miezul nopţii
şi cocoaşele au început să le tremure în spate, să urce şi să coboare,
de parcă fiecare avea o curcă sub haină
cu ghearele înfipte-ntre coaste. Iar barmanul umbla printre
                                               mese cântând:]
"Dar eu cum să te uit, cum să te uit, cum să te uit
când sărutarea ta este atât de dulce!"

Na mesa junto à janela

Aqui na vossa casa chora-se e fuma-se lin-da-men-te!
disse ao empregado do bar, porque muitas vezes, sentado à mesa junto
à janela,]
choraminguei noite dentro,
a pensar que estás longe, muito longe, meu amor,
e que nunca mais te voltaria a ver.

E ele, «cara gordurosa como um cadeado de ferro»,
soprava ofegante no copo para o embaciar:
«Caro senhor, seria um privilégio tê-lo aqui a chorar,
seria um privilégio tê-lo aqui a fumar! E para chorarmos juntos,
em sua honra vou dar-me dois estalos!
Em sua honra vou dar-me mais um estalo!
Assim como assim, na cultura romena chora-se demais,
pois, com a sua permissão, somos um povo de chorões!»
E a sua cabeça de velho anjo pôs-se lentamente entre os copos –
como a lua entre duas colinas cheias de neve.

E a taberna a abarrotar: três, quatro homens numa mesa,
amontoados como os texugos sobre os cinzeiros.
(Caras torcidas de tanta dor
e caladas como nos sonhos.)

Depois chegou a meia-noite, depois passou da meia-noite
e as bossas começaram a tremer nas suas costas, a subir e a descer,
como se cada um tivesse uma perua debaixo do casaco
com as garras cravadas nas costelas. E o empregado andava por entre
as mesas cantarolando:]
«Como te hei-de esquecer, como te hei-de esquecer, como te hei-de esquecer
quando os teus beijos são tão docinhos!»

Atunci pe sub gulere curcile și-au scos capul, ca
                                                    șerpii,]
steaguri cu ciucuri roșii lângă fiecare ureche, steaguri
                                              hâde, steaguri cu cioc,]
și vaietele treceau ca cerșetorii de la o masă la alta:

"Glu-glu-glu, Maria, de ce m-ai părăsit?
Glu-glu-glu, Maria, de ce m-ai înșelat tu pe mine?
Glu-glu-glu, Maria, pentru tine am înfundat pușcăria!
Glu-glu-glu, Maria, ce mă fac eu cu cinci copii?"

Și fiecare masă
era ca o casă
cu trei-patru hornuri fumegând,
și noi beam cu coatele pe acoperiș.

Iar sub tavan, scârțâind,
pe un ghem sur ventilatorul ne depăna plămânii.

Lacrimi și scrum în scrumiere, apă neagră.

Și cum stam așa cu fața la perete
am început să râd.
Și-am arătat cu degetul în sus și am zis:
"Au încetat lucrările! Au încetat toate lucrările!"
Și ieșind în stradă am privit cerul:
și cerul era ca un șantier părăsit în grabă la venirea iernii.

E nesse instante as cabeças das peruas saíram pelos colarinhos, como
                                                          serpentes,]
bandeiras com borlas encarnadas junto de cada ouvido, bandeiras
                                          horrendas, bandeiras com bicos,]
e as suas lamúrias passavam como os pedintes duma mesa a outra:

«Glu-glu-glu, Maria porque me deixaste?
Glu-glu-glu, Maria, porque me enganaste?
Glu-glu-glu, Maria, por ti fui parar à cadeia!
Glu-glu-glu, Maria, que faço eu com os cinco filhotes?»

E cada mesa
parecia uma casa
com três, quatro chaminés a fumegar,
e nós bebíamos de cotovelos nos telhados.

E debaixo do tecto, guinchando,
em cima dum novelo cinzento a ventoinha desfiava-nos os pulmões.

Lágrimas e cinzas no cinzeiro, água preta.

E como estava assim, de frente para a parede
desatei a rir.
E acenei com o dedo para cima e disse:
«Acabaram as obras! Acabaram todas as obras!»
E saí à rua e olhei para o céu:
e o céu parecia um estaleiro abandonado à pressa com a chegada do
                                                          Inverno.]

Poemul alcoolicilor

Vai, săracii, vai, săracii alcoolici,
cum nu le spune lor nimeni o vorbă bună!
Dar mai ales, mai ales dimineața când merg clătinându-se
                      pe lângă ziduri
și uneori cad în genunchi și-s ca niște litere
scrise de un școlar stângaci.

Numai Dumnezeu, în marea Lui bunătate,
apropie de ei o cârciumă,
căci pentru El e ușor, ca pentru un copil
ce împinge cu degetul o cutie cu chibrituri. Și
numai ce ajung la capătul străzii și de după colț,
de unde înainte nimic nu era, zup, ca un iepure
le sare cârciuma în față și se oprește pe loc.
Atunci o lumină feciorelnică le sclipește în ochi
și transpiră cumplit de atâta fericire.

Și până la amiază orașu-i ca purpura.
Până la amiază de trei ori se face toamnă,
de trei ori se face primăvară,
de trei ori pleacă și vin păsările din țările calde.
Iar ei vorbesc și vorbesc, despre viață. Despre viață,
așa, în general, chiar și alcoolicii tineri se exprimă
                      cu o caldă responsabilitate.
Și chiar dacă se mai bâlbâie și se mai poticnesc,
nu-i din cauză că ar expune idei teribil de profunde,
ci pentru că inspirați de tinerețe
ei reușesc să spună lucruri cu adevărat emoționante.

Dar, Dumnezeu, în marea Lui bunătate, nu se oprește aici!
Imediat face cu degetul o gaură în peretele Raiului
și îi invită pe alcoolici să privească.

O poema dos alcoólicos

Ai, coitadinhos, coitadinhos dos alcoólicos,
ninguém tem nada de bom para lhes dizer!
E sobretudo, sobretudo de manhã quando caminham a cambalear junto
    às vedações
e por vezes caem de joelhos e parecem letras
escritas por um aluno mais acanhado.

Só Deus, na Sua grande bondade,
coloca ao lado uma taberna,
para Ele é fácil, tão fácil como para uma criança
empurrar com o dedo uma caixa de fósforos. E
mal chegam ao fim da rua, por trás da esquina,
onde nada havia dantes, zás, como um coelhinho
salta-lhes a taberna a caminho e lá fica parada.
E então uma luz virginal brilha-lhes nos olhos
e suam terrivelmente de tanta felicidade.

Até à tardinha, toda a cidade se veste de púrpura.
Até à tardinha, faz-se Outono três vezes,
e também se faz três vezes Primavera,
três vezes partem as aves para os países tropicais e três vezes retornam.
E eles falam, falam sem parar, sobre a vida. Sobre a vida,
assim, no geral, e até os alcoólicos mais jovens se exprimem
    com responsabilidade acalorada.
E se se atrapalharem por vezes e gaguejarem,
não será por darem voz a ideias nunca mais vistas,
mas sim porque, na sua juventude,
conseguem dizer coisas verdadeiramente comoventes.

Mas Deus, na Sua grande bondade, não fica por aqui!
Também faz com o dedo um buraco na parede do Paraíso
e convida os alcoólicos a olharem.

(O, unde s-a mai pomenit atâta fericire pe capul unui singur om!)
Şi chiar dacă din cauza tremuratului nu reuşesc să vadă
                    decât un petec de iarbă,
tot e ceva peste fire.
Până când se scoală unul şi strică totul. Şi zice:
"În curând, în curând va veni seara,
atunci ne vom odihni şi vom afla împăcare multă!"
Atunci unul după altul se ridică de la mese,
îşi şterg buzele umede cu batista,
şi le este foarte, foarte ruşine.

(Onde já se viu tanta felicidade em cima dum homem só?!)
E mesmo se por tremerem apenas conseguirem distinguir
                    um pedaço de relva,
já será acima do imaginável.
Até que um deles se levanta e estraga tudo. E diz:
«Em breve, em breve já será noite,
e aí vamos descansar e vamos encontrar paz, muita paz!»
Um após outro, então, levantam-se das mesas,
limpam os lábios molhados com os lenços,
e têm vergonha, imensa vergonha.

Tunelul

Stăteam la masă așteptând chelnerul.
Și eram triști și îngândurați,
căci știam că mult nu mai avem de trăit.
Când, imaginea noastră s-a decupat în peretele dinspre stradă,
Ca și cum, chiar atunci, urgent, ar fi vrut să ne vadă
o privire ce nu suportă refuzul ca și cum
un copil ne-ar fi tăiat conturul cu un fierăstrău mic de traforaj
într-o bucată de scândură.
Apoi, imaginea noastră s-a decupat
în autobuzul care tocmai trecea,
ținându-l pe loc preț de un minut
până a trecut prin el.
Apoi imaginea noastră a perforat clădirea de peste drum,
trecând prin dulapuri și scaune
prin copii și gospodine.
Imaginea noastră stând la masă în așteptarea chelnerului
a trecut ca un tunel prin munții din zare
și a perforat aerul sărat de deasupra mării
și un vapor turcesc și un pește.
Și imaginea noastră a perforat ca un tunel de sticlă
pustiul.
Și mama a simțit o împunsătură în piept,
când imaginea noastră stând la masă așteptând chelnerul
a trecut prin ea
și câinele nostru a lătrat,
și cocoșul pe gard a cântat,
perforat.
Și, încet, anevoie, imaginea noastră a decupat iar orașul
și peretele opus al cârciumii și imaginea noastră
s-a năpustit asupra noastră,
fără noi în ea.

O túnel

Estávamos sentados à mesa à espera do empregado.
E estávamos tristes e pensativos,
sabendo que já não nos restava muito para viver.
Eis quando a nossa imagem se definiu na parede virada para a rua,
Como se, nesse preciso momento, nos quisesse ver com urgência
um olhar que não aceita recusas, como se
uma criança nos tivesse recortado os contornos com uma pequena serra
num pedaço de madeira.
Depois, a nossa imagem destacou-se
do autocarro que acabava de passar,
retendo-o por um minuto
até passar por ele.
Depois, a nossa imagem perfurou o prédio do outro lado da rua,
Passando por armários e cadeiras,
por crianças e donas de casa.
A nossa imagem sentados à mesa à espera do empregado
passou como um túnel pelas montanhas longínquas
e perfurou o ar salgado sobre os mares
e um navio turco e um peixe.
E a nossa imagem perfurou como um túnel de vidro
o menino.
E a mãe sentiu um aperto no peito
quando a nossa imagem sentados à mesa à espera do empregado
passou por ela
e o nosso cão ladrou,
e o galo cantou,
perfurado.
E, lentamente, vagarosa, a nossa imagem voltou a recortar a cidade
e a parede oposta da taberna e a nossa imagem
atirou-se sobre nós,
sem nós dentro dela.

acoperişul

Şi ce a fost de zis, ţi-am zis la timpul potrivit:
că acoperişul casei e spart,
încât noaptea văd de pe pernă stelele,
iar când plouă, plouă şi în farfuriile noastre,
iar când e soare, e soare şi în farfuriile noastre.
Repară acoperişul, repară acoperişul! te-am rugat.
Iar acum vântul l-a smuls,
iar când cerul e negru şi casa noastră e neagră,
iar când cerul e roşu şi casa noastră e roşie,
de nu mai avem un înăuntru al nostru,

şi nu mai avem un afară al nostru

o telhado

O que tinha para dizer, disse-to na devida altura:
que o telhado da casa está partido,
e à noite vejo as estrelas da minha almofada,
e quando chove, chove também nos nossos pratos,
e quando está sol, faz sol também nos nossos pratos.
Vai consertar o telhado, vai consertar o telhado! pedi-te.
E agora o vento arrancou-o,
e quando o céu está preto a nossa casa está preta também,
e quando o céu está encarnado, a nossa casa encarnada está,
e já não temos um cá dentro só nosso,

e já não temos um lá fora só nosso

MAGDA CÂRNECI

1.

Nu mă voi retrage ascetic în India,
   infinitul brownian din degetele mele mă atrage cosmotic
pieţele de homo sapiens de pe toate continentele
   în mutaţie, nu mă vor mai vinde şi cumpăra.
Revin la mine: un germene frenetic în metamorfoză
   într-o pungă cu lichid amniotic largă cât deşertul Sahara
înşurubat în spirala caldă, evolutivă
   purtat de o rază albastră   ţâşnind din iurta mea preistorică
spre chemarea iubitoare, şuşotitoare, din constelaţia Lira

stabilită temporar în oraşul fără circumferinţă –
dar la dracu cu suferinţa, la gunoi cu micul chinuit sentiment

Imi cutreier dezinhibată circumvoluţiunile cerebrale
   – dune şi prăpăstii şi piscuri, o placă de calculator inflamabilă
labirint care gestează luciditate şi miros de bucătărie –
   ţelul meandrelor deocamdată îmi scapă
      îndreptat oare spre punctul Omega ?
Mă aflu peste tot şi nici unde
   mi-au trebuit cîteva ere ca să acced pînă-n ţeastă
ce zgomot de cascadă, ce bătălie explozivă a stelelor
   dar unde e scara de iridiu care mă va înfige în cer ?

Imi întind o dendrită pînă în Kamceatka
   axonii mei au dat de fundul oceanului
Gustul straturilor geologice e picant şi nostalgic
   cel al metropolelor îmi irită papilele electronice
teritoriul natal se resoarbe în neuronii mei nordici
   în timp ce emisfera mea dreaptă începe să emită puternic
înfăşurând simfonic Pământul

1.

Não me vou retirar asceticamente na Índia,
  o infinito browniano dos meus dedos atrai-me cosmoticamente
os mercados de *Homo sapiens* de todos os continentes
  em mutação, não me vão vender e comprar mais.
Retorno em mim: um germe frenético em metamorfose
  num saco com líquido amniótico do tamanho do Saara
filetado na espiral quente, evolutiva
  levado por um raio azul a jorrar da minha iurta pré-histórica
para o chamamento sedutor, sussurrante, da constelação Libra

radicada temporariamente na cidade sem circunferência –
basta de sofrimento, fora o pequeno sentimento forçado

Percorro desinibida as circunvalações cerebrais
  – dunas e precipícios e cumes, uma placa de computador inflamável
um labirinto que gesta lucidez e cheiro a cozinha –
o fim dos meandros por enquanto me escapa
    talvez em direcção ao ponto Ómega?
Estou em todo o lado e em lado nenhum
  precisei de várias eras para aceder até ao crânio
que zunzum de cascata, que batalha explosiva das estrelas
mas onde está a escada de irídio que me vai enfiar no céu?

Estendo uma dendrite até Kamtchatka
  os meus axões atingiram o fundo do mar
O sabor das camadas geológicas é picante e nostálgico
  o das metrópoles irrita-me as papilas electrónicas
o território natal difunde-se nos meus neurónios nórdicos
  enquanto o meu hemisfério direito começa a emitir com força
embrulhando a Terra numa sinfonia

Îmi privesc cortexul pe dinăuntru: o boltă arhaică
   mocnesc acolo geneze ratate, pâlpâie cîteva fisiuni nucleare
     peste o genune străveche, un vaier care nu vrea să tacă
Trebuie să-mi trepanez o fontanelă mai largă
   dureroasă dar universală
prin care să-mi proiectez atenţia unificată spre galaxii
Am nevoie de alte extaze
   nu-mi pasă, las totul în urmă
     mă angajez în escaladare
       cozi de comete îmi atîrnă din gură

Revin la mine, în minte, în oraşul fără frontiere

Vreau să-mi anticipez transformarea
   mă abstrag furios din cotidian
     un taifun informatic curăţă autostrăzile perceptive
Mă conectez la priza multiplă a supraconştientului meu
   vreau să proiectez o auroră boreală pentru un secol
Ea începe să răsară tăcut în mijlocul pieptului
   ca un mugure de lotus roz, virtual
     într-un lac cu lapte cosmic şi tandru

Zorii urcă. Urc şi eu în luciditate
   între tâmplele mele se petrece o resurecţie

Nu mă voi mai retrage în India
   nici în mănăstirile ortodoxe
     Cristos este în mine demult
       şi Allah Mithra Shiva şi Buddha
Gestaţia măruntă s-a terminat
   e timpul irupţiei supramentale
Îmi voi multiplica rizomii imaginali
   în materia cenuşie a micului nostru sistem planetar
Prin carcasa expandată a bătrânului server intergalactic
   îmi voi întinde ludic internetul abundentei mele imaginaţii
     îmi voi reproduce codul genetic în nebuloasele foetale

Olho por dentro do meu córtex: uma abóbada arcaica
    fervilham ali géneses falhadas, palpitam algumas fissuras nucleares
      sobre um abismo ancestral, um gemido que não se quer calar
Tenho de furar uma fontanela mais larga
    dolorosa mas universal
para projectar a minha atenção unificada para as galáxias
Preciso de outros êxtases
    não quero saber, deixo tudo para trás
      inicio a escalada
        caudas de cometas pendem da minha boca

Retorno a mim, na minha mente, na cidade sem fronteiras

Quero antecipar a minha transfiguração
    abstraio-me furiosamente do quotidiano
      um tufão informático limpa as auto-estradas perceptivas
Conecto-me à tomada múltipla do meu supraconsciente
    quero projectar uma aurora boreal por um século
Ela começa a nascer tacitamente no meio do meu peito
    com um rebento de lótus cor-de-rosa, virtual
      num lago com leite cósmico e carinhoso

Sobe a alvorada. Subo eu também na lucidez
    entre as minhas têmporas dá-se uma ressurreição.

Não me vou retirar na Índia
  e nem nos mosteiros ortodoxos
    Cristo está em mim há muito
      e também Alá Mitra Xiva e Buda
A gestação minimalista acabou
    está na altura da irrupção supramental
Vou multiplicar os rizomas imaginários
    na matéria cinzenta do nosso pequeno sistema planetário
Através da carapaça expandida do velho servidor intergaláctico
    vou estender ludicamente a Internet da minha abundante imaginação
      vou reproduzir o meu código genético nas nebulosas etais

2.

Gata cu lamentarea istorică cu mila de sine
   gata cu abisurile infra şi sub conştiente
     mările lor de nămol le sublimez în hiperproduse noetice
Am depăşit cultura larvelor de fluturi lăudători
   în urma mea, o paragină plină de specii expirate
     blocate în carapacea de chitină conceptuală
Am depăşit atavica maree instinctiv-lacrimală
   sunt pe celălalt mal e curat e răcoare
Am ajuns în fine la mine
     un turn înalt peste natură
Sunt în sfânta sfintelor, miezul creierului
   în programul central
mă bălăcesc ca o navetă spaţială beată
   în propriul meu vid neural
Acum e jocul cine-în-cine, care-pe-care
   spuma de mielină vrea în lumea suprareală
sorbul sinapselor aşteaptă un drog nou
   o proteină ilimitantă
Îl voi umple cu constelaţii

Gata cu melancolia organică
   sunt un cyborg rebel un mutant pertinens
mă caut prin buzunare după ceva arhetipuri
   sunt mucede, miros a mumie
Din puţinul noroi ptolemeic rămas în adâncul mitocondriilor
   modelez marioneta cu multe capete a civilizaţiilor uzate
     o înţep cu antene de frecvenţă supersonică

Am s-o sfârtec cu aparatele analitice
   am s-o disec cu fierăstraiele culturale
Am s-o curăţ de toate cheile esoterice
   demonii şi monştrii am să-i scot încetişor cu penseta
     şi am să-i înghit

2.

Já chega de lamento histórico, de pena de si
   chega de abismos infra e subconscientes
     sublimo os seus mares de lama em hiperprodutos noéticos
Ultrapassei a cultura das larvas de borboletas elogiosas
   atrás de mim, uma sucata cheia de espécies fora de prazo
     retidas na carapaça de quitina conceptual
Ultrapassei a atávica maré instintivo-lacrimal
   estou na outra beira está limpo e fresco
Cheguei finalmente a mim
       uma torre alta sobre a natureza
Estou na santa de todas as santas, o cerne do cérebro
   no programa central
banho-me como uma naveta espacial bêbeda
   no meu próprio vácuo neural
Agora é o jogo o elo mais forte, o mais forte ganha
   a espuma de mielina quer estar no mundo surreal
o remoinho das sinapses espera uma droga nova
   uma proteína libertadora
Vou enchê-lo de constelações

Chega de melancolia orgânica
   sou um ciborgue rebelde, um mutante *pertinens*
procuro nos bolsos por quaisquer arquétipos
   estão bolorentos, cheiram a múmia
Da pouca lama ptolemaica que sobrou no fundo das mitocôndrias
   moldo a marioneta com várias cabeças das civilizações usadas
   pico-a com antenas de frequência supersónica

Vou esquartejá-la com aparelhos analíticos
   vou dissecá-la com serras culturais
Vou limpá-la de todas as chaves esotéricas
   vou tirar-lhe os demónios e os monstros devagarinho à pinça
     e vou degluti-los

Avortonul ei virtuos
   îl voi îngropa între sâni, în plexul solar
Voi vedea cohorte fumurii de zei şi animale sălbatice
   ieşind din pădurea întunecată a pubisului meu
aruncându-se în oceanul geometric al minţii
   pulsând ca un cristal viu în expansiune galactică

Mă va durea burta de golul creat
   îmi va fi rău de planeta întreagă
dar din capul meu va ţîşni pînă la astre
laserul iluminării.

3.

În mijlocul oraşului transcircular
citesc un articol de ziar despre petele solare
în căldura amiezei mă bucur de soare
îmi imaginez o clipă cum ar fi să fiu o pată în soare
şi brusc, nu ştiu cum, sunt în soare

   Sunt în mintea mea şi sunt totuşi în soare
   Mintea mea s-a expandat cu cuvântul soare
   Mintea mea s-a unit cu ideea de soare
   Mintea mea s-a transpus în trăirea de soare
   Mintea mea a devenit soare SOARE

Sunt soare şi totuşi sunt minte
traversez magma incendiată, asurzitoare
Sunt minte şi totuşi sunt soare
există aici un punct misterios care coincide în ambele
El are prezenţa intensă la sine a Luminii
şi versatilitatea ei orbitoare
Cu el sar dintr-o realitate în alta
   printr-o răsucire interioară

Enterrarei o seu aborto virtuoso
  entre os seios, no plexo solar
Verei coortes cinzentas de deuses e animais selvagens
  a saírem do bosque escuro do meu púbis
atirando-se ao oceano geométrico da mente
  pulsando como um cristal vivo em expansão galáctica

Vai doer-me o vazio criado na barriga
  vou ter pena de todo o planeta
mas da minha cabeça vai jorrar até aos astros
o laser da iluminação.

3.

No meio da cidade transfronteiriça
leio um artigo de jornal sobre as manchas solares
no calor da tarde gozo o sol
imagino-me como seria por um instante uma mancha solar
e bruscamente, não sei como, já estou no sol

  Estou na minha mente e no entanto estou no sol
  A minha mente expandiu-se com a palavra sol
  A minha mente uniu-se com a ideia de sol
  A minha mente transpôs-se na vida do sol
  A minha mente tornou-se sol SOL

Sou sol e no entanto sou mente
atravesso o magma incandescente, ensurdecedor
Sou mente e no entanto sou sol
existe aqui um ponto misterioso que coincide nos dois
Ele tem a presença intensa em si da Luz
e a sua versatilidade ofuscante
Salto com ele duma realidade para outra
  através duma torção interior

Lumile în punct se întrepătrund visător, coincid
Cu el mă fixez suplu în centrul magnetic al universului

  care e centrul contemplator al sinelui meu
devenit un mic soare

Apoi revin instantaneu pe Pământ.

4.

Nu, nu, nu,
Am terminat-o cu grota sufletului
   pute a vechi şi a frică, a desene rupestre
am rămas prea mult închisă în hazna, vreau să zbor

Dau foc mistreţului ascuns înlăuntru
   îl aud cum geme, cum ţipă
miroase a sacrificiu, îmi place
   dărîm altare, smirnă îmi curge din gură
aud hohote cosmice

Să plecaţi din mine
   jivine de pământ şi de apă
târâtoare, muşcătoare, săpătoare, carnasiere
   vă depun în muzee.
Lăsaţi cale liberă, vine avalanşa minţii eliberate
   un nucleu incandescent cu dimensiuni multi-spirale
     un poliedru scânteietor de lumină trează, ascensională
Scurgeţi-vă în Lună, obsesii, fantasme
n-aveţi decît să hrăniţi subconştientul altor sisteme solare

Iată-mă:
îmi smulg rădăcinile mortuare
  mă degajez de etajele părăginite, inferioare

As luzes no ponto entrelaçam-se sonhadoras, coincidem
Com ele fixo-me delicadamente no centro magnético do universo

que é o centro contemplativo do meu ser
que se tornou num pequeno sol

E depois regresso repentinamente à Terra.

4.

Não, não, não,
Já estou farta da gruta da alma
   fede a velho e a medo, a desenhos rupestres
estive demasiado tempo fechada na fossa, quero voar

Pego fogo ao javali escondido lá dentro
   oiço-o a gemer, a guinchar
cheira a sacrifício, estou a gostar
   derrubo altares, escorre-me mirra da boca
oiço gargalhadas cósmicas

Saiam de dentro de mim
   animais de terra e de água
rastejadores, mordedores, cavadores, carnívoros
   deposito-vos em museus.
Deixem o caminho livre, vem aí a avalanche da mente libertada
   um núcleo incandescente com dimensões multiespiraladas
     um poliedro cintilante de luz desperta, ascendente
Escorram na Lua, obsessões, fantasmas
alimentem à vontade o subconsciente de outros sistemas solares

Eis-me:
arranco as raízes mortuárias
liberto-me dos pisos danificados, inferiores

sunt curată, sunt liberă
îmi desprind dendritele de pe fața Pământului
ard treptele rachetei corporale
sunt strălucitoare, sunt cosmică
mă umplu cu dinamită stelară

Creierul mi-e hartă și catapultă
  prin el mă pregătesc să decolez
    din subsolul imaginarului, din matricea terestră.

5.

Stau cu vîrful picioarelor în sucul gastric
  al străzilor din New York, Paris și New Delhi
Consum toate transmisiunile intercontinentale din clipa aceasta
  beau glucidele tuturor posturilor de televiziune din ora aceasta
Mă delectez cu toată neurologia Pământului
  descărcată în capilarele internautice din cortexul meu
    gravid de o nouă imaginație
Dar eu nu sunt asta, nu sunt asta, nu sunt asta !

Cortexul meu e un vid interstelar
  în care plutesc toate artefactele și exuviile
  toate dejecțiile evoluției mele primare
Mă sufoc de culturi și civilizații
Mă ustură Biblia și Coranul, mă irită Mahabharata
  sar din una în alta, gust câte puțin, mi-e rău de la toate
Nu mai încap în nicio mitologie, în niciun scenariu
  am nevoie de un purgativ total, de un dizolvant radical
Vreau o nouă ficțiune   ultra-cuprinzătoare
Dar oricum eu nu sunt asta, nu mai sunt asta.

Construiesc un rug cu toate credințele
  unele miros a mosc, altele a sânge și scârnă

estou limpa, estou livre
a desprender as dendrites da face da Terra
acendo os degraus do vaivém corporal
sou cintilante, sou cósmico
encho-me de dinamite estelar

O cérebro é-me mapa e catapulta
   através dele preparo-me para descolar
      do subsolo do imaginário, da matriz terrestre.

5.

Fico em bicos dos pés no suco gástrico
   das ruas de Nova Iorque, Paris e Nova Deli
Consumo todas as transmissões intercontinentais desse instante
   bebo os glúcidos de todas as emissoras de televisão dessa hora
Deleito-me com toda a neurologia da Terra
   descarregada nos capilares internéticos do meu córtex
      grávido de uma nova imaginação
Mas eu não sou assim, não sou assim, não sou assim!

O meu córtex é um vácuo interestelar
   onde flutuam todos os artefactos e exúvias
   todas as dejecções da minha evolução primária
Sufoco em culturas e civilizações
Dão-me comichão a Bíblia e o Corão, irrita-me a Mahabharata
   salto de uma para outra, provo um pouco, todas me fazem mal
Já não caibo em nenhuma mitologia, em nenhum cenário
   preciso de um purgativo total, de um dissolvente radical
Quero uma nova ficção ultra-abrangente
Mas de qualquer modo eu não sou assim, já não sou assim.

Construo uma fogueira com todas as crenças
   umas cheiram a almíscar, outras a sangue e a dejectos

Le iubesc pe toate și în același timp le detest
   toate au căzut în moarte clinică, le aud expiind
Arunc peste ele combustibilul
   unei speranțe enorme, nebune
Scânteile ei îmbătătoare îmi calmează jungla neuronală
     hămesită de chimisme noi, postumane
Dar eu nu mai sunt asta, nu mai sunt demult asta.

Îmi scot inima învechită din piept
   inteligența ei transpiră prea animalic, prea natural
Fabulațiile erau forma ei de a palpa orbește un salt
   din soclul terestru spre înafară
o arunc și pe ea în melting-pot-ul ficționalității universale
căci îmi trebuie o inteligență mai vastă

Dar eu nu sunt nimic nimic nimic
din toate astea.

6.

Mă uit din nou la trecut
   un alpinism accidentat, găuri în munte pline cu larve umane,
miriade de victime pe cărările pierdute în ipoteze
   reziduurile lor uitate le transform într-un suc hrănitor
curăț cu limba sacrificii și autodafeuri, mă detașez de dicteul automat
Trebuie să sparg toate seriile, toate tiparele,
   nu mai vreau control extraterestru, nu mai vreau interdicții mundane
     depășesc barierele fantomatice
Mă înalț ușor deasupra agitației planetare
   sunt propriul meu satelit de comunicații eliberat
emit din el iubire și frecvențe armonioase
   primesc și distribui gratuit muzică transcendentală
Mă unesc astfel cu Himalaya și cu toate particulele elementare
   experimentez forma mea post-biologică, asta doare puțin

Amo-as a todas e ao mesmo tempo odeio-as
  todas caíram em morte clínica, oiço-as a expiar
Atiro-lhes para cima o combustível
  de uma esperança enorme, louca
As suas faíscas inebriantes acalmam-me a selva neural
  esfomeada dos nossos químicos, pós-humanos
Mas eu já não sou assim, há muito que já não sou assim.

Arranco o coração fatigado do peito
  a sua inteligência transpira demasiado animalesco, demasiado natural
As suas fabulações eram uma forma de apalpar às cegas um salto
  do pedestal terrestre para fora
atiro-o também para o *melting-pot* da ficcionalidade universal
porque preciso de uma inteligência mais vasta

Mas eu já não sou nada nada nada
disso tudo.

6.

Olho de novo para o passado
  um alpinismo acidentado, buracos na montanha cheios de larvas humanas,
miríades de vítimas nos caminhos perdidos em hipóteses
  transformo os seus resíduos esquecidos num sumo nutritivo
limpo com a língua sacrifícios e autos-de-fé, afasto-me do ditado automático
Tenho de partir todas as séries, todos os moldes,
  já não quero controlo extraterrestre, já não quero interdições mundanas
  ultrapasso barreiras fantasmáticas
Elevo-me levemente sobre a agitação planetária
  sou o meu próprio satélite de comunicações libertado
emito através dele amor e frequências harmoniosas
  recebo e distribuo gratuitamente música transcendental
Uno-me assim com os Himalaias e com todas as partículas elementares
  experimento a minha forma pós-biológica, isso dói um pouco

Holograma mea unduitoare va putea atunci să se unească cu cosmosul
  într-un dans senzual, amoros
Metabolizez ştiinţificul, îl transform în fervoare
Fiecare act al meu este artistic, este religios.

7.

Revin iar în mijlocul minţii şi privesc în toate direcţiile
  e simultan întuneric profund şi o strălucire de revelaţie
Stau într-un film circular proiectat încontinuu de jur împrejur
  sunt proiectorul, sunt filmul şi sunt totuşi la margine
Valuri de culori şi de sunete mă inundă hipnotic
  lumea din înăuntru-înafară dă buzna ca un fluviu
    care vrea să mă înece
Totuşi mă extrag din diluviu, mă concentrez în nacela mentală
  acolo creşte o sferă sidefie de fosforescenţă
Ca un fel de pură, calmă luciditate
  care se priveşte privind.

Înalţ deasupra haosmosului perioscopul axonilor reuniţi
Gândul treaz se gândeşte pe sine gândind
E o îmbăiere de endorfine necunoscute, superioare
Am ajuns   sus sus   în sfârşit în sfârşit
Şi deodată e linişte.

8.

Nu mai vreau limbaj de limbaje
Nu mai vreau metaforă de metafore
Nu mai vreau istorie de istorie de istorii
Nici sentimente de sentimente
Nici idei de idei de idei
Nu mai vreau banalitate crasă, irespirabilă

O meu holograma ondulante poderá então unir-se com o Cosmos
   numa dança sensual, apaixonada
Metabolizo o científico, transformo-o em fervor
Cada acto meu é artístico, é religioso.

7.

Retorno ao meio da minha mente e olho em todas as direcções
   está simultaneamente uma escuridão profunda e uma cintilação reveladora
Estou num filme circular projectado continuamente a toda a volta
   sou o projector, sou o filme e no entanto estou ao lado
Ondas de cores e de sons inundam-me hipnoticamente
   o mundo de dentro-para-fora irrompe como um rio
      que me quer afogar
No entanto extraio-me do dilúvio, concentro-me na nacela mental
   onde cresce uma esfera perlada de fosforescência
Como uma pura, calma lucidez
   que se olha olhando.

Ergo sobre o cosmos o periscópio dos axónios reunidos
O pensamento sóbrio pensa em si próprio a pensar
É um banho de endorfinas desconhecidas, superiores
Cheguei lá   acima acima   finalmente finalmente
E de repente silêncio.

8.

Já não quero linguagem de linguagens
Já não quero metáforas de metáforas
Já não quero histórias de histórias de histórias
Nem sentimentos de sentimentos
Nem ideias de ideias de ideias
Já não quero banalidades crassas, irrespiráveis

Există o înțelegere mult mai vastă
Ea integrează oceanic toate nivelurile
toate posibilitățile, toate contrastele

Există un etaj de deasupra al minții
  la care încă nu există acces
    uneori ajung acolo din întâmplare
Drumul e în fine deschis în imponderabil
din afara Pământului realitatea are
  doar limita meningelor mele
    care trebuie devorate
Bucuria vastă învinge teroarea inimaginabilului

Există o nemărginire a minții
  care lasă în urmă forma umană
    și se delectează cu toată creația

Creierul meu constelat e mai inteligent decât mine

9.

Inteligența nu mai vrea să doarmă, să doară,
  memorii corupte rămân dezmembrate pe maluri
Plasma minții accelerate implodează toate monitoarele
  pe ecranele lor apare un regn delicat, digital
Imaginile înghit existența, o transmută în biți
  biții sunt un narcotic eficace, aseptic,
care deschide ferestre de ferestre în creier
  și înflorește mandale de mandale în cer

Circuitele minții se hrănesc cu energie cosmicizată
Inteligența nu mai vrea să fie organică
  nu mai vrea să sufere, să doară, să moară

Há um entendimento muito mais abrangente
Ele integra oceanicamente todos os níveis
todas as possibilidades, todos os contrastes

Existe um andar acima do piso da mente
  ao qual ainda não há acesso
    por vezes lá chego por acaso
O caminho está finalmente aberto no imponderável
de fora da Terra a realidade tem
  apenas os limites das minhas meninges
    que têm de ser devoradas
A vasta alegria vence o terror do inimaginável

Existe um sem-fim da mente
  que deixa para trás a forma humana
    e se deleita com toda a criação

O meu cérebro constelado é mais inteligente do que eu.

9.

A inteligência já não quer dormir, dormir,
  memórias corruptas jazem desmembradas nas margens
O plasma da mente acelerada implode todos os monitores
  nos seus ecrãs aparece um regno delicado, digital
As imagens engolem a existência, transmudam-na em *bytes*
  os *bytes* são um narcótico eficaz, asséptico,
que abre janelas de janelas no cérebro
  e floresce mandalas de mandalas no céu

Os circuitos da mente alimentam-se de energia cosmicizada
A inteligência já não quer ser orgânica
  já não quer sofrer, doer, morrer

își caută frenetic un suport regenerabil, peren
    ca să-și cloneze dezmărginirea

Viața vrea să depășească Pământul.

10.

Mă întorc în orașul fără limite
    în mijlocul cercului fără circumferință
    și cu centrul multiplicat pulsatil peste tot
Mă trezesc încetișor dintr-o îndelungată torpoare
    care a durat milioane de ani
În dimineața senină, etern orbitoare
    mă privesc atent și nu-mi vine să cred
Capul meu are miliarde de chipuri și un singur gând vast, imens
    are miliarde de guri și o singură șoaptă integratoare:
        Da. Da. Da.   Da. Da. Da.   Da. Da Da.

Inteligența este în sfârșit liberă
    Să fie egală cu universul de universuri
        Să fie asemeni Divinului

Și de fapt știu demult: *Totul e Conștiență*.

procura freneticamente um suporte regenerável, pereno
   para clonar a sua ilimitação

A vida quer ultrapassar a Terra.

10.

Regresso à cidade sem limites
   no meio do círculo sem circunferência
      e com o meio pulsátil multiplicado por todo o lado
Acordo devagarinho de um prolongado torpor
   que durou milhões de anos
Na manhã aberta, eternamente ofuscante
   observo-me atentamente e não consigo acreditar
A minha cabeça tem biliões de rostos e um único pensamento vasto, imenso
   tem biliões de bocas e um único sussurro integrador:
      Sim. Sim. Sim.   Sim. Sim. Sim.   Sim. Sim. Sim.

A inteligência está finalmente livre
   De ser igual com o universo de universos
      De ser como o Divino

Aliás já o sabia há muito: *Tudo é Consciência.*

MATEI VIŞNIEC

Un text cu cheie

Nimeni nu mă auzise strigînd
şi totuşi cinci perechi de braţe s-au întins
                          spre mine
vă doare ceva?
vă simţiţi învăluit în fum?
vi se pare nedreaptă dispariţia dumneavoastră?

ce să răspund?
în cădere cuvintele se amestecară
şi nu mai ascultau de buzele mele
creierul pierduse din înălţime
nu mai stăpînea nici măcar arta
                     contrapunctului
imposibil să mă exprim în aceste condiţii
am încercat doar să-mi agit degetul cel mic
să dau din cap, să închid şi să deschid ochii
să le arăt că devenisem un semn
un text cu cheie
un mesaj
dar ei n-au înţeles mai nimic
în loc să mă citească m-au învăţat pe de rost

Um texto com chave

Ninguém me ouviu gritar
e no entanto cinco pares de braços estenderam-se
                            para mim
dói-lhe alguma coisa?
sente-se envolto em fumo?
parece-lhe injusto o seu desaparecimento?

que vou eu responder?
as palavras misturaram-se na queda
e deixaram de ouvir os meus lábios
o cérebro perdeu em altura
deixou de dominar até a arte do
                            contraponto
impossível exprimir-me nessas condições
tentei apenas agitar o dedo mindinho
abanar a cabeça, fechar e abrir os olhos
mostrar que me tornei num sinal
um texto com chave
uma mensagem
mas eles não perceberam quase nada
em vez de me lerem aprenderam-me de cor

Se petrecea ceva pe cer

Se petrecea ceva pe cer
nu ştia nimeni prea bine ce
omul urcat pe umerii omului urcat pe
        umerii omului urcat pe
        umerii omului
încerca să vadă să înţeleagă să explice
cît de cît întîmplarea
cuvintele sale erau însă
luate de vînt arse de aripile exploziei
răsucite despuiate de sens inversate şi
              fărămiţate
ce-i spunea omul de pe umerii omului
omului de pe umerii omului
ajungea trunchiat neadevărat
ba chiar prosteşte
la omul de pe umerii omului de pe umerii
        omului de pe
        umerii omului
totuşi, oamenii care ţineau pe umerii lor alţi
        oameni
care ţineau pe umerii lor alţi oameni
care ţineau pe umerii lor alţi oameni
notară tot
textul poate fi citit de toată lumea
numai că nimeni nu înţelege nimic

Passava-se algo no céu

Passava-se algo no céu
ninguém sabia muito bem o quê
o homem sentado nos ombros do homem sentado nos
                ombros do homem sentado nos
                ombros do homem
tentava ver perceber e explicar
dentro do possível a ocorrência
mas as suas palavras eram
levadas pelo vento queimadas pelas asas da explosão
torcidas despidas de sentido invertidas e
                            moídas
o que dizia o homem sentado nos ombros do homem
ao homem sentado nos ombros do homem
chegava distorcido falso
e até mesmo estúpido
ao homem sentado nos ombros do homem sentado nos ombros
                          do homem sentado nos
                          ombros do homem
no entanto, os homens que seguravam nos seus ombros outros
                          homens
que seguravam nos seus ombros outros homens
que seguravam nos seus ombros outros homens
apontaram tudo
o texto pode ser lido por todo o mundo
só que ninguém percebe nada

Împreună

Suntem de multă vreme împreună
și împărțim totul pe dindouă
cînd eu spun da ea spune nu
cînd eu spun din două una
ea spune ori, ori
cînd eu mă îndrept spre linia orizontului
ea sapă o fîntînă adîncă
în care poate fi ascunsă toată cîmpia
cînd eu mă pregătesc să plec definitiv
ea tocmai se naște

dar ce contează, important este că suntem
                împreună
eu întind mîna să culeg un melc
ea este însă cea care îl descîntă
din ce-mi spune ea eu înțeleg doar sfîrșitul cuvintelor
din ce-i spun eu ea înțelege doar prima silabă
împreună s-ar rotunji de un tot
dacă nu ne-ar urmări cu atîta sălbăticie
melcul

Juntos

Estamos juntos há muito tempo
e dividimos tudo a dois
quando eu digo sim ela diz não
quando eu digo ou uma ou outra
ela diz ou, ou
quando eu me dirijo para a linha do horizonte
ela cava uma fonte profunda
onde cabe escondido todo o campo
quando eu me preparo para partir definitivamente
ela acaba de nascer

mas o que conta, o importante é que estamos
                              juntos
eu estendo a mão para apanhar um caracol
ela é aquela que lhe lança o feitiço
daquilo que me diz apenas percebo o fim das palavras
daquilo que lhe digo ela percebe apenas a primeira sílaba
juntos seríamos um redondo tudo
se não nos seguisse tão ferozmente
o caracol

O privire profund eronată

Dintr-o eroare adevărul apăru la suprafață
spre stupefacția oamenilor născuți și ei
                dintr-o eroare
timpul inventat dintr-o eroare
se năpusti apoi asupra universului
                    apărut dintr-o eroare

cifra unu
născută din greșeală din cifra zero
începu să comită alte erori
se născu astfel din eroare
cifra doi
eu și ea altfel spus – două erori
                    monumentale
primul nostru sărut fu o eroare atît
                de mare
încît voluptatea nu se mai putu abține
și strigă EROARE EROARE
cuvîntul EROARE
refuză el însuși să mai facă jocul vieții
                  și al morții
orice gîndește creierul este o eroare
spuseră apoi toate cuvintele în cor
chiar și acest poem nu este altceva
decît o privire profund eronată
asupra întîmplării

Um olhar profundamente errado

Por engano a verdade veio à tona
para grande surpresa dos homens nascidos eles também
                          por engano
o tempo inventado por engano
atirou-se depois ao universo
                          criado por engano

o número um
nascido por engano do número zero
começou a cometer outros erros
nasceu assim por engano
o número dois
eu e ela ou dito doutra forma – dois erros
                                    monumentais
o nosso primeiro beijo foi um erro tão
                                grande
que a volúpia não conseguiu abster-se
e gritou ENGANO ENGANO
a palavra ENGANO
recusou ela própria fazer o jogo da vida
                              e da morte
tudo o que o cérebro pensa é um engano
depois disseram todas as palavras em coro
e até este poema não é outra coisa
senão um olhar profundamente errado
sobre o que aconteceu

Magazinul de porţelanuri

Fată frumoasă, cînd mai vii
în magazinul meu de porţelanuri?

tu n-ai cum să ştii dar
de fiecare dată cînd le priveşti
ceştile, farfurioarele şi bibelourile
                    din vitrine
se fisurează brusc
iar de cîte ori le mîngîi cu palmele
după plecarea ta toate se transformă în nisip

dar ce contează oricum
toate se vor face praf într-o zi
aşa că vino, fată frumoasă
mai admiră cîte o vază
mai transformă în pulbere
cîte o oglindă
poţi să intri şi cu licorna ta dacă vrei
nu o mai lăsa în ploaie în faţa
            magazinului meu de porţelanuri
intraţi amîndouă
rugaţi-mă să vă fac un pachet cadou
aruncaţi totul în aer

A loja de porcelanas

Menina bonita, quando volta
à minha loja de porcelanas?

não tem como saber mas
cada vez que olha para elas
as chávenas, os pires e os bibelôs
                         da montra
racham espontaneamente
e cada vez que as acaricio com as mãos
depois da sua partida todas se transformam em areia

mas que importa de qualquer modo
tudo será pó num belo dia
portanto volte, menina bonita
venha admirar um jarro
transformar em pólvora
um espelho
pode entrar com o seu licorne se quiser
não o deixe à chuva à entrada
                 da minha loja de porcelanas
entrem os dois
peçam-me para vos oferecer um embrulho
atirem tudo pelos ares

La masa de lucru

La masa de lucru, un om liniştit
respirînd liniştit, un inventator
de cuvinte liniştite
într-o seară liniştită
la sfîrşitul unui secol liniştit

scriind despre liniştea din univers
omul liniştit nu făcea nici
          un zgomot
ceva însă îi irită pe clienţii
încremeniţi la locurile lor
poate scrîşnetul cuvintelor pe hîrtie
poate urletul absenţei între cuvinte
omul liniştit fu dat afară
în linişte
creierul său explodat pe caldarîm
nu provocă însă
          nici măcar un zvîcnet

Na mesa de trabalho

Na mesa de trabalho, um homem tranquilo
respirando tranquilamente, um inventor
de palavras tranquilas
numa tarde tranquila
no fim de um século tranquilo

ao escrever sobre o silêncio do universo
o homem tranquilo não fazia nenhum
               barulho
mas algo irrita os clientes
petrificados nos seus lugares
talvez seja o ranger das palavras no papel
talvez seja o urro da ausência entre palavras
o homem tranquilo foi expulso
em silêncio
o seu cérebro explodido na calçada
não provoca no entanto
               sequer um latejo

Dezastrul nu mai poate fi oprit

Cel mai mult îmi place cînd scriu poeme
pornind de la cuvîntul nimic
pentru că el, cuvîntul nimic
e sensibil, odată pronunțat
        scos din neant
se aruncă pe foaia albă ca un strigăt
se zbate pînă cînd provoacă
valuri circulare imense în jurul său
mici bărcuțe de hîrtie care plutesc
        pe marea noastră interioară
se tulbură dintr-o dată, iau viteză
se răspîndesc pe întreaga suprafață
        a mării Egee
așa apare civilizația greacă
mai apoi cetățile se luptă între ele
cer ajutorul zeilor, vă jur
cînd cuvîntul nimic începe să-și pună
        întrebări
dezastrul nu mai poate fi oprit

O desastre já não pode ser evitado

O que gosto mais é de escrever poemas
a partir da palavra nada
porque ela, a palavra nada
é sensível, uma vez pronunciada
         retirada no vazio
atira-se para a folha branca como um grito
agita-se até provocar
ondas circulares gigantes à sua volta
pequenos barquinhos de papel que flutuam
         no nosso mar interior
ficam de repente perturbados, aceleram
espalham-se por toda a extensão
         do mar Egeu
assim surge a civilização grega
e depois as cidadelas lutam entre elas
pedem ajuda aos deuses, garanto-vos
quando a palavra nada começa a levantar
         questões
o desastre já não pode ser evitado

O zi stupidă

Farmacia era închisă aşa că m-am întors
la hotel care tocmai luase foc
am urcat la etajul întîi ca să-mi salvez
valiza dar lucrurile mele se făcuseră deja
scrum
pompierii n-au mai încercat să stingă
incendiul am vrut şi eu să fotografiez
flăcările dar telefonul meu mobil
nu mai avea baterie

ce zi stupidă mi-am spus
am întrebat pe cineva unde era gara
dar nu ştia, cînd a început ploaia
nu aveam umbrelă, cînd m-au arestat
pentru perturbarea ordinii devastatoare
mi-am dat seama că nu făcusem nimic
cînd s-a pronunţat sentinţa
judecătorul era absent
am cerut să iau şi eu cuvîntul
dar mi s-a spus că nu mă născusem
                încă

Um dia estúpido

A farmácia estava fechada portanto regressei
ao hotel que tinha acabado de pegar fogo
subi ao primeiro andar para salvar
a mala mas as minhas coisas já estavam feitas
em cinzas
os bombeiros já nem tentaram apagar
o incêndio eu também quis tirar fotos
às chamas mas o meu telemóvel
ficou sem bateria

que dia estúpido pensei
perguntei a alguém onde estava a estação
mas não sabia, quando começou a chuva
não tinha chapéu, quando me prenderam
por perturbar a ordem devastadora
apercebi-me de que não tinha feito nada
quando se deu a sentença
o juiz estava ausente
pedi para falar também
mas disseram-me que não tinha nascido
     ainda

După scenariul prevăzut

Era atît de devreme
încît nici măcar cuvîntul devreme
nu se trezise încă

fiind eu primul ieşit din cochilie urma
să asist la naşterea lumii
îmi era puţin frig dar
ţipătul iniţial mă făcu să tresar

exploziile, incendiile, primele
        întrebări stupefiante
toate mă făcură să mă simt în siguranţă
mi-am aruncat o privire
pe liniile din palmea mea stîngă
da, totul se desfăşura după
scenariul prevăzut

Segundo o guião previsto

Era tão cedo
que nem sequer a palavra cedo
tinha acordado ainda

sendo eu o primeiro a sair da concha iria
assistir à criação do mundo
tinha um pouco de frio mas
o grito inicial fez-me estremecer

as explosões, os incêndios, as primeiras
                    perguntas estupefactas
tudo me fez sentir em segurança
atirei um olhar
para as linhas da minha mão esquerda
sim, tudo estava a acontecer segundo
o guião previsto

Vor spăla chiar şi amintirea ploii

Acum pot pleca totul s-a sfîrşit
                cu bine
actorul a murit pe scenă
spectatorii au murit în sală
teatrul a ars, s-a făcut scrum
pompierii n-au mai venit să stingă
flăcările care oricum erau invizibile

din tot ce s-a spus pe scenă
nu a mai rămas în aer
nici un cuvînt nici un ecou
de trei zile plouă de altfel
deasupra acestei întîmplări
încă puţin şi stropii de ploaie
vor spăla chiar şi amintirea ploii

Até a lembrança da chuva vão lavar

Agora posso partir tudo acabou
                              bem
o actor morreu no palco
os espectadores morreram na sala
o teatro ardeu, ficou em cinzas
os bombeiros já nem vieram apagar
as chamas que já eram invisíveis

de tudo o que se disse no palco
não sobrou no ar
nem uma palavra nem um eco
há três dias que chove aliás
sobre esse acontecimento
mais um pouco e as gotas da chuva
até a lembrança da chuva vão lavar

MIRCEA CĂRTĂRESCU

Nori peste blocul de vizavi

Nu pot mișca acul busolei doar concentrându-mă.
Am încercat. Nu sunt în stare.
Nu pot transmite imaginea unei cărți de joc. Am încercat.
Am vrut să levitez, și stând pe spate în sudoarea patului desfăcut
m-am concentrat jumătate de oră până am simțit că înnebunesc.
Am încercat în metrou să fac o fată să se uite la mine
și firește că nu s-a uitat.
Doamne, nu sunt alesul tău!

Mintea mea nu poate să schimbe lumea.
Nu am destulă dragoste, destulă credință.
Nu am o aură în jurul capului.
Nu mi te-ai arătat și nu mi-ai dat nici un semn.

Pipăi cu degetele mușamaua feței de masă:
ea nu cedează, nu se transformă în aburi roșcați.
Ating buclele fetiței mele:
ele sunt moi și auriu întunecate.
Nimic nu e altfel decât îmi spun simțurile. Nu există iluzia.
Mintea mea e oglinda plană a lumii.

Plană, plată.
Nici o zgârietură.
Nici o viață anterioară, nici o făptură ectoplasmatică.
Nici Agarthi, nici Shambala
nici Maya, cât despre vise
ele sunt doar cosmetice pe nimic.

Privesc în focul aragazului, ca hipnotizat.
Știu că am stat într-un uter.

Nuvens sobre o prédio em frente

Não consigo mexer a agulha da bússola apenas concentrando-me.
Tentei. Não sou capaz.
Não consigo transmitir a imagem de uma carta do baralho. Já tentei.
Quis levitar e deitado no suor da cama desfeita
concentrei-me meia hora até sentir que estava a enlouquecer.
No metro tentei fazer com que uma rapariga olhasse para mim
mas claro que não olhou.
Meu Senhor, não sou o teu eleito!

A minha mente não consegue mudar o mundo.
Não tenho suficiente amor, suficiente fé.
Não tenho uma aura à volta da cabeça.
Não me apareceste e não me deste nenhum sinal.

Apalpo com os dedos a superfície da toalha de mesa:
ela não cede, não se transforma em vapores ruivos.
Toco os caracóis da minha filhota:
são moles de cor dourada escura.
Nada é diferente do que me dizem os sentidos. Não existe ilusão.
A minha mente é o espelho plano do mundo.

Plano, plano.
Nem um único risco.
Nenhuma vida anterior, nenhum ser ectoplasmático.
Nem Agartha, nem Sambala
nem Maia, e quanto aos sonhos
eles são apenas cosméticos sobre nada.

Fico a olhar as chamas do fogão, hipnotizado.
Sei que estive num útero.

Ştiu că voi sta-ntr-un sicriu. Sau voi mânji pământul cu sângele meu.
Nu voi găsi *eu* fisura.
Nu voi întoarce *eu* capul din fotografia de grup.

Sei que vou acabar num caixão. Ou vou manchar a terra com o meu sangue.
Não encontrarei eu a fissura
Não serei eu a virar a cabeça na foto de grupo.

Oh, Natalie...

Pe când eram mult mai tânăr mă îndrăgostisem de Natalie Wood
(chiar și acum cred că dintre toate actrițele
ea merită cel mai mult dragostea mea)
Îmi dau o notă bună
că nu m-am amorezat de B.B. sau, Doamne ferește, de Marilyn.
rușinea asta n-am pățit-o.

Dar Natalie Wood e foarte onorabil.
O iubeam pe Natalie Wood,
ne plimbam serile împreună în zona Tunari-Dorobanți-Dionisie Lupu,
o țineam după umăr iar ea mă ținea după mijloc
mai ales toamna era foarte frumos.
Nu-i păsa că eram în uniformă de liceu.
"Mircea, îmi spunea, Mircea,
ești minunat,
ești tot ce o intelectuală și-ar putea dori."
"Și tu, pisicuțo, ești minunată."
Umblam printre frunzele veștede, nimeni nu ne-nțelegea,
eram prea sensibili, prea diferiți...
"Natalie, îi spuneam,
o, Natalie, Natalie, Natalie
ce frumos este numele tău... știi, Natalie,
acum nu sunt nimic,
pe când tu ești celebră, ai o filmografie în spate,
dar am să muncesc, Natalie, ai să vezi,
am să câștig bani..."

Și serile de toamnă erau așa triste
și ochii mari ai frumoasei mele așa adânci...
Apoi a-nceput să fulguiască
și tramvaiele făceau flacără verde la contactul cu firele ude
trecuseră ani,

Oh, Natalie...

Quando era muito mais novo apaixonei-me pela Natalie Wood
(até hoje considero que dentre todas as actrizes
ela é aquela que mais merece o meu amor)
Dou-me uma boa classificação
por não me ter apaixonado pela B. B. ou, Deus me livre, pela Marilyn.
não passei por essa vergonha.

Mas Natalie Wood é bastante digno.
Amava a Natalie Wood,
passeávamos à tarde juntos na zona Tunari-Dorobanţi-Dionisie Lupu,
segurava-a pelos ombros e ela a mim pela cintura
sobretudo no Outono era muito bonito.
Não lhe fazia diferença que estava na minha farda do liceu.
«Mircea, dizia-me ela, Mircea,
és fantástico,
és tudo o que uma intelectual podia desejar.»
«Tu também, gatinha, és fantástica.»
Passeávamos pelas folhas secas, ninguém nos entendia,
éramos demasiado sensíveis, demasiado diferentes...
«Natalie, dizia-lhe eu,
oh, Natalie, Natalie, Natalie
o teu nome é tão lindo... sabes, Natalie,
eu agora não sou nada,
enquanto tu és famosa, tens toda uma filmografia atrás,
mas eu vou trabalhar, Natalie, vais ver,
vou ganhar dinheiro...»

As tardes de Outono eram tão tristes
e os olhos grandes da minha querida tão profundos...
Depois começou a nevar
e os eléctricos faziam chamas verdes no contacto com os cabos húmidos
passaram anos,

aveam deja glorie, bani și femei
publicasem la Paris și la Chicago
mă mai duceam la "Cantemir" doar din obișnuință, din sentimentalism.
Serile mă aștepta Natalie
la poarta liceului, în minusculul ei Porsche
cu care ne-nvârteam extrem de încet pe strada Profetului pe
                                        caporal Troncea]
și iar pe Viitor.
Țin minte că într-o seară
a oprit mașina lângă trotuar
și-a aprins o țigare în întuneric, și cu vocea ei senzuală
(dar rășușită și îndurerată atunci)

mi-a mărturisit că mă înșelase cu un bărbat. "Mircea, *trebuia,*
trebuia să îți spun,
n-am fi putut continua altfel. Știi,
n-am vrut nici o clipă să mă culc cu Robert
dar e atât de insistent... blonzii ăștia-s cumpliți...
dar crede-mă, Mircea, crede-mă că tot tu rămâi cel mai bun..."
Am iertat-o.
Ce nu se iartă unei depravate
se iartă unei femei superioare.
"Înșală-mă cu fapta, dar nu cu gândul", atât i-am spus.

Apoi am plecat în armată.
La Cristi Teodorescu venea aproape săptămânal Daniela.
La Mera venea actuala lui soție.
Până și lui Romulus i-a venit o dată cineva.
Natalie nu m-a vizitat niciodată.
Duminicile stăteam ca un păcălici la corpul de gardă
și priveam cum alții își sărută iubitele,
cum le apucă mânuțele peste masă...
La curățitul armamentului citeam pe furiș "Cinema",
decupam tot ce era despre ea, despre Ea.

já tinha glória, dinheiro e mulheres
publicara em Paris e Chicago
passava pelo «Cantemir» só por hábito, por sentimentalismo.
À tarde Natalie esperava-me
à porta do liceu no seu *Porsche* minúsculo
com o qual andávamos devagarinho às voltas na rua do Profeta, na
                                        Caporal Troncea]
e de novo na rua do Futuro.
Recordo-me que uma bela noite
parou o carro junto ao passeio
acendeu um cigarro no escuro, e com a sua voz sensual
(mas rouca e triste na altura)

confessou-me que me tinha traído com outro homem. «Mircea, *tinha*,
tinha mesmo de te dizer,
já não conseguia continuar sem te contar. Sabes,
não desejei nem por um segundo dormir com o Robert
mas ele é tão insistente... esses loiros são terríveis...
mas acredita, Mircea, acredita que tu és o melhor...»
Perdoei-lhe.
O que não se perdoa a uma depravada
perdoa-se a uma mulher superior.
«Trai-me com os teus actos, mas não com o pensamento», disse-lhe eu apenas.

Depois fui à tropa.
Cristi Teodorescu recebia quase todas as semanas as visitas da Daniela.
Ao Mera vinha vê-lo a actual esposa.
Até Rómulo recebeu uma vez alguém.
Natalie nunca me veio visitar.
Aos domingos ficava como um palhacito na sala de guarda
a ver os outros a beijarem as suas namoradas,
a darem-se as mãos por cima da mesa...
Na hora de limpar as armas lia o *Cinema* às escondidas,
recortava tudo que vinha sobre ela, sobre Ela.

Zece ani n-am mai știut nimic despre ea. Viața ne-a despărțit.
Când, acum vreo săptămână, căutând benzi de magnetofon,
pe cine văd la "Discul de cristal", pe lângă Lipscani?
Natalie, Natalie era din nou în România!
Dar cât de îmbătrânită... N-am vrut să-i vorbesc
și am plecat înainte să mă vadă (afară o aștepta
spălăcitul de Redford, cu Cadillacul)
Nu, supele reîncălzite sunt fade.
Nu, Natalie,
ai ales, de-acum mergi pe drumul tău.

Și totuși de ce, când m-am întors la vilă,
cele 17 camere mi s-au părut goale?
Prin geamul înghețat mi-am privit multă vreme piscina
în care plutea o frunză moartă...

Durante dez anos não soube nada sobre ela. A vida separou-nos.
Eis quando, há uma semana, ao procurar bobinas de fita magnética,
quem vejo no «Disco de Cristal» junto à Rua Lipscani?
Natalie, Natalie estava de novo na Roménia!
Mas tão envelhecida... Não quis falar com ela
e saí antes que me visse (cá fora esperava-a
o deslavado do Redford, no seu *Cadillac*).
Não, obrigado, as sopas reaquecidas são insonsas.
Não, Natalie,
já fizeste a tua escolha, agora segue o teu caminho.

E no entanto, porque será que quando regressei à mansão,
as 17 divisões me pareceram vazias?
Pela janela gelada fiquei a olhar durante algum tempo a piscina
onde flutuava uma folha morta...

Când ninge, când ninge și ninge...

Dimineți fericite lângă aragaz, privind cum florile de gheață
se moaie încet – dimineți fericite
când zăpada se depune, se depune, se depune
-ntre blocuri. Doamne,
de ce-mi dai tu dimineți fericite? Dimineți fericite
deschizând geamul, înghițind gerul
și privind cum zăpada cade-ntre blocuri. Ar putea fi
Canada, Siberia...

Nimeni nu mă fute la cap.
Mașina mea de scris uguie.
M-am îmbrăcat gros.
Mi-am băut nesul.
Mi-am scris cărțile.
Mi-am trăit viața.
Am aprins aragazul cu bricheta albastră, de plastic transparent.
Am visat ceva, dar nu mai știu ce.

Ce ciudățenie, fulgii zboară în sus, e atâta singurătate,
atâta singurătate fericită mi-ai dat, Dumnezeule,
atâta singurătate, cum în nici o toamnă
oricât de aurie,
cum în nici o vară – iată-mă, un egomaniac
un bărbat singur scriind în bucătăria lui – și nevrând
să iasă pe Colentina-nzăpezită.
Cum trebuie să viscolească acolo – și șinele de tramvai
acoperite de zăpadă, și zăpada suflată iară
de pe fierul lor lucios... Și prin ceața fulguitoare
tramvaiul vine... e singurul lucru care se mișcă
sub rafale, pe Colentina.

Quando neva, quando neva e neva...

Manhãs felizes junto ao fogão, a ver as flores de gelo
a derreter devagarinho – manhãs felizes
quando a neve se estende, se estende, se estende
entre os prédios. Meu Senhor,
porque me dás Tu manhãs felizes? Manhãs felizes
a abrir a janela, a respirar a geada
e a olhar como a neve cai entre os prédios. Poderia ser
no Canadá, na Sibéria...

Ninguém me fode a cabeça.
A minha máquina de escrever guincha.
Vesti roupa quente.
Bebi o *Nescafé*.
Escrevi os meus livros.
Vivi a minha vida.
Acendi o lume com o isqueiro azul, em plástico transparente.
Sonhei algo, mas já não me lembro o quê.

Que coisa estranha, os flocos voam para cima, há tanta solidão,
tanta feliz solidão que me deste, meu Senhor,
tanta solidão, mais que em qualquer Outono
por mais dourado que seja,
mais que em qualquer Verão – aqui estou eu, um egomaníaco
um homem solitário a escrever na sua cozinha – sem querer sair
na Colentina cheia de neve.
Deve haver aí uma tempestade – e os carris do eléctrico
cobertos de neve e a neve a voar de novo
do ferro luzidio... E pelo nevoeiro cheio de flocos
lá vem o eléctrico... é a única coisa a mexer
debaixo das rajadas em Colentina.

Dar aicea sunt singur.
Nu spăl. Nu calc. Nu fac cumpărături.
Nu-mi suflu nasul.
Sunt un bărbat singur, sănătos, odihnit,
acultural, apolitic.
Mi-a crescut părul foarte, foarte lung.
Dar poezia mea e cheală ca Sinead O'Connor
Şi mi se rupe de asta.

Dimineţi de iarnă grea, de februarie nămeţit
de iarnă grea şi fericită, plină de lumină albă.
Dimineţi, seri, nopţi – în care ninge şi ninge şi ninge
şi ninge – şi vântul urlă
prin sistemul de aerisire al blocului, şi ceva
bocăne-n casa liftului.
Mă chinuiam altădată să-mi scriu versurile împănate cu imagini
să le dau o coerenţă, să le ordonez, să le simetrizez
îmi explodau altădată buzele, obrajii şi dinţii
de atâta drog, de atâta halucinaţie.
Şi iată-mă-s: sterp, fericit
egomaniac, mâncând zăpada din ochi. Ah, Doamne,
dăruieşte-mi acest februarie, dăruieşte-mi-l tu!

Fă aia, fă ailaltă – nu mai există.
Gândeşte, simte, imaginează – n-am chef.
Ia-te de piept cu Dumnezeu – vax!
Vax! Mi se rupe de tot.
N-am să trăiesc veşnic.
N-am să dezleg *eu* misterul.
Eu stau aici, la căldură, privind cum ninge.

Iată definiţia mea: stau aici, lângă aragaz
cu fericirea în suflet, privind zăpada – atât cât se vede
prin geamul vălurit – un ins pletos
şi care nu mai vrea decât un singur lucru: să stea aici

Mas aqui estou sozinho.
Não lavo. Não passo a ferro. Não faço compras.
Não me assoo.
Sou um homem sozinho, saudável, descansado,
acultural, apolítico.
Os cabelos cresceram até ficarem muito, muito compridos.
Mas os meus poemas são calvos como Sinéad O'Connor
E estou-me nas tintas.

Manhãs de Inverno difícil, de Fevereiro pleno de neve
de Inverno difícil e feliz, cheio de luz branca.
Manhãs, tardes, noites – em que neva e neva e neva
e neva – e o vento urra
pelo sistema de ar do prédio e um
baque ouve-se na caixa do elevador.
Em tempos esforçava-me para escrever versos carregados de imagens
que tivessem coerência, que fossem ordenados, simétricos
explodiam-me outrora os lábios, o rosto e os dentes
de tanta droga, de tanta alucinação.
Eis-me agora: estéril, feliz,
egomaníaco, a comer a neve com os olhos. Oh, Deus,
oferece-me este Fevereiro, oferece-mo Tu!

Faz isso, faz aquilo – já não há nada disso.
Pensa, sente, imagina – não me apetece.
Vai à luta com Deus – bardamerda!
Bardamerda! Estou-me a borrifar.
Não vou viver para sempre
Não vou ser *eu* a desvendar o mistério.
Eu estou aqui, no quentinho, a ver a neve a cair.

Cá está a minha definição: estou aqui, junto ao fogão
com felicidade na alma, a ver a neve – o que se consegue ver
pelo vidro ondulado – um gajo de cabelo comprido
e que já só quer uma coisa: ficar aqui

lângă aragaz, cu fericirea în suflet, privind zăpada.
Fulgii zboară în sus, apoi şovăie în aerul alb
şi o iau oblic la vale, adânc între blocuri
şi-apoi iar în sus... ce ciudăţenie! ce bizarerie!
Da, ce ciudat, Doamne: sunt singur şi trăiesc dimineţi fericite.

(*Ieri*: am făcut poze pe balcon cu Polaroidul meu: mai întâi Kitty
zâmbind pe fondul ninsorii şi-al blocului jegos de vizavi
apoi Miri – zâmbind pe fondul ninsorii
şi-al blocului jegos de vizavi. Şi ne-am holbat la pătratele
                                                          albe scuipate]
            de aparat până ce imaginile au început să apară, şi după aia
le-am pus pe bibliotecă, lângă lănţişorul meu de aur
şi cu ocazia asta am dat de "Levantul"
şi-am mai citit puţin din el, şi dup-aia ea zice (dar nu mai ştiu ce zicea),
şi eu zic (ce oare i-am zis?), şi afară zăpada cădea şi cădea, şi rufele
                                                 pe sârmă ţepene
pline de puf de zăpadă...
Alaltăieri: am scris un poem idiot, dar în el
era ceva bun: departe în nord

în Rusia, se arcuiau sub nămeţi fluviile Ienisei şi Lena
prin păduri umblau ocnaşi fugari
într-o izbă un tânăr pletos
mânca blinele, şi în obloane izbea crivăţul, era dimineaţă
dar tânărul stătea la lumânare, şi vântul şuierând prin crăpăturile izbei
agita flacăra lumânării, pe când tânărul scria cu pana de gâscă:
"Oh, Nastia,
iubită Nastia, dacă ai şti..." Şi lemnele sparte troznind în sobă
şi faţa tânărului încinsă...
Răsalaltăieri: am fost la şedinţa de consiliu
şi-n timpul şedinţei, pe când se discuta
situaţia revistelor, eu visam
să mai scriu o dată o carte esenţială, să mai stau o dată cu maşina de scris
                                              în braţe, cu Erika
                                                  mea

junto do fogão, com a felicidade na alma, a ver a neve.
Os flocos voam para cima, depois hesitam no ar branco
e descem na diagonal, fundo entre os prédios
e depois sobem outra vez... que coisa estranha! que bizarria!
Mas que coisa estranha, meu Senhor, estou sozinho e vivo manhãs felizes.

(*Ontem*: tirei fotos na varanda com a minha *Polaroid*: primeiro a Kitty
a sorrir tendo como pano de fundo a neve e o prédio sujo do outro lado
depois a Miri – a sorrir tendo como pano de fundo a neve
e o prédio sujo do outro lado. E ficamos a olhar para os quadrados
                                          brancos cuspidos]
        do aparelho até que as imagens começaram a surgir e depois
pusemo-las na estante, ao pé do meu fio de ouro
e por essa ocasião reencontrámos o *Levante*
e lemos mais um pouco dele, e depois ela disse (mas já não me lembro o quê),
e eu disse (que será que lhe disse?) e lá fora a neve caía e caía e a roupa
                                          firme nas cordas
cheia de flocos de neve...
Anteontem: escrevi um poema idiota, mas nele
havia algo bom: longe para o Norte

na Rússia, curvavam-se debaixo da neve os rios Ienissei e Lena
pelas florestas andam presidiários fugitivos
numa cabana um jovem de cabelos compridos
comia *blini*, e nas janelas batia o temporal, era manhã
mas o jovem estava à luz da vela, e o vento sussurrando pelas fendas da cabana
agitava a chama da vela, enquanto o jovem escrevia com a pena de ganso:
«Oh, Nastia,
querida Nastia, se ao menos soubesses...» E a lenha a crepitar na lareira
e a cara do jovem incandescente...
Anteanteontem: fui à reunião do conselho
e durante a reunião, enquanto se discutia
a situação das revistas, eu sonhava
voltar a escrever um livro essencial, voltar a ter a máquina de escrever
                                          ao colo, a minha
                                          Erika

să mă mai înjure bătrânii și puștii, iar cititoarele anonime
profesoare modeste, doctori, pensionari, elevi de liceu
să mă citească sub plapumă, la căldura aerotermei
căscând, ridicând o clipă ochii de pe pagina luminată
ca să privească pe geam lumina mare a zăpezii...
Ce dezamăgiți vor fi de cartea asta,
cartea asta fără poze
cartea asta...)

Dar mi se rupe.
Azi nimeni nu mă fute la cap.
Apartamentul e-al meu.
Liniștea e a mea.
Viața mea e a mea.
Deschid geamul și iau în pumn
zăpadă albă, afânată.
Jos mașinile parcate-s înzăpezite,
lăzile de gunoi înzăpezite,
bătătorul înzăpezit.

De ce-mi dai tu dimineți fericite? Prin ce le merit?
Sunt înfofolit și mi-e cald în februarie troienit – și
                                      sunt singur,]
singur în tot Bucureștiul, poate afară de cei
care îngheață prin stații... sau singur...
și zăpada cade
și aragazul arde cu flacără mică, și sunt liber
și februarie, februarie, februarie
februarie, februarie... dimineți fericite, Doamne, când eu,
un egomaniac, bat la mașină
și mă simt atât, atât de –

ser outra vez insultado por velhos e novos, e as leitoras anónimas
professoras modestas, médicos, reformados, alunos de liceu
que leiam o meu livro debaixo do cobertor, no quentinho do aquecedor
a bocejarem, levantando por um instante os olhos da página iluminada
para verem das janelas a luz grande da neve...
Que desiludidos ficarão com esse livro,
esse livro sem fotos
esse livro...)

Mas estou a borrifar-me.
Hoje ninguém me fode a cabeça.
O apartamento é meu.
O silêncio é meu.
A vida é minha.
Abro a janela e junto um punhado
de neve branca, solta.
Lá em baixo os carros estacionados estão cheios de neve,
os caixotes do lixo estão cheios de neve,
as árvores estão cheias de neve.

Porque me deste manhãs felizes? Porque as mereço?
Estou agasalhado e tenho calor num Fevereiro coberto de neve – e
                                        estou sozinho,]
sozinho em toda a Bucareste, excepto, talvez, aqueles
que enregelam pelas paragens... estou sozinho...
e a neve cai
e o fogão está ligado com chama baixinha e estou livre,
e Fevereiro, Fevereiro, Fevereiro,
Fevereiro, Fevereiro... manhãs felizes, meu Senhor, enquanto eu,
um egomaníaco, escrevo na máquina
e sinto-me tão, mas tão –

BONUS (pentru cititorul care a parcurs acest poem până la capăt):

       când ninge, când ninge
       ninge, ninge, ninge, ninge
       şi ninge, ninge, ninge, n
       inge, ninge, ninge, când nin
       ge, ni
       nge şi ninge, şi ninge ş
       i ninge şi ninge, ninge, ninge, ninge şi
       ninge, când ninge, ninge, ning
       e, ninge şi ninge şi
           ninge şi
             ninge şi
               ninge şi

BÓNUS (para o leitor que percorreu este poema até ao fim):

        quando neva, quando neva
        neva, neva, neva, neva,
        e neva, neva, neva, n
        eva, neva, neva, quando ne
        va, n
        eva e neva e neva e
        neva e neva, neva, neva, neva e
        neva, quando neva, neva, nev
        a, neva e neva e
            neva e
                neva e
                    neva e

Lasă să fie

când mă aflu pe mine în vremuri de necaz
maică-mea Maria vine la mine
spunând vorbe de-nțelepciune: lasă să fie.

s-a dus și Fred Mercury
s-a adăugat străbunilor lui.
Paul McCartney face un fel de fălcuțe.
lui Elton John i-a crescut un cercel.
Dom'Zimmerman, l-am văzut la Iowa City
în concert.
haios.
nu i-aș fi purtat pălăria
nici pentru o mie de lei
(de pomană, mamă soacră, de pomană...)

(cânta treaba aia cu asul de cupă).
Paul Simon face un fel de fălcuțe – să fie ceva în numele Paul?
și cântă despre gagici cu diamante
pe talpa pantofilor.
Zappa – multă minte-i mai trebuie –
i-acum un soi de Kogălniceanu (întorc troleibuzele
în jurul lui, pe când cântă
channa in the bushwop, in the bushwop), ia să vedem,
cine-a mai rămas?

sunt al naibii de deprimat.
maică-mea Maria îmi crește fata.
mai ascult muzică din joi în paște –
ceva Dire Straits e tot ce mai suport.
dar acum zece ani
ascultam Lennon, Lennon mai presus de orice.
Pe când făcusem "Aer cu diamante"

Deixa estar

quando me encontro em momentos difíceis
a minha mãezinha Maria chega-se ao pé de mim
com palavras sábias: deixa estar.

Freddie Mercury lá foi
para junto dos seus ascendentes.
Paul McCartney está a ficar com bochechas.
Elton John deixou crescer um brinco.
Vi Don Zimmerman em concerto
no Iowa City.
engraçado.
não teria posto esse chapéu
nem por mil euros
(nem dado, querida sogra, nem dado…)

(cantava aquela cena do ás de copas).
Paul Simon está a ficar com bochechas – que se passa com o nome Paul?
e canta sobre gajas com diamantes
nas solas dos sapatos.
Zappa – já não bate muito bem da bola –
parece agora uma espécie de rotunda (giram os autocarros
à volta dele, enquanto canta
channa in the bushwop, in the bushwop), vamos lá ver,
sobra alguém?

ando extremamente deprimido.
a minha mãezinha Maria cria a minha filha.
consigo ouvir música lá para as calendas gregas –
ainda aguento um pouco de Dire Straits.
mas há uns dez anos
ouvia Lennon, Lennon acima de tudo.
Quando fizemos «Ar com diamantes»

mă credeam Lennon, dar acum știu:
n-am fost Lennon, ci Ringo,
Ringo, trăgând la măsea într-un bar împuțit
și povestind a milioana oară
cum a fost el un Fab,
deși...

...nici nu mai știe dac-a fost, nu mai ține minte
și puștii fac mișto de el, își dau coate:
"și ia zi, nene Ringo, cum era
când erai mata Fab?", și el nu-și dă seama
și-o ia de la capăt: "Ehe, măi băieți,
păi când eram noi tineri, io cu Johnnie și Georgie
și cu Paul, bă, să vedeți,
cântam noi ce cântam și dup-aia șampanie, caviar
gagicile pe noi grămadă, și să vedeți ce decorații ne-a dat
însăși regina, bă, cu mâna ei..."
iar dracii de puști
îl tot întărâtă: "și cu despărțirea voastră
cum a fost, nene Ringo?"

la fel vorbesc și eu despre Cenaclul de Luni,
de ce-a fost pe-atunci
(eu, slavă Domnului, n-o să fac niciodată fălcuțe),
vorbesc cu puștii din facultate
în barul de la subsol.
"și ce mai scrieți, dom'profesor?", mă-ntreabă.
"nimic", le spun. "măi băieți,
am fost jucător, acum sunt antrenor,
scrieți voi, măi băieți, numai scrieți..."

ha, ha. "sunteți glumeț, dom'profesor!"
"domnule asistent, vă rugăm insistent:
cum ați făcut poza aia pe locomotivă?"
"și vă cenzurau cărțile, cum se spune?
vă scoteau din ele cuvântul țâțe?"

achava-me um Lennon, mas agora sei ao certo:
não fui Lennon, mas sim Ringo,
Ringo, enfrascando-se num bar sórdido
e contando pela milésima vez
como foi ele um dos Fab,
muito embora...

... já nem sabe se foi ou não, já não se recorda
e os miúdos gozam com ele, fazem piadas:
«conte lá tio Ringo, como é que era
quando você era um dos Fab?», e ele não se apercebe
e começa de novo: «Ai, meus meninos,
quando éramos nós novinhos, eu com o Johnny e o Georgie
e o Paul, querem ouvir,
fartávamo-nos de cantar e depois era só champanhe e caviar
e todas as gajas em cima de nós, fora as condecorações que nos deu
a própria da rainha, meus, com a mãozinha dela...»
e os miúdos endiabrados
sempre a picá-lo: «e como foi quando se separaram,
conte lá como foi, tio Ringo?»

eu também falo assim do Clube das Segundas,
e como era naqueles tempos
(mas eu, graças a Deus, nunca vou ficar com bochechas),
falo com a rapaziada da faculdade
no bar da cave.
«e o que anda a escrever, sotor?», perguntam-me.
«nada», respondo-lhes. «meus meninos,
já fui jogador, agora sou treinador,
escrevam vocês, meus meninos, mas escrevam mesmo...»

eh, eh. «o sotor é um brincalhão!»
«senhor assistente, pedimos por favor:
como tirou essa foto em cima da locomotiva?»
«e andavam mesmo a censurar-lhe os livros, como se diz?
retiravam deles a palavra mamas?»

da, mă aflu pe mine în vremuri de necaz
şi nu vine nimeni la mine să-mi spună
vorbe de-nţelepciune –
da, sunt un broken hearted man, şi nu mai e nici o şansă
să-mi zică cineva
vorbe de-nţelepciune: lasă să fie.

l-am văzut şi pe solistul vocal
de la Led Zeppelin (am un lapsus)
gras ca un porc, împingându-şi mereu înainte
sarcina-n luna a noua: looooooove!
Lou Reed ce se ţine mai bine
şi Tom Waits, dar, în fine, Tom Waits…

asta-i, băiete.
în poezie ca şi în sport
o duci o vreme şi nu mai poţi.
corpu-ăsta imbecil se uzează,
creierul se pietrifică.
eu am pornit la maraton ca pe suta de metri
şi acum –

corul tuturor vedetelor, la care se adaugă şi sala:
lasă să fie
lasă să fie
lasă să fie
lasă să fie
va fi un răspuns
lasă să fie

sim, encontro-me em momentos difíceis
e já não há ninguém ao pé de mim a dizer-me
palavras sábias –
sim, sou um broken hearted man e já não há hipótese
que alguém me venha dizer
as palavras sábias: deixa estar.

vi também o solista vocal
dos Led Zeppelin (tenho um lapso)
gordo como um porco, a exibir para a frente
a barrigona de nono mês: looooooove!
Lou Reed é que ainda se mantém rijo
e Tom Waits, mas enfim, Tom Waits...

e é isso, rapaz,
na poesia como no desporto
aguenta-se enquanto se aguenta.
depois este corpo imbecil desgasta-se,
o cérebro petrifica.
eu comecei a maratona como se fossem os cem metros
e agora –

coro de todas as estrelas, às quais se junta o público:
deixa estar
deixa estar
deixa estar
deixa estar
haverá uma resposta
deixa estar

IOAN ES. POP

când eram mic, visam să fiu şi mai mic.
mai mic decât masa, mai mic decât scaunul,
mai mic decât cizmele mari ale tatălui.
cât un cartof, atâta mă visam.
pentru că primăvara pe cartofi îi pu-
neau în pământ şi gata,
până toamna nu-i mai necăjeau.

mă visam în cuib, printre ei,
dormind cu dulceaţă-n întuneric,
întorcându-mă pe-o parte şi pe alta vara
iar apoi căzând din nou în somn.

şi toamna să mă trezesc tot nedormit
şi tot nespălat ca fraţii mei
şi când să dea cu sapa-n noi, să sar deasupra
şi să le strig: nu mai săpaţi, nu mai săpaţi,
căci vin acasă de bunăvoie,
dacă-n primăvară mă puneţi la loc,

şi primăvara să fiu primul pe care
îl aruncă înapoi în cuib
şi tot aşa, să rămân să dorm mereu,
din cuib în pivniţă şi din pivniţă în cuib,
ani mulţi, neîntors şi uitat.

quando eu era pequenino, sonhava ser ainda mais pequeno.
mais pequeno que a mesa, mais pequeno que a cadeira,
mais pequeno que as botas grandes do meu pai.
sonhava ser do tamanho duma batata.
porque na Primavera metiam as ba-
tatas na terra e pronto,
até ao Outono ninguém as chateava.

sonhava estar na toca, entre elas,
a dormir docemente no escuro,
virando-me para um lado e para o outro no Verão
e depois adormecendo novamente.

e no Outono acordava cansado de não dormir
e mal lavado como as minhas irmãs
e quando viessem escavar-nos, saltava para fora
e gritava: parem de cavar, parem de cavar,
eu volto a casa de boa vontade,
desde que na Primavera me ponham aqui outra vez,

e na Primavera seria o primeiro
a ser atirado de volta à toca
e sempre assim, ficar a dormir sossegado,
da toca para a cave e da cave para a toca,
durante muito anos, esquecido e sem me virar.

peste drum de crîşma unde stau şi beau
e biserica. eu şi părintele ne pîndim de mulţi ani.
aş vrea să-l slujesc şi eu pe dumnezeu dar mi-e teamă.
ar vrea şi el să bea cu mine dar n-are curajul.

atunci ridică înspre mine crucea cu mînie
şi mă ameninţă şi atunci ridic şi eu înspre el
halba cu bere şi-l ameninţ
şi bat furios din picioare şi se mînie şi el
şi dă îndărătul ferestrelor din picioare şi mîini.

poate nu ar trebui să vin duminica la birt
chiar de la şapte dimineaţa, el îşi începe
slujba la nouă. dar la şapte, exact la şapte
se furişează şi el în altar şi începem să ne facem semne.

două ceasuri ne pîndim fără-ncetare. cînd începe slujba
nu mai e acelaşi om: le spune alor lui
vorbe întortocheate, saltă vocea, greşeşte predica, se întrerupe
şi în tot răstimpul ăsta dă de mai multe ori fuga-n altar,
ridică perdelele, mă caută şi începe să dănţuiască
şi bate cu crucea-ndrăcit către mine.

ameninţă gata să spargă ferestrele.
şi eu mă înfurii atunci şi mai grozav şi ridic
halba de bere mai sus şi el iar fuge dincolo şi le vorbeşte
credincioşilor, dar nu rezistă prea mult, îşi zice
predica prea degrabă, se grăbeşte să se descotoroseasca
de ei mai devreme, să poată reveni la fereastră.

probabil şi în predică vorbeşte tot de mine şi păcatul meu.
aşa cum eu alor mei le vorbesc în birt mereu de el.
într-o zi vom intra în biserică, cu căpăţînile plecate,
toţi noi ăştia luaţi de soartă şi daţi peste cap
şi părintele o să ne ierte şi-o să ne dea binecuvîntarea.

Do outro lado da tasca onde estou a beber
encontra-se a igreja. eu e o padre perseguimo-nos há anos
eu também queria servir a deus mas tenho medo.
ele também queria beber comigo mas não tem coragem.

então levanta a cruz com raiva
e ameaça-me e eu também levanto na direcção dele
a caneca com cerveja e ameaço-o
e bato furioso com os pés e ele irrita-se
e de trás das janelas agita os pés e os braços.

talvez não deva vir domingo à taberna
logo pelas sete da manhã, ele começa
a missa pelas nove. mas às sete, às sete em ponto
entra sorrateiramente no altar e começamos a acenar um ao outro.

durante duas horas perseguimo-nos sem parar. quando começa a missa
parece outra pessoa: diz aos seus
palavras tortuosas, levanta a voz, engana-se no discurso, interrompe
e durante este tempo todo vai a correr várias vezes para o altar,
levanta as persianas, procura-me e começa a dançar
e a sacudir a cruz como um louco para mim.

ameaça prestes a partir os vidros.
e então eu passo-me ainda mais e levanto
mais alto a caneca de cerveja e ele corre de novo e fala
aos crentes, mas não aguenta muito tempo, celebra
a missa à pressa, está mortinho por se livrar
deles mais cedo, para poder voltar à janela.

provavelmente na missa também fala de mim e do meu pecado.
tal como eu não paro de falar nele aos meus na taberna.
um dia vamos entrar todos na igreja, cabisbaixos,
nós todos os esquecidos da sorte e deitados ao chão
e o padre vai perdoar-nos e vai dar-nos a sua bênção.

o să facem atunci un chef pe cinste, părinte,
întotdeauna plătesc eu, poți bea liniștit,
noi n-avem cui te pîrî. și după aia o să ne mutăm să bem la tine,
o să fie duminică seara tîrziu, n-o să ne vadă nimeni.

dar încetează să mă mai ameninți, mi-e acum atît de frică
de cei ce mă amenință cu viața veșnică, părinte.

e então, padre, vamos fazer uma festa à grande,
sou sempre eu a pagar, pode beber sossegado,
nós não temos a quem fazer queixa de si. e depois vamos à sua casa beber,
será domingo noite dentro, ninguém nos verá.

mas pare de me ameaçar, tenho tanto medo agora
daqueles que me ameaçam com a vida eterna, padre.

glossă

când te fereşti, fereşte-te de tine. nu bea băutura care-ţi face bine. nu mânca nimic din ce îţi place. iubeşte numai ce dispreţuieşti. când e vară îmbracă paltonul. nu visa. du-te la bal ca la spital. stinge ţigarea.

n-avea grijă de ziua de mâine, e tot cea de ieri. bate capul să-nţeleagă fundul. deprinde-te cu nefiinţa, se naşte odată cu tine, e tot a ta. nu dormi. nu te trezi. când nu dormi, stinge-n tine setea de-a fi om. stinge ţigarea când pleci. deplânge doar uşorul, nu şi greul. stinge ţigarea.

adu-ţi aminte că ai dispărut deja ieri. stinge ţigarea mai iute. iartă răul celui care-ţi face bine. pune-ţi-l paznic pe cel ce te fură. râde când îţi sare sângele pe gură. umple cu absenţă locul în care eşti aşteptat. papă lapte. stinge ţigarea. fă-te singur şi străin pentru cel care-ţi cere tovărăşia. dezi-te şi de adevăr, şi de minciună.

ca să nu fii ucis, arată-te gata să mori. stinge ţigarea. disperă speranţa. spune-i lui văr-tu că-mi datorează cinci sute. nu uita că toate s-au făcut în lipsa ta. deci spune-i să-mi aducă banii cel târziu poimâine. deci poţi oricând dispărea.

teme-te de noroc. descoperă-te când eşti gol. acoperă-te când eşti plin. stinge ţigarea. nu te simţi întreg câtă vreme te afli în trup. când dispari, dă erată. bea mult. sau nu bea mult. fumează. sau stinge ţigarea. obişnuieşte-te cu neadevărul adevărat.

glosa

quando te proteges, protege-te de ti próprio. não bebas a bebida que te faz bem. não comas nada daquilo que gostas. ama apenas aquilo que desprezas. no verão veste o sobretudo. não sonhes. vai festejar como se estivesses a chorar. apaga o cigarro.

não te preocupes com o dia de amanhã, será o mesmo que ontem. enfia a carapuça para que te vejam a cabeça. habitua-te ao não ser, nasce contigo, também te pertence. não durmas. não acordes, enquanto não dormes, afaga em ti a sede de ser homem. apaga o cigarro quando partires. queixa-te só do mais fácil, e não do mais difícil. apaga o cigarro.

recorda-te que já desapareceste ontem. apaga o cigarro mais rápido. perdoa o mal àquele que te faz bem. põe como guarda aquele que te rouba. ri-te quando te salta o sangue boca fora. enche com ausência o sítio onde esperam por ti. pisa de mansinho. apaga o cigarro. arma-te em solitário e esquisito com quem te pede amizade. desdiz-te da verdade, e da mentira também.

para que não te matem, mostra-te pronto a morrer. apaga o cigarro. desespera a esperança. diz ao teu primo que me deve quinhentos paus. não te esqueças que tudo foi feito na tua ausência. portanto diz-lhe para me trazer o dinheiro o mais tardar depois de amanhã. portanto podes desaparecer a qualquer momento.

receia a sorte. destapa-te quando estiveres todo nu, tapa-te quando estiveres todo tu. apaga o cigarro. não te sintas inteiro enquanto estiveres no teu corpo. quando desapareceres, põe uma errata. bebe muito, ou não bebas muito. fuma. ou apaga o cigarro. habitua-te com a inverdade verdadeira.

dacă-ți vine să urli, ține-ți țipătul sub glotă până se face dulce ca mierea. leapădă-te de tot ce îți pare că știi. învață să nu știi. luptă pentru contra ta. fă-te că ești mereu altcineva și într-o zi vei chiar fi. stinge țigarea.

ca să nu birui vreodată, aliază-te cu cei slabi. la amiază spune-ți că s-a-ntunecat deja. pe cei ce-ți sunt datori plătește-i să-ți amâne plata. îndulcește ceaiul cu fiere. trage perdelele. stinge țigarea.

acum, că am rămas doar între noi, să recunoaștem că de fapt nu suntem doi. eu sunt nimeni, tu ești nimeni, suntem de o singură ființă. hai, iute, să ne rugăm cu credință.

deci îngenunchează, aprinde-ți țigarea, dă drumul la radio și începe rugăciunea: "este frig, nimeni veghează deasupră-ne, aici încetează emisiunea".

se te apetecer gritar, guarda o grito debaixo da glote, até ficar doce como o mel. larga tudo o que achas que sabes. aprende a não saber. luta a favor do teu contra. finge seres sempre outra pessoa e um dia serás mesmo. apaga o cigarro.

para nunca venceres, alia-te com os mais fracos. ao meio-dia, pensa para contigo que já escureceu. a quem te deve paga-lhes para adiarem que te devolvam. adoça o teu chá com fel. puxa as cortinas. apaga o cigarro.

e agora, só entre nós dois, vamos admitir que de facto não somos dois: eu não sou ninguém, tu não és ninguém, somos de um único ser. vamos lá, rápido, rezar e benzer.

ajoelha, portanto, acende o cigarro, liga o rádio e começa a rezar: «está frio, ninguém vigia sobre nós, a emissão acaba aqui».

dacă n-aş fi fost silit să vorbesc,
n-aş fi vorbit niciodată.
până la şase ani nu mi-au cerut-o
şi a fost bine, pentru că stăteam sub vorbire
ca sub un clopot de fontă perfect ermetic.

ascundeam acolo o ştiinţă
pe care, la şase ani, m-au silit să o pierd.
îl vedeam pe înger nu în somn, ci aievea,
ziua-n amiaza mare,
când realitatea e de netăgăduit.

nu i-am iertat nici pentru faptul că m-au dat la şcoală,
unde a trebuit să vorbesc,
iar mai târziu să mă străduiesc să le seamăn
celorlalţi, care vorbeau de zor
şi dădeau din mâini şi din picioare,
năucindu-mă cu viaţa lor.

chiar şi astăzi vorbesc doar cu spaimă,
pentru că locuiesc tot acolo, sub clopot,
iar vorbirea îmi face rău.
n-am nimic de spus în vorbire umană,
unde totul este întâmplare şi zarvă.

mă prefac însă cu o anume dibăcie
că vorbesc, iar afară se aud
sunete aproape omeneşti,
dar în gâtlej e un muget analfabet şi inform,
care n-are de a face cu vorbitul.

mai rău e însă că ştiinţa tăcerii mele s-a dus,
s-a dus şi îngerul care mi-a stat
la căpătâi până la şase ani,

se não me tivessem forçado a falar,
nunca teria começado.
até aos seis anos não mo pediram
e passei muito bem, porque estava debaixo da fala
como debaixo dum sino em bronze perfeitamente hermético.

ali escondia uma ciência
que, aos seis anos, me forçaram a abandonar.
via o anjo não nos sonhos, mas de verdade,
em plena luz do dia,
quando a realidade é incontestável.

nunca lhes perdoei também por me terem mandado à escola,
onde tive de falar,
e mais tarde tive de me esforçar a ser
como os outros, que falavam pelos cotovelos
e gesticulavam com as mãos e os pés,
deixando-me zonzo com a história da vida deles.

ainda hoje falo, mas a medo,
porque continuo a morar ali, debaixo do sino,
e falar faz-me mal.
nada tenho a dizer em fala humana,
onde tudo é acaso e confusão.

mas disfarço com alguma habilidade
que falo, e cá fora ouvem-se
sons quase humanos,
mas na garganta é só um rugido analfabeto e disforme,
que nada tem a ver com a fala.

o pior, no entanto, é a que a ciência do meu silêncio se foi,
tal como o anjo que ficou
à minha cabeceira até aos seis anos,

s-a dus și omul care putea fi alt om,
tăcând în așa fel încât la capătul
multor ani de muțenie, să poată dezvălui
știința cea mai neiertătoare a științelor,

singura care ar fi putut face moartea mai suportabilă
și mașinile mai îngăduitoare.

foi-se também o homem que podia ser outro homem,
calando-se de tal modo que ao fim
de muitos anos de mutismo teria podido desvendar
a ciência mais implacável das ciências,

a única que tornaria a morte mais fácil de aguentar
e os carros mais tolerantes.

viitorul se micşorează, dar cum am
putea vedea noi asta într-o staţie
uitată de dumnezeu, din care n-avem
cum şti când va porni tramvaiul,
dacă nu avem habar când va sosi.

lasă că nici în aeroport nu-i mai bine,
căci avioanele nu mai aterizează la timp,
aşa că unii aşteaptă cu zilele ca să plece,
mai ales acum, de sărbători.

şi în timp ce noi dârdâim în staţie,
aşteptând nenorocitul de tramvai,
auzim că la nici zece de metri după colţ
tocmai a trecut autobuzul,

dar dacă alergăm acolo şi ne punem
să îl aşteptăm pe următorul
precis aici va sosi în sfârşit tramvaiul,
blestematul nostru de tramvai.

o futuro mingua, mas como havemos
nós de reparar nisso numa paragem
esquecida por deus, onde nem sequer
temos como saber quando vai sair o eléctrico,
se não temos ideia de quando vai chegar.

deixem lá que no aeroporto não se está melhor,
porque os aviões já não aterram a horas,
e então muitos esperam dias a fio para partir,
sobretudo agora, na época festiva.

e enquanto enregelamos na paragem,
à espera daquele maldito eléctrico,
ouvimos a menos de dez metros atrás da esquina
acabou de passar o autocarro,

mas se formos a correr para lá
à espera do próximo
claro que aqui chegará finalmente o eléctrico,
o nosso maldito eléctrico.

12 octombrie 1992

sînt un bărbat singur. nu-i nici o mîndrie în asta. doar sînt
hoarde de nefericiți care umblă și caută
alți nefericiți – numai că între nefericiți și nefericiți
sînt mari praguri de nefericire,

unii au bani mulți, alții au speranțe
deșarte – nu există doar nefericiți
de-un singur fel.

iar cînd, totuși, se unesc,
nefericiții fac revoluții, după care
li se ia totul.

12 de Outubro de 1992

sou um homem solteiro. não tenho orgulho nisso. há por aí
multidões de infelizes que procuram e encontram
outros infelizes – só que entre uns infelizes e os outros infelizes
há grandes patamares de infelicidade,

uns têm muito dinheiro, outros têm esperanças
em vão – não há infelizes apenas
de uma única espécie.

e quando, finalmente, se juntam,
os infelizes fazem revoluções, e depois
tiram-lhes tudo.

arta fricii

știu de ce nu mai bate aproape nimeni
la geamul revelației: îndărătul lui,
timpul se înjumătățește, iar cutremurarea
se dublează. de asta m-am străduit să deprind
aspra artă a fricii, la care, cu totul,
am lucrat cincizeci de ani.

cu un pic mai multă atenție,
aș fi putut-o ocoli încă de la început,
ba chiar aș fi putut s-o batjocoresc,
dacă n-aș fi presimțit grozava ei încărcătură,
care m-a ținut în viață numai și numai
ca s-o întrețin și s-o slujesc.

singurul lucru care mișcă
în casa unde stau este un ceas.
când uit să-i schimb bateria, se oprește
și toată dimineața următoare umblu bezmetic
după o baterie nouă, care să-l repornească
și ce fericire s-o găsesc înainte de asfințit!

și cu toate că patul în care cad apoi
geme de oboseală și se micșorează
și ar dormi singur măcar o noapte,
eu încă fac lucrul nedrept de a-l zdrobi
sub greutatea mea, nădăjduind
că am învățat până acum toată aspra artă a fricii.

a arte do medo

sei porque já quase ninguém bate
à janela da revelação: por detrás dela,
o tempo diminui para metade, e os tremores
duplicam. por isso é que me esforcei por aprender
a dura arte do medo, na qual, contas feitas,
trabalhei cinquenta anos.

com mais um pouco de atenção,
teria conseguido evitá-lo logo desde o início,
até podia ter gozado com ele,
se não tivesse pressentido a sua terrível carga,
que me manteve em vida apenas e só
para o alimentar e servir.

a única coisa que mexe
na casa onde moro é um relógio.
quando me esqueço de lhe trocar a pilha, pára
e toda a manhã seguinte ando às voltas
à procura de uma pilha nova que o ponha a trabalhar
e que felicidade quando a encontro antes do anoitecer!

e apesar de a cama onde caio de seguida
gemer de cansaço e parecer encolher
e dormiria sozinha pelo menos uma noite,
eu continuo a cometer a injustiça de a esmagar
debaixo do meu peso, esperançado
de que já aprendi toda a dura arte do medo.

până mai ieri, marile frici îmi luau minţile
şi îmi dădeau puteri care azi s-au sleit.
pentru că acum nici fricile nu mai sunt ce au fost,
iar când prind cheag, îmi par adevărate locuri de odihnă.

dacă una dintre ele nu mă întâmpină când mă trezesc,
o frică şi mai mare mă anunţă
că frica odihnitoare din ultima vreme
fie mi-a întors spatele, fie s-a stins,
ca o supernovă căreia i s-au terminat bateriile.

ca să pot merge mai departe, mi-ar trebui o spaimă proaspătă
şi brutală ca a sălbaticului care-n miez de noapte
se trezeşte pe jumătate mâncat de fiare
şi pe jumătate mistuit de zei. în faţa unei asemenea spaime,

frica de moarte ar păli ca o durere de stomac
în faţa unui cancer galopant
şi oare cel care ar ajunge să o dobândească
n-ar lua foc de îndată? n-ar îngheţa pe loc?

cum spuneam, cândva a fost altfel. acum
fostele frici sunt adevăratele mele
locuri de odihnă.

ainda ontem, os grandes medos deixavam-me louco
e davam-me forças que hoje pereceram.
porque hoje já nem os medos são o que eram,
e quando surgem, parecem-me verdadeiros refúgios de repouso.

se um deles não me acolhe na altura de acordar,
outro medo ainda maior avisa-me
que o medo relaxante dos últimos tempos
ou me virou costas, ou se apagou,
como uma supernova que ficou sem pilhas.

para poder ir para a frente, precisaria de um medo fresquinho
e brutal como o do selvagem que a meio da noite
acorda meio comido pelas feras
e meio consumido pelos deuses. perante semelhante medo,

o medo de morrer sumiria como uma dor de estômago
perante um cancro galopante
e não será que aquele que receberia o medo
pegaria logo fogo? não congelaria instantaneamente?

como estava a dizer, em tempos era diferente, agora
os antigos medos são os meus verdadeiros
refúgios de repouso.

când ați dat mâna cu el, nu ați simțit
că avea mâna mai rece decât a noastră a tuturor?
de unde venea? de unde putea să aibă
acea mână mai rece decât a oricărui muritor?
din iad, am zis toți, din iad, dar el a zis
nu din iad, nu din iad, ci mai de jos.
atunci iartă-ne, iartă-ne, iartă-ne
pe noi pe toți.

quando lhe apertaram a mão, não sentiram
que tinha a mão mais fria do que todos nós?
de onde vinha? de onde podia vir
aquela mão mais fria do que a de qualquer mortal?
do inferno, respondemos todos, do inferno, mas ele disse
não do inferno, do inferno não, de muito abaixo.
então perdoe-nos, perdoe-nos, perdoe-nos
a todos nós.

pe cornițele mele de miel:
când m-a răpus măcelarul, aveam două luni, dar nu, deși a durut așa
cum trebuie să-i doară și pe ai lui, am țipat doar câteva secunde.

apoi, însă, m-am simțit plin de importanță, pentru că la ei veneau
paștele, dar m-am simțit și mai important când m-au pus pe cel mai
înalt raft al frigiderului.

mai apoi însă, m-am gândit din nou: bine, dar oare eu nu merit mai
mult? pe mine de ce nu mă pun în congelator, unde cărnurile stau cu
lunile, de par aproape nemuritoare?

măi, să fie, înseamnă că eu sunt doar așa, de-o singură mâncare. frații
mei, așa se va întâmpla și cu voi? cum ar fi ca de la anul cei ca noi să
nu se mai nască, să rămână în oi?

nene păstorule, când oamenii or să învie, or să învie și mieii? și, dacă
da, cu ce-i vei hrăni pe toți cei care nu vor mai muri?

pelos meus corninhos de cordeiro:
quando o homem do talho me abateu, tinha eu dois meses, mas não, embora tenha doído como deve doer aos seus também, não gritei mais de alguns segundos.

mas depois, senti-me cheio de importância, porque estavam em véspera da Páscoa, e senti-me ainda mais importante quando me colocaram na prateleira mais alta do frigorífico.

mais tarde um pouco, pensei novamente: OK, mas será que não mereço melhor? a mim porque não me metem no congelador, onde ficam as carnes meses a fios, a roçarem a imortalidade?

caramba, isso quer dizer que eu vou servir apenas para uma refeição, meus irmãos, é isso que vos espera também? como seria se a partir do ano que vem aqueles como nós deixassem de nascer e ficassem nas barrigas das ovelhas?

senhor pastor, quando os homens ressuscitarem, será que vão ressuscitar também os carneiros? e, se sim, com que é que vai alimentar todos aqueles que vão deixar de morrer?

LUCIAN VASILESCU

eu lucrez în ascuns la o pasăre. la o pasăre târâtoare.
subpământeană.
o pasăre fără aripi şi fără picioare.
care nu cântă. care nu zboară.
care nu ştie că mai sus de pământ
mai este o lume. că există afară.

o pasăre pământie, cu creastă albastră.
ea este pasărea aceea, măiastră.
la care lucrez în ascuns. ea visează cum cântă
şi visează cum zboară.
şi din visele ei se face, uneori, primăvară.
în lumea despre care nu ştie nimic. în lumea
de-afară. cu fluturi, cu flori şi cu triluri.
cu dragoste, cu despărţiri, cu bibiluri. despre care
pasărea mea pământie visează cum cântă,
visează să ştie. visează cum zboară.

dar din pământ doar pământul se vede-n afară.

eu trabalho às escondidas num pássaro. num pássaro rastejante
debaixo da terra.
um pássaro sem asas nem pernas andantes.
que não canta. que não voa.
que não sabe que acima da terra
há outro mundo. que existe cá fora.

um pássaro castanho, de crista azulada.
é aquela grande ave encantada.
em que trabalho às escondidas, ele sonha como canta
e sonha como voa.
e dos seus sonhos nasce, por vezes, a Primavera.
no mundo sobre o qual nada sabe. no mundo
cá fora. com borboletas, com flores e trinados.
com amores, despedidas, com bordados, sobre os quais
o meu pássaro castanho sonha como canta,
sonha que sabe. sonha como voa.

mas da terra só a terra se vê cá fora.

când a început, viața mea a început de sus. ca o
                                   promisiune. ca un răsărit]
de soare la apus. zeii, congestionați la față, suflau în
                                   goarne. în parcări,]
toate mașinile cântau în cor, din alarme.

când eram eu mic, țara mea era mare. se întindea de la
                                   mine și până hăt,]
la hotare. unde avea vecini – niște oameni care vorbeau altă limbă,
                                   niște străini.]

cu cât creșteam, țara mea se făcea tot mai mică. într-o vreme,
                                   ea se întindea]
de la mine și încă puțin după strada mea. unde avea
                                   vecini – niște oameni]
care vorbeau altă limbă, niște străini.

acum, la șaizeci de ani, țara mea s-a boțit de tot și-a încăput, toată, în mine.
se întinde de la cap la picioare și are unghii la hotare. acum e fericită:
toți îi sunt vecini – niște oameni care vorbesc altă limbă, niște
                                   străini.]

îmi amintesc că, atunci când a început, viața mea a început de sus.
ca o promisiune. ca un răsărit de soare la apus. zeii, congestionați
                                   la față,]
suflau în goarne. în parcări, toate mașinile cântau în cor,
                                   din alarme.]

dar timpul, ca tot timpul, a trecut. nimic nu mai este acum ca la început.
zeii ori au murit, ori au plecat – nimeni nu știe. mașinile,
                                   și ele, au ruginit.]
pe ecran mai pâlpâie doar cuvântul *sfârșit*.

acum, țara mea-și doarme somnul de veci, chircită în cripta de carne.

quando começou, a minha vida começou de cima por acaso. como
					uma promessa. um nascer]
do sol ao ocaso. os deuses, de caras congestionadas, sopravam nas
						cornetas. no estacionamento]
todos os carros cantavam num coro de buzinas abjectas.

quando era pequenino, a minha pátria era grande. estendia-se desde
					mim e até onde o céu]
se expande. onde tinha vizinhos derradeiros – pessoas que falavam
					outro idioma, estrangeiros.]

quanto eu mais crescia, mais a minha pátria minguava. em tempos,
						estendia-se ela]
desde mim e um pouco mais a seguir à minha ruela. onde tinha
					vizinhos derradeiros – pessoas]
que falavam outro idioma, estrangeiros.

aos sessenta anos, agora, a minha pátria está amarrotada e coube toda em mim.
estende-se da cabeça aos pés e tem unhas de lés a lés. agora está feliz:
todos são-lhe vizinhos derradeiros – pessoas que falam outro idioma,
						estrangeiros.]

recordo-me que, quando começou, a minha vida começou de cima por acaso.
como uma promessa, um nascer do sol ao ocaso. os deuses, de caras
						congestionadas]
sopravam nas cornetas. no estacionamento todos os carros cantavam
					num coro de buzinas abjectas.]

mas o tempo, como qualquer tempo, passou. já nada está como começou.
os deuses ou morreram fatal, ou partiram – ninguém sabe. e os carros,
					esses, enferrujaram e tal.]
no ecrã apenas palpita a palavra *final*.

agora, a minha pátria dorme o sono eterno, enfiada na cripta de carnes
						obsoletas.]

în țara mea e o veșnică primăvară. în țara mea
înfloresc toate bubele pământului. tot aici
îmi locuiesc și eu neputința. nevolnicia.
neîmplinirile. umilința.

aici mă simt eu acasă. un preș de șters picioarele
la intrarea din dos.
aici mă descompun de mai bine de jumătate de veac.
aici mă afund, zi după zi,
tot mai jos.

mă rog și eu, ca tot omul. dar icoana la care mă rog
s-a tocit și s-a șters. mă rog la o ramă goală.
mă rog fierbinte, ca un cazan cu smoală. țara mea
mă iubește. mă strânge în gheare.
îmi adapă zilele cu disperare.

aflu, zi de zi, de la suferință, că-s viu. aflu,
noapte de noapte, că trăiesc în pustiu.
și asta e bine. mă îmbărbătează.
e un semn că n-am ajuns în zadar la amiază.

în arenă, dumnezeu zdrăngăne din clopoței,
costumat în arlechin. când a sosit,
a spus c-o să facă doar câteva tumbe, c-o să stea puțin.
cât să-i vedem și noi pe îngeri umblând pe sârmă.
zburând la zidul morții. plutind la trapez, sărind
de colo-colo prin cercuri de foc.
așa a spus și de atunci circul n-a mai plecat deloc.

din girofaruri, stelele sclipesc deasupra noastră, pe cer.
în limba mea,
cuvintele cad bolnave, se umflă de puroi, apoi pier.
viața e,

na minha pátria há uma eterna Primavera. na minha pátria
florescem todos os males da terra. também aqui
habito eu a minha incapacidade. as debilidades.
os fracassos. a minha humildade.

aqui me sinto em casa. um tapete para limpar os pés
na entrada do fundo.
aqui descomponho-me há mais de meio século.
aqui desvaneço, dia após dia,
cada vez mais profundo.

e rezo como a gente. mas o ícone ao qual rezo
está gasto e apagado. rezo a uma moldura que morreu.
rezo com fervor, como uma caldeira cheia de breu. a minha pátria
ama-me. prende-me nas garras com esmero.
alimenta-me os dias com desespero.

fico a saber, dia após dia, a sofrer, que estou vivo. fico a saber,
noite após noite, que no deserto sobrevivo.
e isso é bom. ajuda-me a fortalecer.
sinal de que não cheguei em vão à hora do entardecer.

na arena, deus toca os sininhos,
vestido de bobo, quando chegou,
disse que daria só umas cambalhotas, que não vai demorar de todo.
o suficiente para ver os anjinhos a andarem na corda.
a voarem na parede da morte. a flutuarem no trapézio. a saltarem
de lá para cá por anéis de fogo.
foi o que ele disse e o circo nunca mais partiu, nem tarde nem logo.

com os seus faróis, as estrelas cintilam sobre nós, no céu aparecem.
na minha língua,
as palavras caem doentes, ficam cheias de pus, depois perecem.
a vida é,

de la un capăt la altul, o feerie.
un accident fără supraviețuitori.
o poezie din care cuvintelor li se croiesc sicrie.

în țara mea eu sunt un răspuns, dar n-am întrebare.
în țara mea locuiesc un coșmar cu ieșire la mare.

do início ao fim, um conto de fadas.
um acidente sem sobreviventes.
um poema do qual se fazem caixões para as palavras.

na minha pátria sou uma resposta, sem ninguém perguntar.
na minha pátria moro num pesadelo com saída para o mar.

zilele mele sfârşesc fără să fi început,
cu adevărat, vreodată.
mai demult am crezut că mereu, dar a fost niciodată.
câtă mai e,
viaţa mea abia de mai pâlpâie, îngenuncheată.
ochii mei înţeleg,
dar din ce în ce mai puţin. în faguri, albinele adună venin,
în vreme ce şerpii împroaşcă miere.
cu susul în jos,
durerea s-a prefăcut în plăcere. pot vedea răsăritul
doar la apus. au murit toate cuvintele
pe care le-am spus.
cele pe care le-am scris au murit chiar mai înainte.
pulberea lor
o învolbură acum vântul, peste tot pustiul,
rotundul, pământul.

şi mă cutremur de râs, în loc să plâng,
sub cerul mort şi fără stele şi nătâng.

os meus dias acabam sem terem começado,
algum dia, na realidade.
achava que desde sempre, mas foi desde nunca, na verdade.
enquanto ainda dura,
a minha vida mal palpita, ajoelhada.
os meus olhos percebem,
mas cada vez menos abelhas juntam veneno nos favos,
enquanto as serpentes cospem mel.
de cabeça para baixo,
a dor tornou-se em prazer. consigo ver a alvorada
apenas ao ocaso. morreram todas as palavras
que disse por acaso.
as que escrevi já morreram muito antes.
a sua poeira
agita-a agora o vento, sobre todo o deserto,
o redondo, o mundo.

e estremeço a rir, em vez de chorar,
debaixo do céu morto e sem estrelas e alvar.

în limba în care scriu nu mai visez demult.
în limba în care visez nu mai scriu. în limba
în care trăiesc nici nu-s mort, nici nu-s viu —
în limba mea vântul doar mai învârte cuvinte-n pustiu.
în pustiul unde mă tot cufund în zare.
în zarea unde se sting, rând pe rând, ultimele cioburi de soare.

în decorul descris anterior îmi voi face tiptil apariția
(din stânga scenei) înveșmântat în viața mea stinsă,
strălucitoare. orchestra va sublinia, cu scrâșnete adecvate,
această întâmplare. iar spectatorii ne vor ovaționa, ridicați în picioare.
pe mine și pe viața mea stinsă, strălucitoare.

și peste noi toți va cădea cerul, ca o cortină pictată cu stele,
cu lună și soare.
și va fi un extaz.

și va fi desfătare.

na língua em que escrevo há muito que deixei de sonhar.
na língua em que sonho deixei de escrever. na língua
em que moro não estou nem a morrer, nem a viver –
na minha língua apenas o vento agita as palavras no deserto.
no deserto em que me afundo sem parar no horizonte comum.
no horizonte onde se apagam os últimos cacos do sol, um a um.

no cenário descrito anteriormente surgirei devagarinho
(do lado esquerdo do palco) envolto na minha extinta vida,
cintilante. a orquestra vai marcar, com rangidos adequados,
o evento. os espectadores vão ovacionar-nos de pé com sentimento.
a mim e à minha extinta vida, cintilante.

sobre nós todos cairá o céu, como uma cortina pintada com o sol e a lua,
com as estrelas cor do leite.
e será um encanto.

e será um deleite.

rând pe rând, spaimele s-au domesticit și s-au cuibărit, toate,
la adăpost, în inima mea. ocrotitoare, inima mea bate acum
încet, aproape șoptit. să nu le tulbure, să nu le trezească.
blajine și blânde, spaimele, toate, în inima mea s-au cuibărit.
și tremură acolo de singurătate și de frică. inima mea fierbinte
bate doar pentru ele, cerul le dezmiardă cu roiuri de stele.
vom trăi împreună, de aici înainte, o viață lungă
și dureroasă.

lungă cât drumul pe care rătăcesc de când m-am născut.

către acasă.

um a um, os medos ficaram amestrados e aninharam-se todos
ao abrigo do meu coração. protector, o meu coração bate agora
devagarinho, quase em sussurro. para que não os perturbe, ou acorde.
brandos e gentis, os medos, todos, aninharam-se no meu coração.
e ali estremecem de medo e solidão. o meu coração quente
só por eles bate, o céu embala-os com rios de estrelas.
vamos viver juntos, de ora em diante, uma vida longa
em brasa.

longa quanto o caminho por onde deambulo desde que nasci.

rumo a casa.

am spus că beau. și beau. beau oțet amestecat cu fiere.
când înghit, închid ochii, cutremurat de plăcere.
zilele mele se ascund pe fundul paharului.
beau să le-ajung.
și cu cât beau mai mult, cu atât ele se lasă,
tot mai grele, tot mai la fund.

asta fac zilele, însă nopțile – nu. fiindcă
nopțile mele demult nu mai există. le plânge luna,
le bocesc stelele pe bolta vieții mele pustie,
neagră și tristă.

am spus că beau. și beau. beau doar oțet amestecat cu fiere.
pe fundul paharului, zilele mele m-așteaptă
să le ajung, să le sorb, să le aduc la viață, să le spun pe nume.

beau din toate puterile,
dar zilele mele se chircesc și se fac
tot mai puține.

disse que vou beber. e bebo. bebo vinagre misturado com fel.
quando engulo, fecho os olhos, tremendo de prazer.
os meus dias escondem-se no fundo do copo.
bebo até a eles chegar.
e quanto mais bebo, mais eles se deixam,
cada vez mais pesados, afundar.

isso fazem os dias, mas as noites – não. porque
as minhas noites deixaram há muito de existir. chora-as a lua,
lastimam-nas as estrelas na abóbada da minha vida deserta,
negro e triste subsistir.

disse que vou beber. e bebo. bebo apenas vinagre misturado com fel.
no fundo do copo, os meus dias esperam
que os alcance, que os sorva, que lhes dê vida, que os chame pelo nome.

bebo a toda a força,
mas os meus dias encolhem e ficam
cada vez mais escassos.

toate zilele mele au fost zile de ieri. azi n-am avut niciodată,
mâine nu m-a așteptat nicăieri.
cuvintele mele vin din trecut – cele mai multe. celelalte
încă n-au început.
așa cum mi se-arată, viața mea s-a oprit
încă de când m-am născut și-am țipat
așa cum încă țip și acum. dar tot nu se-aude nimic
în pustiul de scrum.

și nu-i nici cale, și nu-i nici unde, și nu-i nici cum.

todos os meus dias foram dias de ontem. hoje nunca tive nenhum.
o amanhã não me esperou em lado algum.
as minhas palavras vêm do passado – a maior parte. as outras
não começaram ainda o seu legado.
tal como a vejo, a minha vida parou
logo quando nasci e gritei
tal como grito ainda. mas nada se ouve
no deserto de cinza.

e não há como, nem há caminho, não há nem ida nem vinda.

am ajuns şi aici, iar această întâmplare
este lipsită de orice însemnătate.
am citit câteva cărţi şi nu mi-a folosit la nimic.
am scris alte câteva cărţi şi tot degeaba.
m-am răsfirat prin mai multe vieţi,
prin mai multe locuri, întâmplări şi obsesii.
am crezut că lucrurile astea contează.
am crezut că merită să încerc. am trăit
de pe-o viaţă pe alta, m-am învârtit în cerc.
astăzi sunt fericit – aştept ca răgazul să mi se încheie.
acum ştiu că lucrurile, toate,
n-au absolut nicio însemnătate. zac părăsite,
în magazia de obiecte uitate.
printre umbrele, pălării, chei, telefoane mobile,
mănuşi ponosite
şi libertate.

cheguei até aqui, e esta história
não tem qualquer sentido.
li alguns livros, e não me serviu para nada.
escrevi alguns livros e para nada serviu.
refastelei-me por várias vidas,
por vários sítios, histórias e obsessões.
acreditei que é isso que conta.
acreditei que vale a pena tentar. vivi
de vida em vida, andei às voltas.
hoje sou feliz – à espera que se esgote o prazo.
agora sei que as coisas, todas,
não têm qualquer sentido. jazem abandonadas,
no armazém de objectos esquecidos sem idade.
por entre guarda-chuvas, chapéus, chaves, telemóveis,
luvas gastas
e a liberdade.

ajung cu privirea
lucruri de dincolo de rotundul pământ.
văd aievea
locul unde nici întristare și nici durere nu sunt.
văd pământul
de dincolo de pământ.
plutesc între ceruri, pufos și ușor.
sunt pasărea.
închid ochii și zbor. și mi-e cald.
și-i lumină.
și-i bine.
și mor.

alcanço com o olhar
coisas para além da terra em redor.
vejo nitidamente
o lugar onde não há tristeza nem dor.
vejo a terra
para além da terra.
flutuo entre os céus, fofo e etéreo.
eu sou o pássaro.
fecho os olhos no sobrevoo aéreo. e tenho calor.
e vejo a luz.
e já estou bem.
e morro a sério.

RODICA DRĂGHINCESCU

Doar

Uneori îmi dau telefoane să verific dacă exist, de exemplu ieri nu mi-am mai răspuns,
deşi mă auzeam vorbind, ca un speaker de radio care povesteşte de unul singur şi acasă.

Mica perfectiune

un ghem de râme pe
care chibiţarii de pe marginea ochiului îl numesc
suflet încâlcit
(...)

Apenas

Às vezes ligo para mim própria para verificar se ainda existo, ontem,
por exemplo deixei de atender,
embora me ouvisse a falar, como a coluna de uma rádio que fala
sozinha também na sua própria casa.

Pequena perfeição

um novelo de minhocas
que os comentadores à beira do olho chamam de
alma intrincada
(…)

Poezia Nu

Poezia nu are nevoie nici de prag nici de uşă nici de fereastră
de acoperiş nici atât fie el din cornişe în formă de cap de leu
Poezia nu este o biserică sfântă ce se duce la cer odată cu ziditorii ei

Poezia nu face sex nu ejaculează
Ca nişte turte de floarea soarelui sub ploile lui septembrie ostentativ

Poezia nu este mormântul sau insulele stâncoase ale lui Diomede
(singurul loc unde Rusia si USA au o graniţa comună care se vede)

Poezia nu este hârtia igienică a inocenţilor
Poezia nu este o carabină de muzeu

Poezia nu îsi iese din uz niciodată
Ea nu obligă şi nu înşfacă pe nimeni de guler

Poezia nu se dă la radio nu se vede la televizor.

Poezia nu se ia ca un virus
Nici măcar de pe craterele de lună plină ale lui Saul Williams

Poezia nu este o relicvă din stomacul lui T. S Eliott

Poezia nu pune cuvinte pe foc doar ca
să ne fie mai cald

Poezia nu este o fată fără bilet care fuge de controlori
dintr-un compartiment într-altul
Dată jos si forţată să meargă desculţă pe urmele trenului
ea nu provoacă nici supranaturalul nici supranaţionalul

A Poesia Não

A poesia não precisa nem de limiar nem de porta nem de janela
nem de telhado nem mesmo de cornijas em forma de cabeça de leão
A poesia não é uma santa igreja que chega até ao céu junto com os seus obreiros

A poesia não faz sexo não ejacula
Como tortas de girassóis debaixo das chuvas de Setembro ostentativas

A poesia não é o túmulo ou as ilhas rochosas de Diomedes
(o único sítio onde a Rússia e os EUA têm uma fronteira comum que se vê)

A poesia não é o papel higiénico dos inocentes
A poesia não é uma carabina de museu

A poesia nunca fica fora de prazo
Ela não obriga e não pega ninguém pelo colarinho

A poesia não passa na rádio e não se vê na televisão.

A poesia não se apanha como um vírus
Nem sequer das crateras de lua cheia de Saul Williams

A poesia não é uma relíquia do estômago de T. S. Eliot

A poesia não atira palavras na fogueira só para
que não tenhamos frio

A poesia não é uma rapariga sem bilhete a fugir dos revisores
duma carruagem para outra
Expulsa e forçada a andar descalça atrás do comboio
ela não provoca nem o supranatural nem o supranacional

Poezia nu este un car de fluturi carnivori
la care trag în pielea goală fecioarele satelor

Poezia nu este un lan de falusuri date peste cap

Poezia nu este o manufactură generațională

Poezia un este nici dezmăț nici păcat

Poezia nu știe că există poeți.

A poesia não é um carro de borboletas carnívoras
puxado pelas virgens das aldeias ao léu

A poesia não é um campo de falos virados do avesso

A poesia não é um artefacto geracional

A poesia não é devassidão nem pecado

A poesia não sabe que existem poetas.

Pe masa tăcerilor

mai toți se holbează la mine cu lămpi în frunte
nu există nimic de pierdut de câștigat de așteptat nici atât:
absență sustragere omisiune
chiul lipsă uitare neant sau refuz veșnic...
lenevire
iată că e luni trecut și e un pic mai clar
sau așa se spune p-aci după ce s-a dus si joia
ceea ce nu trebuie să scriu îl voi zice doar dacă
voi trece peste marele risc al poeziei.

17. 02. 2017

Na mesa dos silêncios

estão todos a mirar-me com lanternas nas testas
não há nada a perder a ganhar e ainda menos a esperar:
ausência subtracção omissão
falta afastamento esquecimento vazio ou recusa eterna...
preguicite
eis que a segunda já passou e já está tudo mais claro
como se diz por aqui quando a quinta já passou também
o que não devia escrever vou dizê-lo apenas
se ultrapassar o grande risco da poesia.

17.02.2017

SUBCORP (I)

Respiră
oricum nu ai ce face
între miezul nopțtii și miezul dimineții
îți răsucești capul între două perne cu nisip
bezna îți ține de întrebare sau de chibiț
stai în frunzișul tău de morfină
pe dinăuntru alandala mandala te înfășoară
în cearceafuri de mentă cu limba celor care nu au fost
capabili nici măcar numele să-ți-l strige
darămite să te hrănească cu inima lor

SUBCORPO (I)

Respira
assim como assim nada tens a fazer
entre a meia-noite e o meio-dia
viras a cabeça entre duas almofadas com areia
a escuridão é a tua interrogação ou vigia
ficas na tua folhagem de morfina
por dentro a mandala abandalhada envolve-te
em lençóis de menta com a língua daqueles que não foram
sequer capazes de gritar o teu nome
e ainda menos de te alimentarem com o seu coração

SUBCORP
(catgut şi mărgele)

În hăul pomenirii la biserică
ca un păianjen pe creanga de carne a icoanelor
te apropii de aproapele tău.

SUBCORP
(totem)

Când nu vei mai putea
vom vorbi despre
cum să ne facem aici
chirugical
o
absență în doi
şi mie
şi ţie
taille unique.

SUBCORPO
(categute e contas)

No precipício do obituário na igreja
como uma aranha no ramo de carne dos ícones
aproximas-te do teu próximo.

SUBCORPO
(totem)

Quando já não puderes
vamos falar sobre
como fazermos aqui
cirurgicamente
uma
ausência a dois
para mim
para ti
taille unique.

Obsexy

Ați auzit desigur despre acvariile mele cu melci incubatoarele cu viermi
serele de vene carnivore prin care dacă vă băgați mâna până la cot vi se
ridică voința
Nu vreau să fiu pe placul tuturor precum într-o necropsie intimă
Dragoste absență dragoste absență dragoste absență dragoste absență. Nu
vreau să mă masturbeze credința (doar eu și gândul la munci compli-
cate la a-pusul soarelui). Nu vreau să fiu entomologul crimelor pe care
le-am comis din drag și nevoie fiziologică (muște gândaci urechiușe
fluturași omizi molii șopârle pui de om).
Scrisul meu este ocnă de animale vorbitoare care au crezut că vor putea
ieși din vorbă odată cu memoria mea.

Si ieri și azi mama mea a urât dragostea și ura ei mi-a adus putere și
faimă. Nu vreau să stiu câte orgasme a avut ea înainte de a mă avea și
dacă a fost vreunul fabulos din cauza mea. Nu vreau precizie si înaltă
frecvență.

Eu dacă mă promit vouă așa la kilogram vă asigur că nu veți primi din
mine doar măruntaie fără culoare. Departe de mine acest gând suspen-
dat în aer
voi face totul direct, intens și gustos.
…

PS : Pe urmă plata (…)

Obsexy

Ouviram falar certamente sobre os meus aquários com caracóis as incubadoras com vermes
as estufas de veias carnívoras onde se meterem o braço até ao cotovelo levanta-se-lhes a vontade
Não pretendo agradar a todos como numa necropsia íntima
Amor ausência amor ausência amor ausência amor ausência. Não quero que a crença me masturbe (só eu e o pensamento nos trabalhos complicados do pôr-do-sol). Não quero ser o entomólogo dos crimes que cometi por carinho e necessidade fisiológica (moscas baratas orelhinhas borboletas e lagartas traças lagartixas embriões).
A minha escrita é uma prisão de animais falantes que acreditaram que podiam sair da palavra juntamente com a minha memória.

Ontem como hoje a minha mãe odiou o amor e o ódio dela trouxe-me poder e fama. Não quero saber quantos orgasmos teve antes de me ter e se algum foi fabuloso por minha causa. Não quero precisão nem alta frequência.

Eu se me prometo assim ao quilo asseguro-vos que não vão receber de mim apenas entranhas sem cor. Longe de mim este pensamento suspenso no ar
farei tudo directo, intenso e saboroso.
...

PS: Pagamento no final (...)

Fraht

Mie în scris mi s-a interzis să plâng sau să râd
Mie în scris mi s-a interzis să mai fiu copil
Mie în scris mi s-au umflat sfârcurile
Mie în scris mi-au venit menstrele
Mie în scris mi-a luat foc vata dintre picioare
Mie în scris mi s-a spus cu cine şi de ce să mă mărit
Mie în scris mi-au ajuns buzele la cer şi burta la gură
Mie în scris mi s-a întins o verticală de sărit cu prăjina

Guia

Por escrito foi-me proibido chorar ou rir
Por escrito foi-me proibido continuar a ser criança
Por escrito fiquei com os mamilos inchados
Por escrito chegou-me a menstruação
Por escrito acendeu-se o fogo entre as pernas
Por escrito foi-me dito com quem e porque casar
Por escrito chegaram os meus lábios ao céu e a barriga à boca
Por escrito ergueram-me uma parede vertical de saltar à vara

Mantis religiosa

Ne fixăm *rendez-vous*-uri pentru a face lumea unde lumea este
stricăm ce se poate strica.
Ne înmulțim. Tăind hărti din pielea noastră răsucită pe oase cu ei cu
ele ca o vegetație din vechea Mesopotamie în care beduinii si cămilele
își găsesc sălaș întindem deșertul oaselor până la oazele Eufratului. Și
până la Tigru. Ne înmuiem nădejdea în câte-un animal apropiat pe
care îl sacrificăm. Din sângele lui ne croim precipitații. Ne măsurăm
mânia cu săbii din sticlă afumată. Tot mai aproape tot mai insistent cu
buzele pline de bale sărate. Ca la nunțile călugărițelor ne acuplăm
vorace. Asigurând perpetuarea speciei ne mâncăm reciproc.

Mantis religiosa

Marcamos *rendez-vous* para ordenarmos o mundo onde o mundo está estragamos o que se pode estragar.
Multiplicamo-nos. Cortamos mapas da nossa pele retorcida sobre os ossos com eles com elas como uma vegetação da antiga Mesopotâmia onde os beduínos e os camelos encontram abrigo estendemos o deserto de ossos até aos oásis do Eufrates. E até ao Tigre. Molhamos a nossa esperança em qualquer animal próximo que sacrificamos. Do sangue dele abrimos precipitações. Medimos a nossa ira com sabres de vidro fumado. Cada vez mais próximo cada vez mais insistente com os lábios cheios de babas salgadas. Como nos casamentos das freiras emparelhamo-nos vorazmente. Ao assegurarmos a perpetuação da espécie devoramo-nos reciprocamente.

Nu mă numesc nu iscălesc.

Îmi lipesc gura de tine
iar tu mă crezi beată sau luciferică şi ratată ca o
                                                    lipitoare pe uscat.]

În mâinile tale poezie eu
stau mereu cu o cazma sau o lopată de lucrat
genurile şi numerele sacrificaţilor

În mâinile mele eu stau în picioare dar cu ceafa la tavan
Şi strig la copiii ăia lingăcioşi de ziduri Zucker-Krump
Ca un dumnezeu înalt si polar
Cu ochi mov fiindcă albastrul mie îmi repugnă la maximum
Un dumnezeu din pietre de mare preţ
mai vigilent decât Lenin
mai feminin decât Mussolini si Hitler
mai abil decât Buddha şi suita lui de curtizane în nopţile minţii
migrând împreună către planeta Mercur.

Não me chamo não assino.

Colo a minha boca a ti
e tu achas que estou embriagada ou lucifèrica e falhada como uma
sanguessuga em terra.]

Nas tuas mãos poesia eu
fico sempre com uma enxada ou uma pá de trabalhar
os géneros e os números dos sacrificados

Nas minhas mãos eu fico em pé mas com a nuca no tecto
E repreendo aquelas crianças lambe-muros Zucker-Krump
Como um deus alto e polar
Com olhos lilás porque a mim o azul repugna-me ao máximo
Um deus de pedras muito valiosas
mais vigilante que Lénine
mais feminino que Mussolini e Hitler
mais hábil que Buda e a sua suíte de cortesãs nas noites da mente
migrando juntos para o planeta Mercúrio.

Rupe ceva din altcineva și rupe și ceva din tine!

Egală și opusă

intimă prin altul mă (con)țin de /în celălalt si în/de mine prin
două tăișuri:
1. Ceea ce-a fost azi
și
2. ce nu mai este acum.
3. neutră și nefolosibilă, această mândrie mâine ursită.

Sunt aici sau acolo unde nu vreau să-mi ajungă
     1. Copilăria
     2. Copulatia.
De la cauză la efect frica ta
de la mine la tine țac de la tine la mine țac-țac
nu pot reface niciodată sensul contrar al celuilalt
însă cine mai este capabil de calcule după
această noapte nebună?!

                                                 19. 02. 2017

Tira algo de alguém e tira algo de ti!

Igual e oposta

íntima através doutro (con)tenho-me de/no outro e em/de mim por duas lamas:
1. O que foi hoje
e
2. o que já não é agora.
3. neutra e inutilizável, este orgulho amanhã destino.

Estou aqui ou ali onde não quero que me chegue
    1. A Infância
    2. A Copulação.
Da causa ao efeito o teu receio
de mim para ti pum de ti para mim pum-pum
não consigo refazer nunca o sentido contrário do outro
mas quem é que ainda consegue fazer contas após
esta noite de loucura?!

                                            19.02.2017

ROBERT ŞERBAN

Ce rămâne din viaţă

oamenii sunt convinşi
că în poezii nu se întâmplă nimic
că ele ar trebui citite
după moarte
când e bine să nu mai ai pofte
idei

oamenii nu deschid cărţi subţiri
iar dacă o fac
observă imediat că înăuntru sunt
puţine cuvinte pe rând
puţine cuvinte pe pagină
în rest
alb mult alb
şi le închid repede

fără să le spună nimeni
oamenii ştiu însă că
poezia este ceea ce rămâne din viaţă
după ce o trăieşti

O que resta da vida

as pessoas estão convencidas
de que nas poesias não se passa nada
que elas deveriam ser lidas
após a morte
quando é bom que se deixe de ter vontades
e ideias

as pessoas não abrem livros fininhos
e quando o fazem
observam logo que lá dentro há
poucas palavras por linha
poucas palavras por páginas
e de resto
branco muito branco
e fecham-nos depressa

mas sem que ninguém lhes diga
as pessoas sabem que
a poesia é aquilo que sobra da vida
depois de vivê-la

Bocet

o femeie adună frunzele căzute
în curtea dintre blocuri
cu o mătură de nuiele
ştiu asta fără să văd nimic
– stau întins în pat cu ochii închişi –
aud însă foşnetul ritmat al măturii
şi sunt sigur că e o femeie
şi nu altceva
fiindcă doar ele jelesc întotdeauna
într-un fel sau altul
morţii

Lamentação

uma mulher varre as folhas caídas
no pátio entre os prédios
com uma vassoura de varas
sei-o mesmo sem nada ver
– estou deitado de olhos fechados –
mas oiço o farfalhar ritmado da vassoura
e tenho a certeza de que é uma mulher
e não outra coisa
porque só elas lamentam sempre
de uma maneira ou outra
os mortos

Femei

o femeie singură
alta cu un copil
o alta cu un câine
alta singură
alta cu un bărbat
alta singură
alta singură
alta singură
alta singură
alta singură

Mulheres

uma mulher sozinha
outra com uma criança
e outra com um cão
outra sozinha
outra com um homem
outra sozinha
outra sozinha
outra sozinha
outra sozinha
outra sozinha

Fericita zodie a câinelui

la puțin timp după ce samantha făta
bunica mă punea să aleg unul dintre căței
pe care să-l păstrăm
ceilalți erau băgați într-un sac
și duși la râu ori în zăvoi

câteva zile o tot lungeam
și îi spuneam că mi-e foarte greu
să aleg doar unul
pentru că toți sunt la fel de frumoși
și seamănă leit între ei

o priveam în ochi
și o mințeam cu seninătate
așa cum se cade să privești moartea
și să o minți

O feliz signo do cão

pouco tempo depois de a samantha parir
a minha avó chamava-me para escolher um dos cachorrinhos
para guardarmos
os outros eram metidos num saco
e levados para o rio ou para a floresta

durante alguns dias adiava
e dizia-lhe que me era muito difícil
escolher apenas um
porque eram todos muito bonitinhos
e muito parecidos uns com os outros

fitava-a nos olhos
e mentia-lhe serenamente
como se deve aliás olhar a morte
e mentir-lhe

Să fac acelaşi lucru

să fi avut vreo trei ani
când am văzut pe stradă o femeie
cum se opreşte
îşi duce mâna la frunte
la coşul pieptului
la umărul drept
şi la umărul stâng
am crezut atunci
că a cules ceva cu degetele

am alergat acasă
m-am oprit în faţa oglinzii
n-aveam nimic de luat
nici de pe frunte
nici de pe tricoul cu care eram îmbrăcat

aşa m-a găsit tata
încercând să prind ceva cu mâna dreaptă
orice

m-a mângâiat pe cap dar nu mi-a spus nimic
am aflat mai târziu
că femeia înfipsese în ea patru cuie
şi că venise vremea
să fac şi eu acelaşi lucru

Fazer a mesma coisa

tinha eu uns três aninhos
quando vi na rua uma mulher
que parou
levou a mão à testa
e depois ao meio do peito
depois ao ombro direito
e a seguir ao ombro esquerdo
pensei na altura
que teria colhido algo com os dedos

fui a correr para casa
parei em frente ao espelho
não tinha nada para colher
nem na testa
nem na *t-shirt* que trazia vestida

foi assim que me encontrou o meu pai
a tentar apanhar com a mão direita
fosse o que fosse

acariciou-me na cabeça mas não me disse nada
fiquei a saber mais tarde
que a mulher tinha espetado nela quatro pregos
e que estava na altura
de eu fazer a mesma coisa

Bărcuţe de hârtie

fata mea face bărcuţe de hârtie
fără să ştie cum
iar bărcuţele se scufundă
de îndată ce le pune pe apă

fata plânge atunci
şi bate cu piciorul în pământ
strigă şi hohoteşte
iar ochii nu i se mai văd de atâtea lacrimi

apoi se repede şi mai ia o coală
o îndoaie o răsuceşte o întoarce o îndoaie din nou
până când printre degete se iţeşte un fel de catarg
fata îşi priveşte fericită lucrarea
o prinde grijulie în palme şi o aşază pe apă
dar în câteva clipe nenorocirea se repetă

Stixul copilăriei există
şi e o baltă pe care bărcuţele nu plutesc niciodată

Barquinhos de papel

a minha filha faz barquinhos de papel
sem saber como
e os barquinhos afundam
logo que os mete na água

a minha filha chora então
e bate com o pé no chão
grita e berra
e os olhos desaparecem-lhe atrás das lágrimas

depois corre e pega noutra folha
dobra-a torce-a vira-a e dobra-a de novo
até que no meio dos dedos se ergue uma espécie de mastro
a minha filha admira com alegria a sua obra
leva-a cuidadosamente nas mãos e pousa-a sobre a água
mas em alguns instantes a calamidade repete-se

o Estige da infância existe
e é uma poça onde os barquinhos nunca flutuam

Când nu mai știi ce să faci

mă uit la televizor
e o emisiune despre cum să-ți crești copiii
cât mai corect și mai bine
despre cum să le vorbești ca să înțeleagă
cât mai multe și mai repede
cum să le fii părinte și prieten
în același timp
cum să fii sever
dar sub nicio formă violent
cum să nu le spui niciodată *nu face asta*
ci să-i iei pe ocolite
că să aibă eficiență
cum să nu te enervezi și să-ți păstrezi calmul
în orice situație
cum să fii un exemplu continuu pentru ei
cum să te pui în locul lor
atunci când nu mai știi ce să faci

mă pun în locul copiilor mei
iau telecomanda
și mut pe Disney Channel

Quando já não se sabe o que fazer

vejo na televisão
um programa sobre como criar os filhos
o melhor e mais correctamente possível
sobre como falar-lhes de maneira a que entendam
quanto mais e o mais rápido possível
como ser seu pai e amigo
ao mesmo tempo
como ser severo
mas de forma alguma violento
como nunca dizer-lhes *não faças isso*
mas andar com rodeios
para que seja eficaz
como não se irritar e manter a calma
em qualquer situação
como ser um exemplo permanente para eles
como colocar-se no lugar deles
quando já não se sabe o que fazer

ponho-me no lugar dos meus filhos
pego no telecomando
e mudo para o Disney Channel

Poză de familie

suntem liniștiți
bunica are o formă ușoară de Alzheimer
stă ore în șir cuminte
pe scaun
poate să meargă singură până la fereastră
și până la baie
adevărat
se sprijină-ntr-o botă
de care nu se desparte nici când doarme
seara o așază lângă ea pe pat
o acoperă cu pătura
iar uneori îi mai și vorbește
însă foarte în șoaptă

ce femeie strașnică a fost bunica
ce harnică a fost
și ce bătăi teribile a luat de la bărba-su
nu mai da
îi spunea ca și când
i-ar fi dezvăluit singurul secret din viața ei
nu mai da
omule
că te vede Dumnezeu
dar bunicul avea întotdeauna aceeași replică
sunt prea mic ca să mă vadă el pe mine

de fiecare dată când vin pe la ai mei
să ne vedem
să povestim
să bem un pahar de vin
mi se pare că bunica
e tot mai cuminte
și se face tot mai mică

Foto de família

estamos tranquilos
a avó tem uma forma ligeira de *alzheimer*
fica horas a fio quieta
na poltrona
consegue andar sozinha até à janela
e até à casa de banho
é verdade
apoia-se numa bengala
da qual não se separa nem quando dorme
à noite põe-na ao lado dela na cama
cobre-a com a manta
e às vezes até lhe fala
mas muito baixinho

que grande mulher foi a minha avó
era tão trabalhadora
e quanta porrada levava do seu marido
pára de me bater
pedia-lhe como se lhe
revelasse o único segredo da vida dela
pára de me bater
homem
que Deus Nosso Senhor vê-te
mas o meu avô respondia sempre na mesma
sou demasiado pequeno para que Ele me veja

cada vez que visito os meus pais
para os ver
pôr a conversa em dia
tomar um copo de vinho
parece-me que a minha avó
está cada vez mais quieta
e cada vez mais pequena

Fotografie norocoasă

nu la toată lumea Dumnezeu iese-n poze
dar dacă ai noroc să nimerești unghiul bun
luminozitatea potrivită și să apeși când ți se șoptește
l-ai prins

e ca la pescuit
numai că momeala ești tu
cel cu degetul ridicat în sus
un Sfântu Ioan îmbrăcat în Wrangler și încălțat sport

descărcat pe laptop
Dumnezeu se vede și mai bine și pare fericit
l-ai conectat la internet
apoi la rețele de socializare
la email la youtube la torrente
la ce nici n-a visat vreodată

ține-l în permanență on-line
vei afla instantaneu
că restul lumii te iubește tot mai mult
și îți dă
ca pe-o cuminecătură nesfârșită
like după like

Foto sortuda

não é todos os dias que nos sai Deus nas fotos
mas se tiveres sorte e acertares num ângulo bom
a luminosidade ideal e carregares quando te sussurrarem
apanhaste-O

é como quando se vai à pesca
só que o isco és tu
aquele dedo levantado
um São João vestido de Wrangler e calçado desportivo

descarregado no portátil
Deus vê-se ainda melhor e parece feliz
conectaste-o à Internet
e depois às redes sociais
ao email ao YouTube e ao Torrent
a coisas que nunca sonhou

mantém-no sempre on-line
e saberás instantaneamente
que o resto do mundo ama-te cada vez mais
e põe-te
como numa comunhão infinita
like após like

O dorință

vreau să scriu
ca și cum m-aș naște
plin de sânge de bucăți de piele și resturi de carne
cu un țipăt gros
prelung
de barbar lepădat de ai lui
într-o pădure de statui romane
ce-l privesc îngrețoșate și cu dispreț

vreau să scriu
cu un tăvălug de cuvinte
versuri care să iasă din pagini
și să se agațe de pereți de ferestre de uși
ca firele unui păianjen care a prins o insectă uriașă
ce tocmai se pregătește să-l devoreze
și
înnebunit de frică
țese într-una într-una într-una
până când se topește
în ațele ce se întind – o cămașă a morții
prea mare
și
prea subțire

Desejo

gostaria de escrever
como se nasceria
cheio de sangue de pedaços de pele e restos de carne
com um grito rouco
prolongado
de bárbaro abandonado pelos seus
numa floresta de estátuas romanas
que o olham enojadas e com desprezo

gostaria de escrever
com um rio de palavras
versos que saiam das páginas
e se agarrem às paredes às janelas às portas
como as teias de uma aranha que apanhou um insecto gigante
que se prepara para devorar
e
enlouquecido de medo
tece sem parar sem parar sem parar
até que desvanece
nos fios que se estendem – uma camisa da morte
demasiado grande
e
demasiado fina

TEODOR DUNĂ

câinele din pat

dorm cu un câine înghețat în pat.
dorm neîntors pentru că sunt foarte obosit.
oboseala mă îmbunează. mă face să dorm neîntors.
uneori îl învelesc pe câine. nu e deloc ușor să învelești
un câine înghețat.

nu am încotro. trebuie să-l îngrijesc, trebuie să
obosesc și eu cumva.

îmi place să visez o femeie pe care
o iubesc foarte mult. nu știu dacă e
foarte îndepărtată sau dacă doar o iubesc foarte mult.

pe câine nu-l iubesc deloc.
se întâmplă să împărțim același pat.
se întâmplă să-l învelesc cu plapuma.
nu cred că asta îl face mai fericit.

orice aș visa, visez o femeie pe care
o iubesc foarte mult. nu am văzut că ar ninge
în mâinile ei. asta mă îmbunează.

să visezi lângă un câine înghețat nu
e niciodată puțin lucru.

de un timp, obosesc din ce în ce mai bine.
câinele nu are încotro: e din ce în ce mai înghețat.
iar pe femeia pe care uneori o visez
o iubesc, bineînțeles, din ce în ce mai mult.

o cão da minha cama

durmo com um cão congelado na cama.
durmo como uma pedra porque ando muito cansado.
o cansaço torna-me mais calmo. faz-me dormir como uma pedra.
de vez em quando cubro o cão. não é nada fácil cobrir
um cão congelado.

não tenho outra solução. tenho de cuidar dele. tenho de
me cansar também de uma maneira ou outra.

gosto de sonhar com uma mulher que
amo muito. apenas não sei se está
muito longínqua ou se apenas a amo muito.

já ao cão não amo mesmo nada.
acontece partilharmos a mesma cama.
acontece cobri-lo com o edredão.
não acho que isso o deixe mais feliz.

sonhe o que sonhar, sonho com uma mulher que
amo muito. ainda não vi neve a cair
nas suas mãos. e isso deixa-me calmo.

sonhar ao lado de um cão congelado
nunca é pouca coisa.

de há uns tempos para cá, canso-me cada vez melhor.
o cão não tem outra saída: está cada vez mais congelado.
e à mulher com que às vezes sonho
amo-a, obviamente, cada vez mais.

zgomotul cărnii

acum, când zgomotul ierbii acoperă zgomotul cărnii,
cu trupul învelit în cianuri, tot mai viu
îmi sunt. până la piele de viu îmi sunt.
văd limpede, văd oricum: dimineața începe să umble
        sătulă, oloagă.
lumina ei atârnă de trup, îl arată –

și nu e îndeajuns.

ca o mie de viețăți scăpate, carnea se rostogolește
        din mine,
tot mai multă, mai grea, mai înăbușitoare.
sub tălpi, în mormane se așază.
o vezi – și nu e îndeajuns.

și tot mai mult, zgomotul ierbii acoperă zgomotul cărnii.
atârn de mine, cu marginile vârâte una în alta. doar câteva
au mai rămas. și abia atunci simt cât granit
emană acest soare de aur și cât granit în mine.
tot plin mă simt. deși doar o adunătură de margini,
tot viu îmi sunt, până la piele de viu îmi sunt –

și nu e îndeajuns.

văd limpede, văd oricum: dimineața umblă sătulă, oloagă.
lumina ei atârnă de trup, îl răstoarnă.
și cât granit emană acest soare de aur
și cât granit peste tot.

și când zgomotul ierbii acoperă zgomotul cărnii
și pe de-a-ntregul îl acoperă, la rămășițele mele merg.
mă înfrupt, mă înfrupt, nu mă satur –

și nu e îndeajuns.

o ruído da carne

agora, que o ruído da relva se sobrepõe ao ruído da carne,
com o corpo envolto em cianetos, estou cada vez
mais vivo. estou vivo até à pele.
vejo com clareza, vejo à toa: a manhã começa a andar
                      saciada, coxa,
a sua luz pende do corpo, revela-o –

e isso não basta.

como mil vidas soltas, a carne rola
        fora de mim,
cada vez mais, mais pesada, mais asfixiante.
debaixo dos pés, assenta em camadas.
vê-se – mas isso não basta.

e cada vez mais, o ruído da relva sobrepõe-se ao ruído da carne.
penduro-me em mim próprio, com as bordas metidas uma na outra. apenas
algumas sobraram. e só então sinto quanto granito
emana este sol de ouro e quanto granito em mim.
sinto-me cheio. embora seja só um conjunto de bordas,
estou vivo em mim, vivo até à pele –

e isso não basta.

vejo com clareza, vejo à toa: a manhã anda saciada, coxa.
a sua luz pendura-se no corpo, revira-o.
e quanto granito emana este sol de ouro
e quanto granito por todo o lado.

e quando o ruído da relva se sobrepõe ao ruído da carne
e cobre-o por inteiro, aos meus despojos eu vou.
trinco e trinco, mas não fico saciado –

e isso não basta.

aşa cum în mări

aşa cum în mări foşneşte sarea, inima ta.
mă iei în braţe, îmi spui că suntem la fel de reci,
înseamnă că frigul e pentru amândoi.
aproape ne atingem, îmi arăţi rănile tale,
ai avut atâta grijă de ele,
le-ai făcut cuminţi, frumoase,
par animale de casă – şi ne privim ca
                                        prin cristale răsturnate.]

îţi odihneşti rănile lângă mine
şi odihniţi ducem cu noi ospeţe întregi.

noaptea asta e de prea multă vreme, îmi spui.
şi mâinile tale de parcă mi-ar întinde pumni de păsări
îngheţate – mă rogi să te acopăr cu viţă sălbatică,
nu pot, îţi spun,
îţi arăt cât suntem de rămaşi şi câtă odihnă.

aproape te iau în braţe,
aproape mă feresc de rănile tale
şi ne uităm unul la altul, cum altfel, ca prin cristale răsturnate.
nu zicem nimic.
şi aşa cum în mări foşneşte sarea, inima ta.

tal como nos mares

tal como nos mares freme o sal, o teu coração.
levas-me nos braços, dizes-me que somos igualmente frios,
quer isso dizer que o frio é para os dois.
quase nos tocamos, mostras-me as tuas feridas,
cuidaste tão bem delas,
são bem comportadas, bonitas,
parecem animais de companhia – e olhamos um para o outro como
                                          por um caleidoscópio.]

descansas as tuas feridas ao meu lado
e já descansados levamos connosco banquetes inteiros.

esta noite já dura há muito, dizes-me.
e as tuas mãos parecem estender-me punhados de aves
congeladas – pedes-me para te cobrir com videira selvagem,
não posso, digo-te,
mostro-te quão resilientes somos e quanto descanso.

quase te pego nos braços,
quase me desvio das tuas feridas
e olhamos um para o outro, claro está, como por um caleidoscópio.
não dizemos nada.
e tal como nos mares freme o sal, o teu coração.

plutirea

suntem de-acum două gropi, dragostea mea, te-ai îmbrăcat
într-o rochie de seară și te port peste
întinderile de trandafiri. tu vrei doar să plutești.
de la liniștea asta te faci mai frumoasă ca oricând.
îți spun bine ai venit printre florile de mai.
și, iată, tot de la liniștea asta ne sărutăm direct pe
                                                carnea vie.]

dar pregătită îndelung și numai pentru noi această dragoste.
doar noi plutim peste întinderile de trandafiri.
doar unii sunt putreziți. ceilalți sunt doar sălbatici
și sub îmbrățișarea noastră mâinile ne devin moi
sfărâmicioase. cu fiecare atingere degetele
ni se șterg încetul cu încetul.
e bine să știi că nu ne vom mai întoarce.
e doar o odihnă între ploi, dragostea mea,
de-acum suntem doar două gropi.
doar pășește pe mine și-am să mă deschid sub tălpile tale.

vom fi pe jumătate goi, pe jumătate în întuneric,
iar eu, la marginea ta, îți voi vorbi și în liniștea mâinilor noastre
o dragoste de mort pentru moarta sa.

flutuação

agora somos duas sepulturas, meu amor, trazes
um vestido de noite e levo-te sobre os
os campos de rosas. tu só queres flutuar.
esta calmaria faz-te mais bonita que nunca.
digo-te bem-vinda por entre as flores de maio.
e eis que, também graças à calmaria, beijamo-nos directamente em
carne viva.]

mas este amor foi preparado longa e especialmente para nós.
só nós flutuamos sobre os campos de rosas.
apenas algumas estão podres, as outras são apenas selvagens
e no meio do nosso abraço as mãos tornam-se moles
quebradiças. a cada toque os dedos
apagam-se a pouco e pouco.
é bom que saibas que já não temos regresso.
é apenas um descanso entre chuvas, meu amor,
agora somos duas sepulturas apenas.
caminha sobre mim e vou abrir-me debaixo dos teus pés.

seremos meio nus, meio na escuridão,
e eu, à tua beira, falar-te-ei e no silêncio das nossas mãos
seremos o amor de um defunto pela sua defunta.

morții neobosiți

I.

suntem morții neobosiți

viețile noastre sunt albe firești
de neînlăturat

copiii noștri nu bat cuie în podele
copiii noștri sunt cei mai puternici
pot ridica deasupra capului frigidere
le pot sparge între dinți pot înghiți
freonul ca pe lapte

gurile noastre sunt tehnice rapide exacte
degetele noastre de marmură netezesc asperitățile
pătrund ca un sfredel în miezul moale
al tuturor lucrurilor îl pot scoate de acolo
îl pot sparge

mâinile noastre pot goli porcii lemnul
granitul și fierul
pot rupe în fâșii egale suprafețele moi țările
și tot ce nu recunoaștem

II.

femeile noastre ne seamănă
sunt moartele noastre neobosite
atingerea noastră întrece în precizie legile fizicii
degetele noastre coboară înfiorate pe treptele
tot mai reci ale corpului lor

os mortos incasáveis

I.

somos os mortos incansáveis

as nossas vidas são naturalmente brancas
indispensáveis

os nossos filhos não enfiam pregos no chão
os nossos filhos são os mais fortes
conseguem levantar frigoríficos acima das cabeças
conseguem parti-los com os dentes e engolir
o *freon* como se fosse leite

as nossas bocas são técnicas rápidas e precisas
os nossos dedos de mármore alisam as asperezas
penetram como uma broca no miolo mole
de todas as coisas conseguem tirá-lo dali
podem quebrá-lo

as nossas mãos podem esvaziar os porcos a madeira
o granito e o ferro
podem rasgar em faixas iguais as superfícies moles os países
e tudo aquilo que não reconhecemos

II.

as nossas mulheres são parecidas connosco
são as nossas mortas incansáveis
o nosso toque ultrapassa em precisão as leis da física
os nossos dedos descem arrepiados os degraus
cada vez mais frios do seu corpo

în fiecare primăvară sădim un mic perete
în pământul grădinii noastre
îl îngrijim conform imperativelor creșterii
crengile lui îndeplinesc condițiile înfloririi

după doi ani mușcăm din fructul de ciment
ne place sunetul dinților spărgând piatra
ne place să auzim sunetul îndestulării
sub înaltele crengi pietrificate

III.

suntem morții neobosiți
ne îndeplinim desăvârșit vocația
însoțitori ai tuturor cadavrelor în orice direcție
nu plângem nu cerem întoarcerea morților

ce vom fi este întocmai ceea ce suntem
viitorul are exact înălțimea noastră
puterea lui e puterea corpurilor noastre
perfecte tăioase

putem îmbrățișa
putem să nu simțim nimic

putem goli orice
printr-o simplă atingere

IV.

în absența oricărei alte frumuseți
ne simțim confortabil

cada Primavera semeamos uma pequena parede
na terra do nosso jardim
cuidamos dele conforme os imperativos do crescimento
os seus ramos cumprem as condições do florescimento

dois anos depois mordemos o fruto de cimento
gostamos do som dos dentes a partir a pedra
gostamos de ouvir o som de satisfação
debaixo dos ramos altos petrificados

III.

somos os mortos incansáveis
cumprimos perfeitamente a nossa vocação
acompanhantes de todos os cadáveres em qualquer direcção
não choramos e não pedimos o regresso dos mortos

o que seremos é exactamente aquilo que somos
o futuro tem precisamente a nossa altura
o seu poder é o poder dos nossos corpos
perfeitamente afiados

podemos abraçar
podemos não sentir nada

podemos esvaziar tudo
com um simples toque

IV.

na ausência de qualquer outra beleza
sentimo-nos confortáveis

între osaturile reci metalice
privim avizi
coliziunile efectele coliziunii
reflexia ei în particulele corpurilor noastre

privim
noile forme de viață ale obiectelor deformate

le transformăm mutilarea
într-o nouă forță

și pentru că ne plac piramidele
așezăm ceea ce e în afara noastră
în spațiile tot mai înalte ale amneziei

pentru că cel mai mult ne place să ne auzim
râsul iar dintre toate lucrurile dispărute
istoriile ne fac să hohotim cel mai mult

adânciți în toracele celei mai groase cărni
am fi cel mai eficient ulcer
perforant

în câteva secunde
gurile noastre ar ieși din pielea lui caldă și absurdă

pentru încă o gură de inox

V.

corpurile noastre sunt la fel de puternice ca noi
am supraviețui vezuviului submarinelor nucleare
ploilor acide am supraviețui dacă ar rămâne
un singur deget din noi

entre as ossadas frias metálicas
olhamos ávidos
as colisões os efeitos da colisão
o seu reflexo nas partículas dos nossos corpos

olhamos
as novas formas de vida dos objectos deformados

transformamos a sua mutilação
numa nova força

e porque gostamos de pirâmides
colocamos tudo o que está fora de nós
nos espaços mais altos da amnésia

porque o que mais gostamos é de ouvirmos
o nosso próprio riso e entre todas as coisas desaparecidas
as histórias é que nos fazem soltar mais gargalhadas

submersos no tórax da mais grossa carne
seríamos a mais eficiente úlcera
perfurada

em apenas alguns segundos
as nossas bocas sairiam da sua pele quente e absurda

para mais uma boca de inox

V.

os nossos corpos são tão fortes como nós
sobreviveríamos ao vesúvio dos submarinos nucleares
até às chuvas ácidas sobreviveríamos se sobrasse
apenas um dedo de nós

pentru că din degetul nostru ar înflori mâna noastră
și din mâna noastră ar crește brațul
și din brațul nostru s-ar revărsa
umerii și pieptul

și ne-am întregi din nou în minunatul nostru corp
și am fi tot noi frumoșii desăvârșiții
morți neobosiți puternici ca un pod transatlantic ca
un strălucitor tanc de o mie de tone

și negreșit am fi tot noi la fel de exacți precum ceasul
atomic ca o mașină de cusut la loc toate
lucrurile imediat după ce
le-am golit

VI.

nu avem cum să nu fim tot noi
în corpurile noastre perfect conservate

dacă nici măcar o unghie din care să creștem
la loc nu va mai fi ne vom ivi din protezele
de titan din treptele de marmură
din firul de cupru din ultima firimitură de oțel

și vom umple din nou lumea și lumea
va fi la fel de exactă și netedă ca noi

și dacă n-ar mai rămâne nimic din lume
din zgomotul extincției din lumina exploziilor
s-ar înălța corpul nostru și lumea s-ar face iarăși

porque do nosso dedo floresceria a nossa mão
e da nossa mão cresceria o braço
e do nosso braço rebentariam
os ombros e o peito

e ficaríamos novamente completos no nosso maravilhoso corpo
e seríamos os mesmos belos e perfeitos
mortos incansáveis fortes como uma ponte transatlântica como
um tanque cintilante de mil toneladas

e seríamos sem dúvida nós tão precisos como o relógio
atómico como uma máquina de remendar todas
as coisas logo depois de as termos
esvaziado

VI.

não temos como não sermos nós próprios
nos nossos corpos perfeitamente conservados

se não sobrar nem uma unha da qual possamos
crescer de volta renasceremos das próteses
de titânio dos degraus de mármore
do fio de cobre da última migalha de aço

e encheremos novamente o mundo e o mundo
será tão nítido e exacto como nós

e mesmo se não sobrar nada no mundo
do ruído da extinção da luz das explosões
erguer-se-ia o nosso corpo e far-se-ia o novo mundo

din mușchii noștri ar țâșni carierele de piatră
din degetele noastre s-ar ivi zgârie-norii
și pădurile de oțel
din saliva noastră s-ar umfla râurile și oceanele
iar din tălpile noastre ar crește
milioane de autostrăzi fără nici o fisură

și lumea s-ar desprinde de noi și ar fi lumea
perfectă a morților neobosiți
o lume cu totul și cu totul
numai a noastră

dos nossos músculos irromperiam carreiras de pedra
dos nossos dedos erigiriam arranha-céus
e florestas de aço
da nossa saliva encher-se-iam os rios e os mares
e dos nossos pés cresceriam
milhões de auto-estradas sem qualquer fissura

e o mundo desprender-se-ia de nós e seria o mundo
perfeito dos mortos incansáveis
o mundo exclusiva e
inteiramente nosso

NOTAS BIOGRÁFICAS

BăDESCU, Horia, nascido em 1943, é poeta, romancista e ensaísta, jornalista e diplomata. Foi galardoado pela Academia Romena e vencedor de vários prémios literários na Roménia e do Prémio Europeu Leopold Sedar Senghor. Horia Bădescu é autor de mais de trinta livros publicados na Roménia, França, Bélgica, Estados Unidos, Macedónia, Bulgária e Vietname. É membro da União dos Escritores da Roménia, membro da Casa Internacional da Poesia de Bruxelas, presidente honorário da *Europoesia*, membro honorário da Academia Francesa e membro do Comité de Honra da Academia Francesa, da União dos Poetas Franceses e do Círculo Europeu de Poesia Francófona POESIAS, membro do Comité Científico do Instituto Internacional de Ópera e Poesia da UNESCO (em Verona, Itália), membro do CIRET – Centro Internacional de Pesquisas e Estudos Transdisciplinares e da Academia Universal de Montmartre. Fundou, em 1991, o Festival Internacional de Poesia Lucian Blaga.

Poeta existencialista, Bădescu interroga-se frequentemente sobre os grandes medos do homem contemporâneo: o tempo, a sua passagem, a morte, a verticalidade apesar das vicissitudes históricas. «A poesia de Horia Bădescu responde a uma necessidade vital. Ela não canta para seduzir, mas sim para se salvar. Ela representa um exercício de sobrevivência com duplo sentido: humano e místico. Aqui, agora e no alhures esperado» (Jean Max Tixier).

BLANDIANA, Ana (pseudónimo literário de Otilia Valeria Coman) nasceu em 1942. É autora de 24 volumes de poesia, prosa e ensaios em língua romena, traduzidos em 26 línguas. Foi galardoada com vários prémios nacionais e internacionais, apesar de ter sido alvo da censura comunista por três vezes (1959-1964, 1985 e 1988-1989). Após 1990, refunda o PEN Clube Romeno, tornando-se sua presidente. É uma das iniciadoras da Aliança Cívica, organização da sociedade civil que liderou de 1991 a 2001. É fundadora e presidente da Academia Cívica, que criou, sob o alto patrocínio do Conselho da Europa, o primeiro Memorial das Vítimas do Comunismo, na localidade de Sighet. É membro da Academia de Poesia Stéphane Mallarmé, da Academia Europeia de Poesia e da Academia Mundial de Poesia (UNESCO). Em reconhecimento pela contribuição à cultura europeia e pela sua luta pelos direitos humanos, Ana Blandiana recebeu a mais alta distinção da República Francesa, a *Légion d'Honneur* (2009).

A poesia de Ana Blandiana nasceu numa época em que, segundo a própria, «ser livre era mais difícil do que não ser, num tempo em que, paradoxalmente, a liberdade da palavra diminuía o seu peso». Nesse contexto, a sua poesia pura e intensa adquire um poder subversivo. Romântica, contemplativa e visionária, os seus versos aspiram a um lirismo de essências e cultivam um tom sincero e espontâneo de inflexões metafísicas. Baseados no sentimento trágico da existência, os seus poemas emergem como uma arte que revela, enquanto oculta o significado das coisas.

CÂRNECI, Magda nasceu em 1955, é poeta, ensaísta e tradutora. Membro da famosa geração literária dos anos 80, foi uma das teóricas do pós-modernismo no espaço romeno e do Leste europeu. Desde 1990, esteve envolvida na vida política e cultural pós-comunista. Foi directora do Instituto Cultural Romeno em Paris de 2006 a 2010. Actualmente, é a presidente do PEN Clube Romeno e membro do Parlamento Europeu de Cultura (ECP). Magda Cârneci publicou numerosos volumes de poesia, ensaios, traduções e um romance. Os seus livros foram traduzidos para inglês, francês e holandês, e os seus poemas foram traduzidos para 13 idiomas e apareceram em diversas antologias e revistas internacionais.

Praticando uma poesia visionária, Magda Cârneci explora dois pólos extremos do discurso poético: por um lado, os aspectos caóticos, desordenados, fragmentários e prosaicos da realidade e, por outro, a dimensão cósmica dos estados de espírito subtis e especiais, enaltecedores, capazes de unir o ser humano com o universo. O ideal deste poema é o *caosmos*, que é um equilíbrio frágil, instável, mas precioso, entre níveis inferiores e superiores de percepção e realidade viva, que são articulados por um discurso lírico de tipo torrencial. A sensação de força visionária provém de um casamento explosivo entre o concreto nu e cru e a abstracção evanescente, entre a sensualidade e a espiritualidade, entre o terrestre e o cósmico. Um casamento poético que, através de paradoxos e oximoros, almeja provocar uma transfiguração do leitor através da leitura.

CĂRTĂRESCU, Mircea, nasceu em 1956. É escritor, professor universitário e cronista. Publicou mais de 25 volumes, incluindo seis volumes de poesia, ensaios, diários, artigos de opinião política, etc. Recebeu quatro vezes o Prémio da União dos Escritores da Roménia, o Prémio da Academia da Roménia, o Prémio da Associação de Escritores Profissionais, o Prémio da Associação de Editores, o Prémio Nacional de Literatura Mihai Eminescu (2017), entre outros. Recebeu também dez prémios internacionais, entre os quais o Prémio União dos Escritores da República da Moldávia, o Prémio *Giuseppe Acerbi*, o Prémio *Vilenica*, o Prémio Europeu de Literatura do Estado Austríaco, o Prémio do Entendimento Europeu de Leipzig, o Grande Prémio para Poesia da Cidade de Novi Sad, O Prémio *Leteo*.

Mircea Cărtărescu publicou mais de 80 volumes no estrangeiro, em 23 idiomas.

Ao partir da realidade em si, com as suas tensões e curiosidades, Cărtărescu reescreve linguística e afectivamente o mundo que o rodeia, fazendo ressaltar o extraordinário, a magia das coisas comuns. O real funde-se no imaginário e no fantástico, reinventando o quotidiano. O léxico extravagante, a atmosfera lúdica, a auto-ironia e o instinto paródico são marcos da poesia de Cărtărescu, que escreve numa linguagem transparente e autobiográfica, em tom de confissão directa.

Chifu, Gabriel, poeta e prosador, nasceu em 1954 em Calafat, uma pequena cidade no Danúbio. Frequentou os cursos da Faculdade de Electrotécnica, Secção de Automação e Computadores, em Craiova. Actualmente, é vice-presidente da União dos Escritores Romenos e director executivo da revista *România Literară*, o semanário literário mais importante da Roménia. Publicou nove volumes de poesia original e quatro antologias de poemas. É também autor de dez romances e um volume de contos. Recebeu numerosos prémios literários romenos, entre os quais, quatro vezes, a mais prestigiosa e tradicional distinção literária da Roménia, o Prémio da União dos Escritores Romenos. Venceu igualmente o Prémio Nacional Mihai Eminescu (o maior galardão de poesia romena) por toda a sua obra. Em 2017, Chifu foi nomeado escritor do ano.

Gabriel Chifu traz nos seus poemas o charme da prosa e das histórias pessoais que nos revelam os tumultos interiores e a crise imponderável do Eu, num jogo da imaginação, das recordações recuperadas e das correspondências, das fábulas e das parábolas. A poesia de Chifu é, segundo observa o crítico literário Ion Bogdan Lefter, «o ponto geométrico de encontro entre o instinto poético e o pensamento poético».

DORIAN, Gellu nasceu em 1953, é redactor-chefe da revista cultural *Hyperion* e presidente da Fundação Cultural homónima. Poeta, prosador, dramaturgo, jornalista e editor, Gellu Dorian dedicou-se a projectos culturais importantes, tais como o Prémio Nacional de Poesia. Estreia-se em 1972 na revista *România Literară*, publica nos anos seguintes vários volumes de poesia e prosa e está presente em antologias romenas e estrangeiras. A sua obra recebeu vários galardões literários. Em 1989 tornou-se membro da União dos Escritores Romenos. É também membro do PEN Clube Romeno.

Nas próprias palavras, Gellu Dorian acredita que em cada obra criativa há uma «intenção de Deus». Os seus poemas, com tendências filosóficas, combinam quase sempre uma ideia com uma imaginação efervescente. «Luxuriante, concreta, quotidiana, prosaica, utilizando a língua viva, falada, cheia dos ecos e detalhes dos tempos correntes, mas ao mesmo tempo cultivada e cuidada estilisticamente, a poesia de Gellu Dorian é de um notável poeta», considera o crítico literário Nicolae Manolescu.

DRĂGHINCHESCU, Rodica nasceu em 1961, é linguista, escritora bilingue (romeno-francês), tradutora, autora de 22 livros de poesia, prosa, crítica literária e entrevistas com personalidades culturais. As suas obras foram publicadas na Roménia, França, Alemanha, Canadá e nos Estados Unidos, estando presente em 18 antologias internacionais de poesia. Foi galardoada com vários prémios literários na Roménia, Itália e França. Vive em França desde 2006 e desde 2010 coordena a *web magazine* internacional *Levure littéraire*. É directora da colecção de poesia da editora Klak Verlag, Berlim.

Assumidamente feminina, com uma postura «escandalosa» de índole pós-vanguardista, Rodica Drăghincescu aborda tabus sexuais e preconceitos de género, que destrói metodicamente. Os seus versos são vivos, desinibidos e ardentes, mas, tal como confidencia, «para cada poema tenho um álibi. Por cada poema meu derramei lágrimas, desvaneci. A minha literatura reúne as fontes dos meus sentimentos e encerra-as».

DUNĂ, Teodor nasceu em 1981 e licenciou-se pela Faculdade de Letras da Universidade de Bucareste. Estreou-se em 2002 e publicou cinco volumes de poesia, aclamados pelos críticos literários e galardoados com importantes prémios. Selecções dos seus poemas foram traduzidas em francês, inglês, sueco, espanhol, búlgaro e húngaro. Etiquetado como neo-expressionista, «Teodor Dună é um poeta dotado de uma força imaginativa eruptiva, mas ritualizada. Ele vê como "os cadáveres se estão a decompor" e faz a reportagem – não clínica, mas fantasmática – de uma agonia. Tudo numa materialidade imaginativa e uma acuidade existencial próprias apenas dos poetas com uma visão», nota o crítico Al. Cistelecan.

FLAMAND, Dinu nasceu em 1947 e licenciou-se em Filologia. É poeta, ensaísta, jornalista, tradutor de nomes como Fernando Pessoa, António Lobo Antunes, Vinicius de Moraes, Carlos Drummond de Andrade, Antonio Gamoneda, Umberto Saba, Mario Luzi, Samuel Beckett, Pablo Neruda entre outros. É ainda comentador da actualidade na imprensa romena e internacional. Membro fundador da revista *Echinox*, que marcou várias gerações literárias pelo seu espírito antidogmático. Nos anos 80, obteve asilo político em Paris, de onde denunciou o regime opressivo da Roménia, através dos jornais (*Libération, Le Monde*) e da rádio (RFI, BBC, Free Europe). Foi jornalista bilingue da Rádio França Internacional de 1989 a 2009. Depois da queda do regime comunista, reintegrou-se na literatura romena. Em 2011, foi reconhecido com o Prémio Nacional Mihai Eminescu, pelo conjunto da sua obra poética. Nesse ano, tornou-se conselheiro do ministro dos Negócios Estrangeiros da Roménia e representante do país na Organização Internacional da Francofonia. Dinu Flamand tem publicada uma extensa obra na Roménia e em diversos países. Em Portugal, viu editados dois volumes de versos: *Haverá vida antes da morte*, em 2007 e *Sombras e Falésias*, em 2017 (com um prefácio de António Lobo Antunes em que se diz: «Isto é Grande Poesia, sem uma baixa, sem uma falha, um tropeço»).

«A poesia de Dinu Flamand não é gentil, é muitas vezes amarga e cruel (e antes de tudo cruel para com o seu autor, o que é das maiores deselegâncias). Ela exibe constantemente, como um sinal na testa, a sua ferida, a cicatriz que a vida deixa a todos nós por a termos amado demais, por a termos desejado demais, fiéis às promessas de infância que nos prometiam o mundo» (Jean-Pierre Simeão).

Iaru, Florin, pseudónimo literário de Florin Râpă, poeta, prosador e jornalista, nascido em 1954, membro notável do *Clube das Segundas* e personagem emblemática do movimento literário Oitentista. Está presente em algumas antologias de poesia publicadas no estrangeiro e é comentador assíduo do quotidiano romeno na imprensa escrita e audiovisual. Trabalhou como redactor para a editora *Cartea Românească* em 1990, depois como editor do jornal *Cotidianul*, entre 1991 e 1992.

Florin Iaru «é um daqueles espíritos em alerta constante, em permanente agitação, para os quais a poesia representa a tentação da inovação, da descoberta ininterrupta, da miragem de uma aventura estilística e existencial, levada até aos últimos limites conhecidos» (Traian T. Coşovei). Poeta com uma imaginação fértil, a realidade de Iaru é um mundo reinventado pelos seus sentidos exacerbados. A linguagem é exuberante, irónica e auto-irónica, quotidiana, num tom paródico irrepreensível.

MĂLĂNCIOIU, Ileana nasceu em 1940. É poeta, ensaísta e membro correspondente da Academia Romena. Doutorada em Filosofia, trabalha em várias revistas culturais e na televisão nacional romena. Estreou-se na poesia em 1965 e publicou mais de 25 volumes de poesia e ensaística na Roménia e no estrangeiro. Durante o período comunista, Ileana Mălăncioiu viu censurada a sua obra, pela sua apetência pela verdade e a obstinação de dizer o que pensa, inclusivamente nos versos.

Poeta neo-expressionista, Mălăncioiu cultiva a metáfora e o mito para criar um universo poético com um estilo, visão e atitude singelos no panorama poético romeno. Nos seus versos os sentimentos e as vivências transformam-se em fantasmas, transcritos em chave alegórica e revelam a presença de uma entidade onírica ou simbólica (tal como nos poemas de Jerónimo, incluídos na presente antologia). A morte é um motivo recorrente na obra de Ileana Mălăncioiu, que a poetisa explica numa entrevista: «Mais que a morte, ando obcecada com a morte psíquica, porque não consigo digerir a possibilidade de estarmos mortos antes mesmo de morrer. Tal como a fé, a escrita parece-me uma espécie de morte da morte e de ressurreição da vida».

MARINESCU, Angela, pseudónimo literário de Basaraba-Angela Marcovici, nascida em 1941. Uma tuberculose grave afectou-lhe a saúde entre os 15 e os 26 anos e determinou-a a seguir estudos de Medicina e Psicologia. Publicou mais de 15 volumes de poesia e está presente em antologias romenas e estrangeiras em inglês, alemão e polaco. Recebeu vários galardões literários, entre os quais o Prémio da União dos Escritores Romenos, em 2000, e o Prémio Nacional de Poesia Mihai Eminescu, por toda a sua obra, em 2004.

«Construí uma linguagem violenta que não existia. Depois converti a violência numa energia que dinamitou completamente os versos.

Foi muito difícil encontrar essa linguagem, porque na arte, a violência existe desde sempre. As mulheres eram mais viscerais do que violentas, eu quis ser antes violenta que visceral. Não sou uma verdadeira inovadora. A violência não depende da inovação. Apostei muito na autenticidade, de maneira que a violência que vinha de dentro se tornasse numa expressão filtrada, pensada. Orientei-me como um animal, por instintos, tendo eu muito bons instintos. Considero-me uma inovadora da linguagem», confessa-se Angela Marinescu numa entrevista de 2010.

MIRCEA, Ion nasceu em 1947 e é um dos membros fundadores do grupo de cultura estudantil e da publicação *Echinox* (1968). Formou, na Faculdade de Filologia de Cluj-Napoca, a secção Romeno-Italiano. Dirigiu a revista *Transilvania* e a filial de Sibiu da União dos Escritores Romenos (1990-2000). Publica poesia, teatro, prosa, ensaios de filosofia e teologia, crítica literária, traduções e literatura infantil. Ion Mircea publicou nove volumes de poesia e recebeu dois prémios da União dos Escritores Romenos (1984 e 1997) e inúmeras distinções e reconhecimentos públicos. Em 2012, recebeu o Prémio Nacional de Poesia Mihai Eminescu pelo conjunto da sua obra.

«Há uma necessidade aguda de transparência na poesia de Ion Mircea. A transparência é sempre evocada e cobiçada. Mas – e aqui intervém a sua inteligência como poeta – nunca completamente realizada. Fica sempre algo elusivo, uma réstia de opacidade: mas uma opacidade activa, promissora e provocadora. Na imanência do sentido poético, algo nos é oferecido e algo nos é negado. E em vez de ficarmos descontentes ou desapontados, continuamos à espera, entregamo-nos a esse estado de expectativa incansável. É o efeito de qualquer poema verdadeiro» (Mircea Martin).

MOLDOVAN, Ioan nasceu em 1952 e seguiu estudos de filologia em Cluj-Napoca. Poeta, ensaísta e crítico literário, esteve ligado, como secretário da redacção à revista estudantil *Echinox*. Desde 2006, é director da revista *Familia*, da cidade de Oradea. Estreou-se em 1980 e publicou 13 volumes de versos. Está presente em antologias publicadas em inglês, francês, húngaro, checo, esloveno e albanês. É membro da União dos Escritores Romenos e do PEN Clube Romeno e vencedor de numerosas distinções literárias.

Ioan Moldovan é considerado um poeta de tipo confessional, cuja obra é intensamente pessoal e auto-reveladora, e um dos vultos da geração Oitentista. «O clima de hostilidade e a agressividade imediata de cada paisagem esboçam um pano de fundo da visão, tão mais traumatizante quanto Ioan Modovan não é apenas sensual, mas verdadeiramente um *gourmand* do mundo, dos pequenos milagres do quotidiano e de qualquer oportunidade de sonhar» (Al. Cistelecan).

MUREŞAN, Ion nasceu em 1955, poeta, ensaísta, jornalista. Estudou História e Filosofia na Universidade Babeş-Bolyai, em Cluj-Napoca. Entre 1988 e 1998, foi editor da revista cultural *Tribuna*. Após a Revolução em 1989, trabalhou como editor, chefe do departamento cultural de várias revistas e jornais regionais. Desde 2006, é editor chefe da revista cultural *VERSO*, publicada pela Universidade Babeş-Bolyai, em Cluj-Napoca, editor da revista *Poesis International* e coordenador do clube literário da UBB. Embora parco em livros editados, os seus volumes de poesia foram galardoados com os mais importantes prémios literários romenos. A sua poesia foi incluída em antologias publicadas na Itália, França, Alemanha, Hungria, Sérvia, EUA, Inglaterra, entre outros. Em 2014, o autor recebeu o Prémio Nacional Mihai Eminescu de Poesia pelo conjunto da sua obra. Foi distinguido com a Ordem do Mérito Cultural da Roménia.

Considerado um caso único na literatura romena e um dos melhores – se não o melhor – poeta contemporâneo, Ion Mureşan parece reunir o consenso dos críticos literários. «Foi, sem dúvida, dos poetas expressionistas que aprendeu a linguagem alusiva, parabólica, aberta aos grandes símbolos indeterminados (…) Podem observar-se com relativa facilidade a tensão, a discrepância existente entre a violência da linguagem à superfície do poema e a ambiguidade, a indeterminação dos seus símbolos nas suas profundezas. É um poema sarcástico, uma recusa cortante das coisas externas e das causas evidentes, uma contestação dura da memória, uma sugestão, enfim, do medo da palavra prolífera» (Eugen Simion).

PANTEA, Aurel é poeta e crítico literário, nascido em 1952 e licenciado pela Faculdade de Letras da Universidade Babeş-Bolyai de Cluj-Napoca. Estreou-se em 1971 na revista *Echinox*. Autor de vários volumes de poesia, está presente em algumas antologias publicadas no estrangeiro. Foi galardoado com numerosos prémios, entre os quais o Prémio da União de Escritores Romenos (2014) e o Prémio Nacional Mihai Eminescu pelo conjunto da sua obra (2018).

«Poeta do abismo interior, Aurel Pantea mantém-se a flutuar num ponto de "observação atroz". Por esse motivo, o seu poema tem uma dupla tensão. Ele lança-se, por um lado, na vertigem da linguagem visionária e agarra-se, por outro lado, à função escritural obcecada com a coerência e precisão do espectáculo revelador. Repórter e mergulhador ao mesmo tempo, o poeta combina as duas linguagens num registo dual. (…) As suas visões adquirem, assim, a dureza dos testemunhos espectrográficos e, se a linguagem se embebeda com fervor, por vezes, na sensualidade, o poeta, por sua vez, olha para sua própria desestruturação com desapego» (Al. Cistelecan).

Pop, Ioan Es. nasceu em 1958, na região romena de Maramureş. Durante seis anos estudou na aldeia de Ieud (Maramureş), ponto de partida do seu primeiro volume de poesia. Desde o ano de 1989, Pop vive em Bucareste, onde trabalha como jornalista e editor. Em 1994, fez a sua estreia literária com o volume *Ieudul fără ieşire* [O Ieud Sem Saída], seguido depois por *Porcec* em 1996, *Pantelimon 113 bis*, em 2000, e a antologia *Podul* [A Ponte], em 2000. Ioan Es. Pop publicou igualmente os volumes de poesia *Rugăciunea de antracit* [A Prece de Antracite], *Confort 2 îmbunătăţit* [Conforto 2 Melhorado] (em colaboração com o poeta Lucian Vasilescu), *Unelte de dormit* [Utensílios de Dormir] ou *Căderea-n sus a corpurilor grele* [A Queda para Cima dos Corpos Pesados]. Foi o vencedor da primeira edição (2009) do Prémio Niram Art em Madrid. A rádio estatal sueca nomeou-o Poeta do Mês de Agosto em 2010. Em 2012, a União dos Escritores da República da Moldávia atribuiu-lhe o Prémio Primavera Europeia dos Poetas. Em 2016, em Veneza, na Itália, recebeu o prémio Ciampi Valigie Rosse, pelo volume *Un Giorno Ci Svegliamo Vivi*.

«O sofrimento não é impessoal, abstracto (…), mas antes concreto, bem assente na carne do herói lírico. O poeta vê e revê os seus versos e imagens vezes sem conta para melhor ilustrar os matizes da desgraça individual. Sem dúvidas, Ioan Es. Pop é um grande poeta contemporâneo» (Daniel Cristea-Enache).

Pop, Ion nasceu em 1941, é poeta, crítico e historiador de literatura, professor universitário e teórico da vanguarda literária. Estreou-se em 1959 e o seu nome está relacionado com o grupo e a revista *Echinox*, considerada um dos mais dinâmicos grupos literários romenos, uma autêntica escola para as jovens gerações de escritores e filósofos. É autor de um volume impressionante de poesia, crítica, história literária e ensaios. Publicou em França duas antologias de poesia em francês e vietnamita (1993, 2001, 2005). Outras traduções das suas poesias apareceram em antologias e revistas da Bélgica, França, Itália, Espanha e Estados Unidos da América. Foi galardoado com numerosos prémios da União dos Escritores Romenos e recebeu a distinção *Les Palmes Académiques,* outorgada pelo Ministério da Cultura francês (2001). Em 2000 recebeu a condecoração da Ordem do Mérito Nacional, grau de Cavaleiro.

Em discurso directo, Ion Pop confessa-se: «Tenho a sensação, ao reler-me, de que a minha poesia foi sempre obcecada, em meio século de actividade, pela tensão entre escrita e vivência, entre Biblioteca, espaço de leitura dos outros e o regresso às próprias interrogações e desassossegos, mal disfarçados por um cepticismo fundamental e uma salvadora, embora precária, contemplação melancólica. A vida entra em diálogo com os textos e cada vez mais com as realidades agressivas imediatas, afirmando-se com dificuldade e incerteza, entre convenções, fórmulas, mitos, presa entre o medo do desperdício próprio e a busca de geometrias ameaçadas continuamente; mas também o contrário, amedrontada com as paragens mutiladoras e assassinas e procurando, pelo menos, soluções temporárias para a libertação.»

POPESCU, Adrian nasceu em 1947 em Cluj-Napoca e tirou os cursos de Romeno-Italiano da Faculdade de Filologia. Poeta, ensaísta, prosador e tradutor, desde 1971 foi revisor, redactor e redactor-chefe da revista *Steaua*. Publicou vários volumes de poesia e prosa e os seus versos foram traduzidos para alemão, francês, sérvio e húngaro e fazem parte de algumas antologias estrangeiras. Distinguido com prémios da União dos Escritores Romenos e da Academia Romena, recebeu também o Prémio Nacional de Poesia Mihai Eminescu por toda a sua obra (2007).

«Poeta complexo, com um discurso que funde com naturalidade o mundano e o celeste; um poeta profundamente religioso, no sentido etimológico do termo *religo*, sem ser, de todo, dogmático. O franciscanismo de que falam os críticos literários (antes de 1989 mais velado, e depois, abertamente) é, naturalmente, um princípio ordenador do espírito de Adrian Popescu, mas não um que fecha, antes um que abre o horizonte da poesia a uma multidão de estados de espírito e experiências» (Răzvan Voncu).

ȘERBAN, Robert nasceu em Turnu Severin, em 1970. O seu volume de estreia intitulado *Fireşte că exagerez* [Claro que Estou a Exagerar], poemas reunidos, 1994, foi galardoado com o Prémio de Estreia da União dos Escritores da Roménia. Publicou mais de 20 volumes de versos, prosa e entrevistas e está presente em numerosas antologias romenas e estrangeiras (em alemão, sérvio, polaco, checo, inglês, espanhol, francês, italiano, holandês, iídiche, húngaro, norueguês, sueco e árabe). Membro da União dos Escritores Romenos, ganhou o prémio literário da União por várias vezes. Foi-lhe atribuída pela Presidência da Roménia a Ordem do Mérito Cultural.

«Simples como tudo na vida, nostálgica e cínica como os gestos de um homem experimentado, triste e verdadeira como os pensamentos sobre o amor, a vida e as pessoas, a poesia de Robert Şerban deixa-nos a sensação duma indiscrição platónica. Aquele sentimento inestimável que leva o leitor a agarrar no telemóvel e a ligar ao irmão-escritor, e o crítico literário a adiar a sua crónica para ultrapassar o peso subjectivo logo após a leitura» (Marius Chivu).

SOVIANY, Octavian nasceu em 1954 em Brasov. É poeta, escritor e crítico literário. Estudou filologia na Universidade Babeş-Bolyai de Cluj-Napoca e doutorou-se em Bucareste. Aos 31 anos, entrou no mundo da literatura com uma colectânea de poesias intitulada *Ucenicia bătrânului alchimist* [A Aprendizagem do Antigo

Alquimista], seguida por mais de vinte outras publicações de poesia, prosa, ensaios e peças teatrais.

«Octavian Soviany cultiva um discurso muito pessoal, cheio de motivos míticos actualizados e subtilmente vividos a partir de uma perspectiva pós-moderna. É adepto do poema épico, com amplo desdobramento sequencial, reiterando um aparente esquema narrativo, implícito a um discurso épico que se desvaneceu no esboço da escrita coloquial, nada de essencial falta nas últimas aquisições da poeticidade» (Marin Mincu).

Stoiciu, Liviu Ioan nasceu em 1950, é poeta, prosador, dramaturgo, ensaísta e publicista. Autor de mais de 30 livros galardoados com os mais importantes prémios literários da União dos Escritores Romenos e da Academia Romena. Em 2019, recebeu o Prémio Nacional de Poesia Mihai Eminescu por toda a sua obra. Foi-lhe outorgada pela Presidência da Roménia a Ordem do Mérito Cultural.

Os críticos destacam na obra de Liviu Ioan Stoiciu «o espectáculo sintáctico dos seus textos, marcados por uma sublime oralidade, por uma espécie de coloquialidade ligeira, de comunicação directa que convida o leitor à participação imediata no discurso. O verso choca também graficamente, devido às interrupções frequentes, das descontinuidades, das sincopas, daqueles espaços onde os pontos de suspensão podem sugerir uma certa dificuldade do balanço entre palavra e o objecto procurado, entre verbo e "ideia", uma hesitação, uma espécie de "gaguez" que se torna expressiva graças à insinuação de um estado de espanto, de surpresa e de "recusa" por assim dizer, instintivo, como o presságio de um perigo pressentido instantaneamente» (Ion Pop).

Suciu, Eugen, nascido em 1952, já foi jogador profissional de futebol, contabilista, redactor de revista, director de cinemateca e dono de restaurantes e cafés literários. Estreia-se na poesia em 1976 e publica o primeiro volume de versos em 1979. As suas obras já receberam os prémios literários da União dos Escritores Romenos e da Academia Romena. É membro do PEN Clube Romeno.

«A Poesia de *Bucuria anonimatului* [Alegria do Anonimato], de Eugen Suciu (1979), concisa, aforística, sentenciosa, parece permanentemente irrigada pela inteligência lírica, se assim posso dizer, por uma lucidez controlada de perto pela reflexão. Apesar do aparente abstracionismo dos adereços, os seus versos fremem com uma extraordinária sensualidade da imaginação, com uma tensão de associações imprevisíveis. Ao proceder pela essencialização, pela redução do fenomenal ao arquétipo, Eugen Suciu duplica, no fundo, o real através de imagens hieráticas e cristalinas» (Radu G. Țeposu).

Tartler, Grete nasceu em 1948, em Bucareste é poetisa, tradutora, ensaísta, investigadora em estudos orientais. Licenciada pela Universidade de Bucareste (árabe e inglês) e pelo Conservatório de Música, possui um doutoramento em Filosofia pela Universidade de Bucareste. Publicou dez livros de poemas originais (e várias antologias), nove de ensaios e vários livros de poemas para crianças. Traduziu amplamente do alemão (Goethe, Patrick Süskind e poetas contemporâneos), do árabe antigo (poesia, prosa e filosofia), do inglês (Seamus Heaney e outros poetas contemporâneos) e do dinamarquês. Os seus próprios versos originais foram traduzidos e publicados em inglês, sueco, francês, italiano, grego, turco, etc. Membro da União dos Escritores Romenos e do PEN Clube, foi premiada várias vezes pela União dos Escritores e pela Academia Romena de Letras e Ciências. Desde 2000 é Comendadora da Ordem de Mérito Cultural, distinção atribuída pela Presidência da Roménia.

«Duas coisas chamam a atenção na maioria dos poemas: por um lado, a tendência para captar a aura do quotidiano, para sugerir tudo o que é mais fantasmagórico na mais simples banalidade e de mais suave no dia-a-dia; por outro lado, certos sentidos ocultos de parábola, bastante discretos, mas impossíveis de evitar, que se revelam nas evocações usuais ou nas descrições poéticas. A poesia de Grete Tartler (...) não remexe o real. Pelo contrário, descobre a capacidade de o transfigurar, mesmo que a atitude seja estóica e pessimista e as ilusões mantêm as distâncias» (Nicolae Manolescu).

Ursu, Liliana nasceu em 1949, é poeta, ensaísta, tradutora e jornalista. Autora de dez volumes de poesia, os seus poemas foram traduzidos para várias línguas (inglês, francês, alemão, sueco, italiano, turco, sérvio e grego) e apareceram em volumes ou em antologias internacionais ou periódicos de prestígio. Participou em muitos festivais europeus de poesia (Struga, Londres, Barcelona, Leuven, Atenas, Novisad, Lisboa, Tallinn, Amesterdão, Viena, Tartu, Gotland), leccionou e leu poemas nos Estados Unidos (Nova Iorque, Princeton, Filadélfia, Harvard, Dallas, Seattle e Los Angeles). Recebeu vários prémios literários e culturais, incluindo o prémio da Poetry Book Society (1997), a Ordem Nacional do Mérito Cultural da Roménia, título de Cavaleiro de Literatura e das Artes (2004), o Prémio de Poesia da União de Escritores Romenos (1980, 2006), entre outros.

«Liliana Ursu pratica uma poesia austera, desprovida de ornamentos, mas elaborada, com uma elevada precisão de matizes. São poemas de substrato ético e existencial, tensos, de um patetismo censurado para ganhar densidade, traduzindo-se em imagens muitas vezes notáveis, organizadas no eixo de amplas representações simbólicas; a consciência empenha a vida, o ser vive nas coordenadas das ideias» (Mircea Iorgulescu).

VASILESCU, Lucian nasceu em 1958 na cidade de Ploieşti. É poeta e jornalista, colaborador de várias revistas literárias, autor de crónicas e editoriais e está presente com selecções de poemas em antologias de língua francesa e inglesa. É editor da publicação cultural *Ziarul de Duminică* [O Jornal de Domingo] e publicou dez volumes de poesia. Em 2004, o volume de poesia *Confort 2 îmbunătăţit* [Conforto 2 Melhorado], escrito em colaboração com Ioan Es. Pop, foi nomeado para os prémios da União dos Escritores da Roménia. No ano de 2010 foi distinguido com o Grande Prémio Nichita Stănescu.

«Acerca de cada livro do poeta Lucian Vasilescu pode dizer-se que, antes de ser o livro de uma emoção, é o livro de uma crença. Encontrei poucos textos poéticos em que cada palavra seja tão bem colocada no seu lugar, como uma respiração hierática, conseguindo, ao mesmo tempo, criar de repente uma imagem tão forte, violentamente colorida» (Dan--Silviu Boerescu).

VIŞNIEC, Matei, poeta, dramaturgo, romancista e jornalista, nasceu em 1956 em Rădăuţi, no Norte da Roménia. Estreou-se com poesia na revista *Luceafărul* em 1972. Mais tarde, estabelecido em Bucareste, onde estudou Filosofia, foi um dos fundadores do Clube das Segundas, liderado pelo crítico Nicolae Manolescu. É autor de cinco volumes de poesia, seis romances e mais de 50 peças. Desde 1987 vive em França, onde trabalha como jornalista na Rádio França Internacional desde 1990. Numerosos prémios recompensaram a sua actividade, começando com o Prémio para Poesia da União dos Escritores Romenos em 1984. Ganhou também o Prémio da Academia Romena, assim como o prémio da União de Teatro da Roménia (UNITER) em 2015, por toda a sua actividade. Em França, recebeu várias vezes o Prémio da Imprensa no Festival Internacional de Teatro de Avinhão, o Prémio Europeu concedido pela Société des Auteurs et Compositeurs Dramatiques e o Prémio Jean Monnet de Literatura Europeia (em 2016).

Matei Vişniec encontrou rapidamente um estilo próprio, imediatamente reconhecível. Muitas vezes, os seus poemas são pequenas fábulas filosóficas, mas também retratam situações dramáticas incomuns. Muitos dos seus poemas terminam sob o signo da revelação, do grito de impotência, da expectativa trágica, donde resultam uma certa tristeza, mas também uma emoção lúdica, que emanam de palavras cuidadosamente escolhidas, que passaram por vários filtros e foram gravadas com ácido, para penetrarem o mais profundamente possível na cabeça do leitor.

ESTE LIVRO FOI
impresso na
Publito, em Outubro de 2019,
em papel Coral Book 80 g
e composto em caracteres
Adobe Garamond
para o texto e
Trade Gothic
para os títulos.